SPANISCH LERNEN

ZIEL: SPRACHEN

SPANISCH LERNEN
Anfängerniveau
A2

Juan Córdoba

Adaptiert für Deutschsprechende von
Ricarda Hollmann

DIE BUCHREIHE
ZIEL: SPRACHEN

DER GEMEINSAME EUROPÄISCHE REFERENZRAHMEN FÜR SPRACHEN

Ab wann kann man eine Fremdsprache „sprechen"? Und wann kann man sagen, dass man sie „korrekt", bzw. fließend spricht? Sie sogar „beherrscht"? Diese Frage beschäftigt SpezialistInnen für Linguistik und Lehre seit jeher. Sie könnte theoretisch von wenig Bedeutung sein, jedoch müssen die Sprechenden von heute oft ihre Sprachkenntnisse nachweisen, vor allem um eine Anstellung zu bekommen.

Die Antwort auf diese Frage war unter anderem Grund für die Gründung des Gemeinsamen Europäischen Referenzrahmens (GER) für Sprachen durch den Europarat im Jahr 2001. Seine Hauptaufgabe ist es, ein neutrales und sprachübergreifendes Bewertungsmodell für die Beherrschung von Sprachen anzubieten, um deren Erlernen im europäischen Raum zu vereinfachen.

Ursprünglich wurde beabsichtigt, den Austausch und die Mobilität zu fördern, aber auch mehr Struktur in die privaten Bewertungstests zu bringen, die Ende des 20. Jahrhunderts in Mode kamen und die meist nur individuell pro Sprache anerkannt wurden.

Mehr als 15 Jahre nach seiner Einführung ist sein Erfolg so groß, dass er die simplen Grenzen von Europa überschritten hat und auf der ganzen Welt verwendet wird; ein Beweis dafür ist sein Leistungsverzeichnis, das in 39 Sprachen verfügbar ist. Der Erfolg ist auch an den Lehrenden, Personal-Vermittelnden und Unternehmen sichtbar, die umfassend darauf zurückgreifen, und an den Praktizierenden, die es „vorteilhaft finden, mit stabilen und anerkannten Mess- und Formatstandards zu arbeiten"[1].

DIE 6 NIVEAUS DES GER

Der GER teilt sich in 3 grundlegende Level und in 6 Stufen des Sprachniveaus auf:

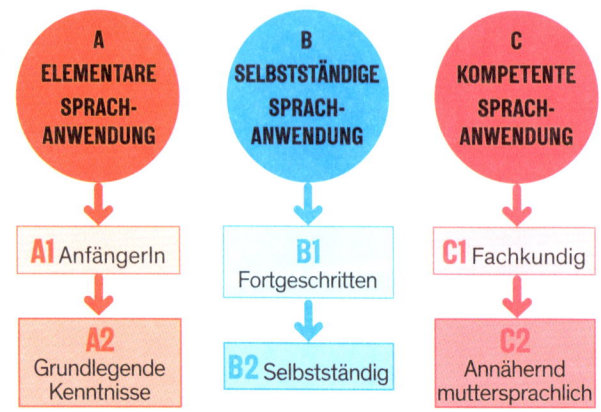

Jedes der Kompetenzniveaus ist nach Sprachaktivität spezifiziert:
• Mündliche und geschriebene Produktion (sprechen und schreiben);
• Rezeption (mündliches und geschriebenes Verstehen);
• Interaktion (mündlich und geschrieben);
• Vermitteln (mündlich und geschrieben);
• Nonverbale Kommunikation.

Im Rahmen unserer Sprachlernmethode und ihrer Verwendung begrenzen sich die Sprachaktivitäten natürlich auf die Rezeption (hauptsächlich) und auf die Produktion (ein wenig). Die Interaktion, das Vermitteln und die nonverbale Kommunikation vollziehen Sie, indem Sie MuttersprachlerInnen begegnen und sich mit ihnen austauschen – entweder physisch oder online.

DIE KENNTNISSE DES A2-NIVEAUS

Mit dem Niveau A2 kann ich:
- einfache und sehr häufige Nachrichten **verstehen**
- kurze Texte **lesen** und eine Information in gängigen Dokumenten finden
- persönliche, kurze und simple Anschreiben **verstehen**
- simple und gewöhnliche Aufgaben **kommunizieren**
- meine Familie, andere Menschen, meine Lebensumstände, meine Ausbildung und meine berufliche Tätigkeit in einfacher Form **beschreiben**
- kurze und simple Notizen und Nachrichten **schreiben**.

Die meisten aktuellen Methoden zum Selbsterlernen von Sprachen erwähnen eines der Niveaus des GER (meistens B2), aber diese Kategorisierung wurde oft im Nachhinein gemacht und stimmt teils nicht mit seinem Leistungsverzeichnis überein.
Wenn Sie die Lektionen hier genauestens befolgen, sich die Dialoge anhören und die Aufgaben machen, werden Sie das Niveau A2 erreichen. Aber vergessen Sie nicht, dass es sich lediglich um den ersten Schritt handelt. Das Wichtigste beginnt danach: sich mit MuttersprachlerInnen austauschen, Sprachkenntnisse pflegen und sie nicht einrosten lassen und so konstant Verstehen und Ausdrucksweise verbessern.

[1] *"Gemeinsamer europäischer Referenzrahmen für Sprachen: lernen, lehren, beurteilen"*, Klett Verlag, 2013

SPANISCH LERNEN

KENNTNISSE

- **DIE BETONUNG**
- **DIE AUSSPRACHE VON VOKALEN**
- **DIE AUSSPRACHE VON KONSONANTEN**

◆ SYNTAX

Der Satzbau unterscheidet sich zum Deutschen. Es gilt die einfache Regel „Subjekt – Verb – Objekt" und zwar auch in Nebensätzen und Fragen! Je mehr Sie ins Spanische eintauchen, desto mehr zeigt sich dies und desto mehr verinnerlichen Sie es.

◆ GROSS- UND KLEINSCHREIBUNG

Im Spanischen wird praktischerweise fast alles kleingeschrieben – außer am Satzanfang und bei Eigennamen.

◆ DIE AUSSPRACHE DES SPANISCHEN: HINWEIS

Spanisch ist heutzutage die gebräuchliche Sprache von etwa 470 Millionen Menschen. Man zählt, neben den Staatsangehörigen spanischsprachiger Länder, mehr als 40 Millionen Personen spanischer Herkunft zu ihnen, die in den USA leben und deren Muttersprache Spanisch ist. Fügen wir ihnen noch diejenigen hinzu, die es als Zweitsprache, also mit eingeschränkteren Kompetenzen, verwenden: 25 Millionen UreinwohnerInnen Amerikas und mehr als 10 Millionen nordamerikanische HispanoamerikanerInnen in zweiter und dritter Generation. Insgesamt mehr als 500 Millionen aktiv Sprechende.

Trotz dieser enormen Verteilung, geografisch und kulturell, wird Ihnen das hier gelernte Spanisch überall dienen. Sicher können Wörter und Ausdrücke des alltäglichen Vokabulars variieren, wenn Sie den Atlantik überqueren, aber abgesehen von einigen kleineren Anwendungen, ist die Grammatik identisch. Das gilt nicht für die Dialekte, die in ganz Amerika vielfältig sind, und sogar innerhalb der Halbinsel.

Spanien, mit 47 Millionen EinwohnerInnen, ist nur das dritte spanischsprachige Land, hinter Mexiko (mehr als 120 Millionen) und Kolumbien (48 Millionen). Aber man muss sich für eine Referenz entscheiden, weshalb das Spanisch dieses Kurses, dasjenige aus Spanien ist – das Standard-Kastilisch. Wir werden Sie dennoch regelmäßig auf einige der Variationen der Aussprache hinweisen, die Sie sicherlich im Zuge Ihrer Unterhaltungen und Reisen in der hispanischen Welt antreffen werden.

◆ DIE WORTBETONUNG

Sie werden augenblicklich bemerken, dass die Betonung aller spanischen Wörter eine variable Platzierung hat. Das Spanische hat also wie das Deutsche einen freien Wortakzent.

ÜBUNG

Hören und wiederholen Sie diese Wörter mit starker Markierung der Betonung.

- **a.** paella
- **b.** corrida
- **c.** sangría
- **d.** fiesta
- **e.** gazpacho
- **f.** churros
- **g.** flamenco
- **h.** patio

Die Wörter, die Sie gerade ausgesprochen haben, tragen alle den Wortakzent auf der vorletzten Silbe; aber diese Betonung kann sich bei anderen Wörtern auch auf der letzten, vorvorletzten oder einer noch früheren Silbe im Wort befinden. Üben Sie weiter!

Hören Sie diese Wörter an und wiederholen Sie sie mit betontem Wortakzent.

- **a.** Málaga
- **b.** Córdoba
- **c.** Madrid
- **d.** Perú
- **e.** Mediterráneo
- **f.** República Dominicana
- **g.** Océano Atlántico
- **h.** Los Ángeles

WIE BESTIMMT MAN DIE PLATZIERUNG DES WORTAKZENTS?

Wo setzt man die Wortbetonung, wenn man ein Wort liest? Die folgenden Regeln helfen Ihnen:

- die Wörter, die mit einem Vokal, einem **n** oder einem **s** enden, werden mit Betonung auf der vorletzten Silbe ausgesprochen (**corrida**, **churros**, **Carmen**)
- die Wörter, die mit einem anderen Konsonanten als **n** oder **s** enden, werden mit Betonung auf der letzten Silbe ausgesprochen (**Madrid**, **amor**, **voleibol**)
- die Ausnahmen dieser Regeln und die Wörter mit Betonung vor der vorletzten Silbe tragen ein Akzentzeichen, das Ihnen die Platzierung der Betonung angibt (**Perú**, **París**, **Córdoba**).

Hören und sprechen Sie die Wörter. Unterstreichen Sie die Silbe, die Sie als Wortakzent ausfindig machen und fügen Sie je nach Regel ein Akzentzeichen hinzu.

- **a.** Canada
- **b.** Ecuador
- **c.** futbol
- **d.** cafe
- **e.** Cadiz
- **f.** Barcelona
- **g.** jamon
- **h.** Mexico
- **i.** Ibiza

◆ DIE AUSSPRACHE DER VOKALE

DIE FÜNF HAUPT-VOKALE

A, E, I, O und U werden sehr ähnlich wie im Deutschen ausgesprochen.

🔊 **Hören Sie sich die Namen und Tage an und wiederholen Sie sie laut.**

- **a.** Lunes
- **b.** Martes
- **c.** Miércoles
- **d.** Jueves
- **e.** Viernes
- **f.** Sábado
- **g.** Domingo

DIE VOKAL-GRUPPEN

Wenn Vokale mit anderen Vokalen kombiniert werden, behalten sie ihre jeweilige eigene Aussprache stärker bei, als es im Deutschen der Fall ist: die Gruppe **-au** wird [a.u] ausgesprochen, die Gruppe **-ai** [a.i], usw.
Die Gruppen, die mit **a**, **e**, **o** + **y** gebildet werden, folgen der gleichen Regel: die Vokale fusionieren nicht mit dem **y**, das abgegrenzt als **i** ausgesprochen wird.

🔊 **Hören Sie sich die folgenden Vornamen an und wiederholen Sie sie laut.**

- **a.** Paula
- **b.** Aurelio
- **c.** Ainoha
- **d.** Moisés
- **e.** Neus
- **f.** Eusebio
- **g.** Leire
- **h.** Eloy

DIE LÄNGE DER VOKALE

Im Spanischen wird, anders als im Deutschen, nicht zwischen kurzen und langen Vokalen unterschieden. Die Vokale werden immer halblang gesprochen.
Hinweis: in Aufnahme **e.** hören Sie zudem, dass das **h** im Spanischen immer lautlos ist.

🔊 **Hören Sie sich die folgenden Ländernamen an und wiederholen Sie sie laut.**

- **a.** Inglaterra
- **b.** Andorra
- **c.** Colombia
- **d.** Gambia
- **e.** Honduras
- **f.** Mozambique

◆ DIE AUSSPRACHE VON KONSONANTEN

Das spanische Alphabet zählt 27 Buchstaben, einen mehr als im Deutschen: das **eñe**, geschrieben **ñ**, das in etwa dem **-gn** in *Lasagne* entspricht.
Es gibt drei im Deutschen unbekannte Laute.

DAS JOTA

Dieser typische „kratzende" Laut des Spanischen lässt sich gut mit unserem *ch* vergleichen, wobei es als **j**, **gi** oder **ge** geschrieben wird.

Hinweis: in Andalusien und in Extremadura werden Sie oft eine gesonderte Aussprache des **jota** hören, fast wie unser *h*.

Hören Sie sich diese Vornamen an und wiederholen Sie sie laut.

- **a.** Jaime
- **b.** José
- **c.** Gerardo
- **d.** Eugenia
- **e.** Gilberto
- **f.** Julia

DAS -*R* UND DAS DOPPELTE -*RR*

Das **-r** wird immer gerollt – leicht, wenn es in der Wortmitte oder am Wortende steht; stark, wenn es das Initial ist oder im Wortinneren als **-rr** geschrieben steht.

Hören Sie sich diese Farbwörter an und wiederholen Sie sie laut.

- **a.** Amarillo
- **b.** Rojo
- **c.** Verde
- **d.** Naranja
- **e.** Marrón
- **f.** Rosa
- **g.** Negro

DAS ZETA

Dieser Laut entspricht dem englischen **-th** wie in „**think**", wird also mit der Zunge zwischen den Zähnen ausgesprochen. Er findet sich in folgenden Gruppen: **za**, **ce**, **ci**, **zo**, **zu** (die Schreibweisen **zi** und **ze** existieren quasi nicht im Spanischen).

Hinweis: diese Aussprache des **zeta** ist eines der Unterscheidungsmerkmale der spanischen Halbinsel im Vergleich zum „amerikanischen" Spanisch. Jenseits des Atlantik wird das **zeta** tatsächlich als normales [s] ausgesprochen.

Hören Sie sich die folgenden Stadtnamen an und wiederholen Sie sie laut.

- **a.** Zaragoza
- **b.** Cádiz
- **c.** Cáceres
- **d.** Valencia
- **e.** Zumárraga
- **f.** Tzintzuntzan

◆ EIN PAAR AUSSERGEWÖHNLICHE AUSSPRACHEN

DIE GRUPPE MIT -CH

Es wird immer ausgesprochen, als ob ihm ein **t** voraus ginge: [tsch].

Hören Sie sich diese Tierbezeichnungen an und wiederholen Sie sie laut.
- **a.** chimpancé
- **b.** chinchilla
- **c.** cucaracha
- **d.** anchoa
- **e.** chacal

DIE GRUPPE MIT -GN

Das **-g** wird immer getrennt vom **-n** ausgesprochen, wie in *Ignoranz*.

Hören Sie sich diese Verben an und wiederholen Sie sie laut.
- **a.** Ignorar
- **b.** Significar
- **c.** Indignar
- **d.** Repugnar
- **e.** Resignar

DER BUCHSTABE -X

Er wird wie in *Taxi* ausgesprochen: [ks].

Hören Sie sich diese Berufsbezeichnungen an und wiederholen Sie sie laut.
- **a.** Taxista
- **b.** Sexólogo
- **c.** Boxeador
- **d.** Auxiliar de farmacia
- **e.** Examinador

DER BUCHSTABE -S

Seine Aussprache entspricht der unseres *ß* – es gibt kein Äquivalent zu unserem weichen -s wie z. B. in *sanft*: **Londres** [londreß], **París** [pariß].
Hinweis: im südlichen Spanien oder in Kuba, tendiert das **s** manchmal dazu, eine einfache Aspiration zu sein: [londreh], [parih].

Hören Sie sich diese Blumenbezeichnungen an und wiederholen Sie sie laut.
- **a.** Crisantemo
- **b.** Iris
- **c.** Narciso
- **d.** Girasol
- **e.** Mimosa

DAS DOPPELTE -LL

Es wird wie unser -j ausgesprochen, wie z. B. in ja, wobei auch manchmal ein leichtes davorstehendes -l zu hören ist.

Hören Sie sich diese Obst- und Gemüsesorten an und wiederholen Sie sie.
- **a.** Cebolla
- **b.** Grosella
- **c.** Avellana
- **d.** Repollo
- **e.** Membrillo

DER BUCHSTABE -V

Um es zu vereinfachen, sagen wir, dass es immer wie der Buchstabe **-b** ausgesprochen wird (das **-v** erweicht ein wenig, wenn es intervokalisch ist, aber wir gehen in diesem Kurs nicht auf diese Details ein). Das spanische **-v** wird jedenfalls nicht [w] oder [v] ausgesprochen.

Hören Sie sich diese Vogelbezeichnungen an und wiederholen Sie sie laut.
- **a.** Cuervo
- **b.** Gaviota
- **c.** Pavo
- **d.** Avestruz
- **e.** Gavilán

◆ EIN HÄUFIGER FEHLER

Wir haben gesehen, dass das **-g** in den Gruppen **-ge** und **-gi** wie ein **jota** ausgesprochen wird. In den Gruppen **-ga** und **-go**, hat das **-g** hingegen den gleichen phonetischen Wert wie im Deutschen (*Garant*, *Gold*).

Die Gruppe **-gu** wird [gu] ausgesprochen, aber Achtung: man hört das [u] in den Gruppen **-gue** und **-gui** nicht mehr (man spricht sie wie *Geh* oder *Gitarre* aus). Um das [u] zu hören, muss man ihm ein Umlautzeichen, bzw. ein Trema geben: **güe** spricht sich [gu.e:] aus, **güi** wird [gu.i] ausgesprochen.

Hören Sie sich diese Wörter an und wiederholen Sie sie laut. Setzen Sie, wenn nötig, ein Trema auf das -u.
- **a.** Verguenza
- **b.** Antiguo
- **c.** Cigueña
- **d.** Aguero
- **e.** Pinguino
- **f.** Guerra
- **g.** Antiguedad
- **h.** Guitarra
- **i.** Miguel

I. BEGRÜSSUNG UND ERSTER KONTAKT

1. GUTEN TAG — 21

2. WER BIN ICH? — 29

3. WIE GEHT'S? — 37

4. BITTE… — 45

5. HALLO? — 53

II. DAS ALLTÄGLICHE LEBEN

6. WIE VIEL UHR IST ES? — 65

7. ESSEN WIR? — 73

8. GEFÄLLT IHNEN DIE WOHNUNG? — 81

9. ALLES GUTE ZUM GEBURTSTAG! — 89

10. WAS WIRST DU STUDIEREN? — 97

11. ICH SUCHE EINEN NEBENJOB — 105

12. ICH BIN PRAKTIKANT — 113

13. ICH KOMME WEGEN DER ANZEIGE — 121

14. GRÜNDEN WIR EIN UNTERNEHMEN? — 129

III.
IN DER STADT

15.
WO IST BITTE...?   141

16.
ICH FIEL DURCH DIE
FAHRPRÜFUNG   149

17.
ICH MÖCHTE GELD
ABHEBEN   157

18.
MEIN HANDY IST KAPUTT   165

19.
ICH MÖCHTE ANZEIGE
ERSTATTEN   173

20.
DOKTOR, MIR TUT
ALLES WEH   181

21.
WER IST DER LETZTE?   189

22.
ICH GEHE ZUM
SUPERMARKT   197

IV.
DIE HOBBYS

23.
FROHES NEUES JAHR!   209

24.
GUTEN APPETIT!   217

25.
DAS STEHT MIR
ÜBERHAUPT NICHT   225

26.
WOZU NÜTZT ES?   233

27.
ICH MÖCHTE EIN
TICKET NACH...   241

28.
ICH MÖCHTE EIN
ZIMMER RESERVIEREN   249

29.
WELCHE FILME LAUFEN?   257

30.
ES LEBE DER URLAUB!   265

I
BEGRÜSSUNG
UND
ERSTER
KONTAKT

1.
GUTEN TAG

BUENOS DÍAS

ZIELE

- BEGRÜSSUNG ZU VERSCHIEDENEN TAGESZEITEN
- NACH VORNAME UND HERKUNFT FRAGEN
- VORNAME UND HERKUNFT NENNEN
- BERUF UND GESPROCHENE SPRACHEN NENNEN
- JA, NEIN SAGEN; ZUSTIMMUNG UND UNEINIGKEIT AUSDRÜCKEN

KENNTNISSE

- DIE ZEICHENSETZUNG VON FRAGE- UND AUSRUFESÄTZEN
- DER NEGIERENDE SATZ
- DIE 3 ERSTEN PERSONEN DES VERBS *SER*
- DIE 3 ERSTEN PERSONEN DER VERBEN DER 1. GRUPPE: AKTIVE (*HABLAR, ESTUDIAR, TRABAJAR*) UND PRONOMINALE (*LLAMARSE*)
- MASKULINE UND FEMININE NOMEN UND ADJEKTIVE

WIE HEISST DU?

– Hallo, (meine) Schöne.

– Guten Tag [Gute Tage].

– Ich bin Paco. Und du, wie heißt du [nennst du dich]?

– Ich heiße [nenne mich] Laura.

– Laura, welch schöner Vorname... Und woher kommst [bist] du, Laura?

– Ich bin Französin.

– Französin? Aber... du sprichst sehr gut Spanisch!

– Ja, ich spreche Französisch und auch Spanisch.

– Wie schön (es) ist, Sprachen zu sprechen...

– Ich bin in Paris geboren, aber meine Mutter ist Spanierin.

– Ah, Paris, welch schöne Stadt... Sag mir, Laura, studierst du oder arbeitest du?

– Ich arbeite. Ich bin Lehrerin. Welch schöner Beruf, (nicht) wahr?

03 ¿CÓMO TE LLAMAS?

– Hola, guapa.

– Buenos días.

– Yo soy Paco. Y tú, ¿cómo te llamas?

– Me llamo Laura.

– Laura, qué bonito nombre… ¿Y de dónde eres, Laura?

– Soy francesa.

– ¿Francesa? Pero… ¡hablas muy bien español!

– Sí, hablo francés y también español.

– Qué bonito es hablar idiomas…

– Nací en París pero mi madre es española.

– Ah, París, qué bonita ciudad… Dime, Laura, ¿estudias o trabajas?

– Trabajo. Soy profesora. Qué bonita profesión, ¿verdad?

DEN DIALOG VERSTEHEN
DIE BEGRÜSSUNGEN

→ **Hola** ist die gängigste Begrüßung. Sie entspricht unserem *Hallo*, aber da das Spanische etwas weniger formell ist als das Deutsche, ist **hola** nicht unbedingt umgangssprachlich.
→ **Buenos días** heißt *Guten Morgen* oder *Guten Tag*.
→ **Buenas tardes** kann man nachmittags sagen oder als *Guten Abend*.
→ **Buenas noches** steht für *Gute Nacht*, aber man kann es auch benutzen, um Freunde zu einem abendlichen Treffen zu begrüßen.

Diese Standard-Begrüßungen können kombiniert und personalisiert werden:

Standard	Verstärkt	Verkürzt
¡Hola!		
¡Hola, buenos días!	¡Muy buenos días!	
¡Hola, buenas tardes!	¡Muy buenas tardes!	¡Buenas! oder ¡Muy buenas! (**tardes** oder **noches** angedeutet)
¡Hola, buenas noches!	¡Muy buenas noches!	

DIE ZEICHENSETZUNG

Beachten Sie die doppelte Zeichensetzung von Fragen **¿...?** und Ausrufesätzen **¡...!**. Diese Zeichen können sich auch innerhalb eines Satzes befinden, normalerweise nach einem Komma, wenn sie sich nur auf einen Teil des Satzes beziehen: **Dime, Laura, ¿estudias o trabajas?**

JA UND NEIN

Die Grundbegriffe sind **sí**, *ja*, und **no**, *nein*. **No + Verb** bedeutet *nicht*: **No soy español**, *Ich bin nicht spanisch*.
Mit diesen simplen Ausdrücke drückt man Zustimmung oder Ablehnung aus: **es verdad**, *das stimmt*; **es mentira**, *das ist falsch*; **bueno, de acuerdo**, *gut, einverstanden*.

KULTURELLER HINWEIS

Wenn Ihr/e GesprächspartnerIn deutlich älter als Sie ist, ist das Siezen für den Anfang angebracht, aber sobald man sich ein wenig kennt, duzt man sich. So funktioniert es auch bei den beiden Wangenküsschen, die man sich zur Begrüßung oder zum Abschied gibt. Männer schütteln sich weniger systematisch als in Deutschland die Hand: unter Freunden benutzt man viel eher **la palmada** (*Handschlag*) und **el abrazo** (*die Umarmung*).

Und dann all die Worte, die ebenso Liebkosungen sind… Die spanische Sprache schmückt Unterhaltungen mit kleinen freundschaftlichen oder lobenden Zwischenrufen: **guapo(a)**, aber auch **hermoso(a)** oder **precioso(a)**, ohne **cariño**, *Liebling* zu vergessen. In Sevilla, wo die Zuneigung wie ein Markenzeichen kultiviert wird, wird man Ihnen (Mann oder Frau) sogar **mi alma**, *meine Seele* sagen: **¡Buenos días, mi alma!**. Nehmen Sie dieses Überlaufen an Wort-Zärtlichkeiten freundlich entgegen.

Die Vornamen haben oft eine verniedlichende Form: **Francisco** wird zu **Paco** (oder **Pancho** in Mexiko), **José** wird oft zu **Pepe**, **Lola** ersetzt **Dolores** und **Nacho** ist sympathischer als **Ignacio**, oder?

GRAMMATIK
NOMEN UND ADJEKTIVE: GENUS UND NUMERUS

• Die Markierung des Plurals für die Wörter, die auf einen Vokal enden, ist **-s**: **día/días**, **idioma/idiomas**.
• Substantive werden normalerweise mit **-o** als maskulin markiert und mit **-a** als feminin, aber es gibt Ausnahmen! Im Dialog z. B. sind **día**, *Tag*, und **idioma**, *Sprache*, maskulin.
• Die Berufsbezeichnungen auf **-or** tragen die Markierung des Genus: **profesor/profesora**.
• Die Adjektive auf **-o** bilden ihr feminines Gegenstück mit **-a**: **bonito/bonita**.

DIE LÄNDERNAMEN UND -ADJEKTIVE

• Das Adjektiv der Nationalität auf **-o**, endet als Femininum auf **-a**: **chino/china**, *chinesisch*; **italiano/italiana**, *italienisch*.
• Wenn es auf einem anderen Vokal als **-o** endet, ist es unveränderlich: **belga**, *belgisch*; **estadounidense**, *amerikanisch, wörtl. aus den Vereinigten Staaten.*
• Mit einem Konsonanten endend, fügt man im Femininen ein **-a** an: **español/española**.
• Gewisse Länderadjektive verlieren ihr Akzentzeichen im Femininum: **alemán/alemana**, *deutsch*; **francés/francesa**, *französisch*; **inglés/inglesa**, *englisch*.
• Die Adjektive werden wie die Namen der BewohnerInnen gebildet: **español/a**, *spanisch, SpanierIn*
• Nationalitätsnomen werden nicht großgeschrieben: **un español**, *ein Spanier*.

▲ KONJUGATION
DAS PERSONALPRONOMEN

Die Pronomen der drei ersten Personen sind: **yo, tú, él/ella**. Das Personalpronomen ist vor dem konjugierten Verb nicht obligatorisch: **Soy francesa**, *Ich bin französisch*. Man benutzt es zum Akzentuieren: **Yo soy francesa y tú eres español**, *Ich (, ich) bin französisch und du (, du) bist spanisch*.

EINIGE ÜBLICHE VERBEN

Sie haben die Verben **ser**, *sein*; **hablar**, *sprechen*; **estudiar**, *studieren, lernen*; **trabajar**, *arbeiten* und **llamarse**, *heißen* kennengelernt. Merken Sie sich vorerst die drei ersten Personen dieser Verben im Präsens:

hablar, *sprechen*	**llamarse**, *heißen*	**ser**, *sein* (unregelmäßig)
habl**o**, *ich spreche*	me llam**o**, *ich heiße*	**soy**, *ich bin*
habl**as**, *du sprichst*	te llam**as**, *du heißt*	**eres**, *du bist*
habl**a**, *er/sie/es spricht*	se llam**a**, *er/sie/es heißt*	**es**, *er/sie/es ist*

⬢ ÜBUNGEN

Für die aufgenommenen Übungen, die mit dem Piktogramm 🔊 gekennzeichnet sind, müssen Sie manchmal erst die Übung machen und danach Ihre Antworten mithilfe der Audioaufnahme verifizieren. In anderen Fällen müssen Sie zunächst die Aufnahme anhören, um korrekt antworten zu können. Alle Antworten stehen im Teil „Lösungen" am Ende des Buches.

🔊 1. HÖREN SIE DIE SÄTZE AN: WAS BEDEUTEN SIE? KREUZEN SIE DIE RICHTIGE ANTWORT AN.

a. ☐ Ist sie Spanierin? – ☐ Bist du Spanier?

b. ☐ Du bist Deutsche. – ☐ Er ist Deutscher.

c. ☐ Ich bin Französin. – ☐ Ich bin Franzose.

d. ☐ Ich spreche nicht Englisch. – ☐ Du sprichst nicht Englisch.

e. ☐ Ich spreche Italienisch. – ☐ Er spricht Italienisch.

VOKABULAR

guapo/a *Schöne/r, hübsch*
¡qué…! *wie…!*
bonito/a *schön, hübsch*
nombre *Vorname*
y *und*
¿de dónde…? *von wo…?, woher…?*
francés, francesa *französisch, Franzose/Französin*
hablar *sprechen*
muy *sehr*
bien *gut*
el/la español/a *SpanierIn*
español/a *spanisch*
también *auch*
el idioma *Sprache*
pero *aber*
la madre *Mutter*
la ciudad *Stadt*
dime *sag mir*
estudiar *studieren, lernen*
trabajar *arbeiten*
el/la profesor/a *LehrerIn, ProfessorIn, DozentIn*
¿verdad? *nicht wahr?, stimmt's?, oder?*

2. RICHTIG ODER FALSCH? HÖREN SIE DIE AUFNAHME AN UND KREUZEN SIE VERDAD ODER MENTIRA AN.

03

Die geschriebenen Texte, die den Aufnahmen der Dialoge der Übungen entsprechen, befinden sich im Teil „Lösungen" am Ende des Buches.

	verdad (= V)	mentira (= M)
a. Ella se llama Lola.		
b. Es inglesa.		
c. Es francesa.		
d. Él se llama Pedro.		
e. Es inglés.		
f. Es de Nueva York.		
g. Es español.		
h. Es profesor de español.		
i. Habla chino.		

3. SETZEN SIE FOLGENDES INS FEMININE.

a. El profesor es guapo. →

b. Es alemán. →

c. No soy estadounidense. →

d. ¿Eres chino o belga? →

4. STELLEN SIE DIE ENTSPRECHENDE FRAGE.

a. Soy de Madrid. →

b. Me llamo Pepe. →

c. Sí, hablo español. →

d. No, no trabajo en España. →

5. ÜBERSETZEN SIE DIESE SÄTZE.

a. Guten Tag, ich heiße Pedro und ich bin Spanisch-Lehrer. →

b. Gute Nacht, meine Schöne. →

c. Ich bin in Paris geboren, aber ich bin Spanierin. →

d. Ich spreche sehr gut Französisch und auch Deutsch. →

e. Ich bin Lola, und du? →

2.
WER BIN ICH?
¿QUIÉN SOY?

ZIELE

- **EINFACHE FRAGEN STELLEN ZU: IDENTITÄT, WOHNORT, FAMILIENSTAND, BERUF UND ALTER**
- **AUF DIESE FRAGEN ANTWORTEN**
- **VORNAMEN UND NAMEN AUF SPANISCH SAGEN**
- **BIS 100 ZÄHLEN**

KENNTNISSE

- **DER INTERROGATIVE SATZ**
- **DIE BETONUNG**
- **SER UND ESTAR (ERSTE ANNÄHERUNG)**
- **DIE 3 ERSTEN PERSONEN DER VERBEN DER 3. GRUPPE:**
- **DIE 3 ERSTEN PERSONEN UNREGELMÄSSIGER VERBEN: TENER, ESTAR, HACER, VER**
- **DEFINITER UND INDEFINITER ARTIKEL IM SINGULAR**

RÄTSEL

– Rate, wer ich bin ! Du hast Recht auf sechs Fragen.

– Bist du eine Frau?

– Ja, meine Person ist eine Frau, Spanierin wie ich.

– Wo wohnst du?

– Ich wohne in Madrid, aber ich habe mehrere Häuser in Spanien.

– Glückwunsch! Bist du verheiratet?

– Ja, ich bin verheiratet.

– Sag mir, wie alt bist du [welches Alter hast du]?

– Ich bin [habe] 44 Jahre (alt).

– Mal sehen… Wie viele Kinder hast du?

– Ich habe zwei Töchter, [von] 11 und 9 Jahre (alt).

– Und was machst du beruflich [Was widmest du dich]?

– Ich bin Journalistin, aber seit [das macht] einigen Jahren… habe ich keine Arbeit.

– Wie schade… Arbeitslosigkeit, nicht wahr?

– Nein, nicht ganz.

– Klar! Dein Mann hat einen guten Job und du bist Hausfrau, ist es das?

– In Wahrheit ist es das nicht, aber du darfst nur [du hast nur Recht auf] sechs Fragen!

– Ich gebe auf…

– Ich bin… Letizia Ortiz Rocasolano, die Königin von Spanien!

04 ADIVINANZA

– ¡Adivina quién soy! Tienes derecho a seis preguntas.

– ¿Eres una mujer?

– Sí, mi personaje es una mujer, española como yo.

– ¿Dónde vives?

– Vivo en Madrid, pero tengo varias casas en España.

– ¡Enhorabuena! ¿Estás casada?

– Sí, estoy casada.

– Dime, ¿qué edad tienes?

– Tengo cuarenta y cuatro años.

– A ver… ¿Cuántos hijos tienes?

– Tengo dos hijas, de once y nueve años.

– ¿Y a qué te dedicas?

– Soy periodista, pero hace varios años que… no tengo trabajo.

– Qué lástima… El desempleo, ¿no?

– No, no exactamente.

– ¡Claro! Tu marido tiene un buen empleo y tú eres ama de casa, ¿es eso?

– En verdad, no es eso, pero ¡solo tienes derecho a seis preguntas!

– Abandono…

– Soy… ¡Letizia Ortiz Rocasolano, la reina de España!

DEN DIALOG VERSTEHEN
DER BERUF

→ **¿A qué te dedicas?**, wörtl. *Was widmest du dich?* ist die übliche Formulierung, um jemanden nach seinem Beruf zu fragen. Es gibt auch **¿En qué trabajas?**, *[In] Was arbeitest du?*.

→ Sie können antworten: **Soy...**, *Ich bin...* **agricultor/tora**, *LandwirtIn*; **funcionario/a**, *Beamte/r*; **empleado/a**, *Angestellte/r*, etc. Sie können auch sagen: **Trabajo en...**, *Ich arbeite in/im...* **la enseñanza**, *der Lehre*; **el comercio**, *Handel*, etc.

→ Beachten Sie, dass die auf **-ista** endenden Berufsbezeichnungen unveränderlich im Genus sind: **un/una periodista**, *ein/e JournalistIn*. Und merken Sie sich einen Begriff, der leider viele SpanierInnen betrifft: **el desempleo**, *die Arbeitslosigkeit*: **Estoy desempleado/a**, *Ich bin arbeitslos*.

DAS ALTER

Im Dialog haben Sie **¿Qué edad tienes?** gesehen, aber Sie werden auch **¿Cuántos años tienes?** hören, wörtl. *Wie viele Jahre hast du?* Um schriftlich zu antworten, beachten Sie, dass die Ziffern von 0 bis 29 als ein Wort geschrieben werden und ab 30 die Gruppe "Zehner + Einheit" (also andersherum als im Deutschen) getrennt geschrieben wird, mit einem eingefügten **y**, *und*.

0 **cero**	10 **diez**	20 **veinte**	30 **treinta**
1 **uno**	11 **once**	21 **veintiuno**	31 **treinta** y **uno**
2 **dos**	12 **doce**	22 **veintidós**	32 **treinta** y **dos** ...
3 **tres**	13 **trece**	23 **veintitrés**	40 **cuarenta**
4 **cuatro**	14 **catorce**	24 **veinticuatro**	50 **cincuenta**
5 **cinco**	15 **quince**	25 **veinticinco**	60 **sesenta**
6 **seis**	16 **dieciséis**	26 **veintiséis**	70 **setenta**
7 **siete**	17 **diecisiete**	27 **veintisiete**	80 **ochenta**
8 **ocho**	18 **dieciocho**	28 **veintiocho**	90 **noventa**
9 **nueve**	19 **diecinueve**	29 **veintinueve**	100 **cien**

KULTURELLER HINWEIS

Sie kennen vielleicht diesen bekannten spanischen Scherz: Man klopft an der Tür: „Wer ist da?/Antonio de Todos los Santos Fernandez Gutierrez./Okay, kommen Sie rein, aber der letzte schließt die Tür!". Wieso haben SpanierInnen einen verlängerten Nachnamen? Nun ja, weil **el apellido**, *der Familienname*, offiziell zweigliedrig ist. Er besteht aus dem Namen des Vaters und dem der Mutter: Ortiz Rocasolano. Im Alltag wird oft nur einer der beiden benutzt, den heutzutage die Eltern auswählen. Früher war es meist der des Vaters, aber nicht immer. Z.B. wie bei Picasso, offiziell Ruiz Picasso, wo der zweite Name seltener war. Wenn er sich Pablo Ruiz genannt hätte, hätte das nicht eventuell Einfluss auf seine Malerei gehabt?

GRAMMATIK
FRAGEN STELLEN

Eine Aussage wird einfach anhand von Intonation (oder im Schriftlichen per Zeichensetzung) in eine Frage verwandelt: **¿Eres una mujer?**, *Bist du eine Frau?/Du bist eine Frau?*. Es gibt auch einige Fragewörter: **¿Dónde vives?**, *Wo lebst du?*; **¿De dónde eres?**, *Woher kommst du?/Von wo bist du?*; **¿Quién eres?**, *Wer bist du?*; **¿Qué edad tienes?**, *Wie alt bist du?*; **¿A qué te dedicas?**, *Was machst du beruflich?/Was widmest du dich?*; **¿Cuántos hijos tienes?**, *Wie viele Kinder hast du?*; **¿Cuántas hijas tienes?**, *Wie viele Töchter hast du?*.

BETONUNG UND AKZENTZEICHEN

Im ersten Teil dieses Buches haben Sie gelernt, dass man im Spanischen die tonische Silbe herausstellt, nämlich:
– die letzte Silbe bei Wörtern, die mit einem Konsonanten enden (außer **n** und **s**): ha<u>blar</u>, es<u>pañol</u>, ciu<u>dad</u>.
– die vorletzte Silbe bei Wörtern, die mit einem Vokal, einem **n** oder **s** enden: <u>rei</u>na, i<u>dio</u>mas, <u>Car</u>men.
Das Akzentzeichen wir nur geschrieben, wenn diese Regeln nicht angewandt werden: **París, francés, alemán, Ángela**.
Es wird auch in zwei weiteren Fällen geschrieben, die Sie vorhin kennengelernt haben:
– auf allen Fragewörtern: **¿Quién…?**, **¿Dónde…?**, **¿Qué…?**
– um Homonyme zu unterscheiden: **<u>tu</u> marido**, *dein Ehemann*; **<u>tú</u> eres ama de casa**, *du, du bist Hausfrau*.

DEFINITER UND INDEFINITER ARTIKEL IM SINGULAR

Behalten Sie sich diese 4 Formen des Artikels im Singular:

un empleo, *ein Job*
una mujer, *eine Frau*
el desempleo, *die Arbeitslosigkeit*
la reina, *die Königin*

ZWEI „SEIN"-VERBEN?

Es gibt zwei Verben, die sich mit *sein* übersetzen: **ser** und **estar**. Wir werden uns im Laufe dieses Kurses den Nuancen in der Bedeutung dieser Verben nähern. Identifizieren Sie bereits die einfachsten Anwendungen:

• Vor einem Nomen benutzt man immer **ser**: **Soy Paco**, *Ich bin Paco*; **Es una mujer**, *Das/Sie ist eine Frau*; **Es ama de casa**, *Das/Sie ist Hausfrau*.
• Vor einem Adjektiv platziert, drückt **ser** die Identität der Person aus, z. B. ihre Nationalität: **Soy español**, *Ich bin spanisch*.
• **Ser de** indiziert somit die Herkunft: **Eres de Sevilla**, *Du bist aus Sevilla*.
• Vor einem Adjektiv drückt **estar** den Zustand einer Person aus, bzw. was ihr zu einem gegebenen Moment „passiert": **Estoy desempleado**, *Ich bin arbeitslos*; **Estoy casado**, *Ich bin verheiratet*, wenn man die Ehe als „Zustand" betrachtet.

▲ KONJUGATION
DIE VERBEN DER 3. GRUPPE

Sie tragen im Infinitiv **-ir** als Endung (exemplarisch **vivir**). Merken Sie sich für den Anfang die ersten 3 Personen des Präsens:

vivir, *leben, wohnen*
vivo, *ich lebe/wohne* **viv**es, *du lebst/wohnst* **viv**e, *er/sie/es lebt/wohnt*

GEBRÄUCHLICHE UNREGELMÄSSIGE VERBEN

Beginnen Sie, sich mit den unregelmäßigen Konjugationen vertraut zu machen: sie sind zahlreich und betreffen sehr gängige Verben.

estar, *sein*	**tener**, *haben*	**hacer**, *machen*	**ver**, *sehen*
estoy, *ich bin* **estás**, *du bist* **está**, *er/sie/es ist*	**tengo**, *ich habe* **tienes**, *du hast* **tiene**, *er/sie/es hat*	**hago**, *ich mache* **haces**, *du machst* **hace**, *er/sie/es macht*	**veo**, *ich sehe* **ves**, *du siehst* **ve**, *er/sie/es sieht*

VOKABULAR

la adivinanza Rätsel
adivinar raten
quién wer
el derecho Recht
la pregunta Frage
el personaje Person, Charakter, Figur
la mujer Frau
como wie
vivir leben, wohnen
tener haben
varios, varias mehrere
la casa Haus
¡Enhorabuena! Glückwunsch!
estar sein
casado/a verheiratet
¿qué? was?, welche/r/s?
la edad Alter
el año Jahr
a ver... mal sehen...
ver sehen
cuánto/a/os/as wie viel/e
el hijo Kind, Sohn
la hija Tochter
dedicarse a sich befassen/widmen mit
el/la periodista JournalistIn
hacer machen
el trabajo Arbeit
la lástima Schande, Schade
el desempleo Arbeitslosigkeit
exactamente genau, exakt
claro klar, natürlich
el marido Ehemann
el empleo Job, Stelle
la ama de casa Hausfrau
eso diese/r/s, das
solo nur
abandonar aufgeben
la reina Königin

ÜBUNGEN

1. KREUZEN SIE DIE ZIFFER AN, DIE SIE HÖREN.

a. ☐ 33 – ☐ 36
b. ☐ 6 – ☐ 10
c. ☐ 61 – ☐ 71
d. ☐ 2 – ☐ 12
e. ☐ 18 – ☐ 80

2. HÖREN SIE DIE AUFNAHME AN UND KREUZEN SIE DIE RICHTIGE ANTWORT AN.

a. La mujer que habla se llama Carmen y el hombre se llama…
☐ Paco
☐ Luis
☐ Antonio

b. El apellido del hombre es…
☐ Fernández Ruiz
☐ Ruiz Ortiz
☐ Fernández Ortiz

c. Carmen tiene…
☐ dos hijos
☐ tres hijos
☐ cuatro hijos

d. El marido de Carmen…
☐ es profesor de español
☐ es profesor de inglés
☐ está desempleado

3. HÖREN SIE ERNEUT DIE AUFNAHME AN UND ANTWORTEN SIE AUF DIE FRAGEN.

a. ¿Cómo se llama la hija del hombre? →

b. ¿Qué edad tiene? →

c. ¿A qué se dedica? →

d. ¿Dónde vive? →

4. FOLGENDE WÖRTER HABEN EINE REGELMÄSSIGE BETONUNG: UNTERSTREICHEN SIE DIE TONISCHE SILBE.

a. Brasil

b. Ecuador

c. Cuba

d. Buenos Aires

e. voleibol

f. Beatriz

5. FOLGENDE WÖRTER HABEN EINE UNREGELMÄSSIGE BETONUNG: SETZEN SIE DAS AKZENTZEICHEN AUF DEN ENTSPRECHENDEN VOKAL.

a. cafe

b. futbol

c. menu

d. dolar

e. balon

f. Peru

6. VERVOLLSTÄNDIGEN SIE MIT KONJUGIERTEM *SER* ODER *ESTAR*.

a. Madrid .... una ciudad muy bonita.

b. Felipe VI .... casado con Letizia Ortiz.

c. No tengo trabajo: .... desempleado.

d. No .... funcionario: trabajo en el comercio.

e. Dime, Laura, ¿ .... de Sevilla?

7. ÜBERSETZEN SIE DIESE SÄTZE.

a. Was macht deine Frau beruflich? →

b. Wie alt ist die Königin von Spanien? →

c. Sie lebt in Madrid, aber sie hat mehrere Häuser. →

d. Mal sehen… Auf wie viele Fragen habe ich Anrecht? →

e. Rate, wer mein Ehemann ist. →

3.
WIE GEHT'S?
¿QUÉ TAL?

ZIELE	KENNTNISSE
• SAGEN UND FRAGEN, WIE ES EINEM GEHT	• DIE GRAMMATIKALISCHEN WERKZEUGE ZUM SIEZEN
• VERSCHIEDENE AUSDRÜCKE DER HÖFLICHKEIT VERWENDEN	• DER ARTIKEL, DAS NOMEN UND DAS ADJEKTIV IM SINGULAR UND PLURAL
• DUZEN UND SIEZEN	• DAS SUBJEKTPRONOMEN UND DAS POSSESSIVPRONOMEN
	• KONJUGATION DES INDIKATIVS IM PRÄSENS: VERBEN AUF *-AR, SER, ESTAR, TENER*

DER NEUE LEHRER...

– Guten Tag, ich bin [die] Frau del Pino, Ihre neue Mathematik-Lehrerin. Wie geht's?

– Uns geht es ausgezeichnet, danke!

– (Das) freut mich.

– Hallo, ich bin Pedro, der Schülervertreter.

– Sehr angenehm.

– Im Namen von allen, willkommen in unserem Gymnasium.

– Danke an alle. Gut, und jetzt Ruhe! Mir geht es mittelmäßig gut und ich habe keine gute Laune.

– Fühlst du dich nicht gut? (Sollen) wir die Krankenschwester rufen?

– Nein, danke. Ah, eine Sache, siez mich, in Ordnung? Und die anderen auch, siezt mich.

– Aber Sie, Sie duzen uns...

– Ich duze euch, weil ich die Lehrerin bin und ihr, ihr seid die Schüler, verstanden?

– Gut, ok...

– Andere Sache: [die] Kaugummis und [die] Handys sind verboten.

– Und worauf haben wir also Recht?

– Sie dürfen [haben Recht zu] studieren. Ja, ich bin eine altmodische Lehrerin, es tut mir leid.

05 EL NUEVO PROFE…

– Buenas, soy la señora del Pino, vuestra nueva profesora de matemáticas. ¿Qué tal?

– ¡Estamos divinamente, gracias!

– Me alegro.

– Hola, soy Pedro, el delegado de los alumnos.

– Mucho gusto.

– En nombre de todos, bienvenida a nuestro instituto.

– Gracias a todos. Bueno, ¡y ahora silencio! Estoy regular y no estoy de buen humor.

– ¿No estás bien? ¿Llamamos a la enfermera?

– No, gracias. Ah, una cosa, trátame de usted, ¿vale? Y los demás también, tratadme de usted.

– Pero usted nos trata de tú…

– Os trato de tú porque yo soy la profesora y vosotros sois los alumnos, ¿entendido?

– Bueno, vale…

– Otra cosa: están prohibidos los chicles y los móviles.

– ¿Y a qué tenemos derecho entonces?

– Tenéis derecho a estudiar. Sí, soy una profesora a la antigua, lo siento.

■ DEN DIALOG VERSTEHEN

→ Verwenden Sie bei der Vorstellung Ihrer Person ein paar Ausdrücke der Höflichkeit, wie **mucho gusto**, dessen Synonym **tanto gusto** oder auch **encantado/encantada**. All diese Begriffe entsprechen *Angenehm, Freut mich, Sehr erfreut*.

→ Das Verb **alegrarse**, *sich freuen*, wird oft benutzt: **¿Qué tal?/Muy bien./Me alegro**, *Wie geht es?/Sehr gut./Freut mich*. Oder auch auf diese Weise: **Hola, Paco, me alegro de verte**, *Hallo, Paco, freut mich dich zu sehen*.

→ Vergessen wir nicht die Wörter des Danks: **gracias**, *danke* und **muchas gracias**, *vielen Dank*.

→ **¿Qué tal?**, *Wie geht es (dir/euch/Ihnen)?* ist eine gängige Frage. Sie können kurz antworten: **muy mal**, *sehr schlecht*; **mal**, *schlecht*; **regular**, *mittelmäßig*; **bien**, *gut*; **muy bien**, *sehr gut*. Merken Sie sich auch ausschmückende Wendungen: **fatal**, *miserabel*; **tirando**, *es geht so*; **ni fu ni fa**, *so lala*; **estupendamente, divinamente, fenomenal**, *hervorragend, großartig*. Wenn Sie ein Verb in die Frage einbringen, ist es **estar** (der „aktuelle Zustand" einer Person): **¿Cómo estás?**, *Wie geht es dir?/***Estoy fatal**, *Es geht mir sehr schlecht*; **¿Qué tal está tu marido?**, *Wie geht es deinem Mann?/***Está estupendamente**, *Es geht ihm großartig*.

KULTURELLER HINWEIS

Du oder Sie? Das Duzen ist in Spanien üblich: unter LehrerInnen und SchülerInnen, auf der Arbeit oder auf der Straße. Um Achtung und Respekt auszudrücken, wenn man sich z. B. an eine Person höheren Alters wendet, benutzt man eher **don** und **doña**, mit dem Vornamen: **Buenos días, don Miguel**, *Guten Tag, Herr Miguel*; **Buenas tardes, doña Elena**, *Guten Abend, Frau Elena*. All das ist abhängig von der Situation und den Personen. Die Ungezwungenheit wird wertgeschätzt, aber **maleducado**, *unhöflich*, zu sein, ist das Letzte, was man machen sollte!

◆ GRAMMATIK
DER SINGULAR UND DER PLURAL

Der maskuline Singular-Artikel, angewandt mit den Präpositionen **de** und **a**, wird zu **del** und **al**: **El profesor del instituto**, *Der Instituts-/Gymnasiallehrer*; **Llamamos al enfermero**, *Wir rufen den Krankenpfleger*. Beachten Sie, dass dem Akkusativobjekt die Präposition **a** vorausgeht, wenn es eine Person repräsentiert.

- **los** und **las** sind die Plural-Artikel: **los alumnos y las alumnas**, *die Schüler und (die) Schülerinnen.*
- Nomen oder Adjektive, die auf einen Vokal enden, bilden ihren Plural mit **-s**: **una casa bonita**, *ein schönes Haus*; **dos casas bonitas**, *zwei schöne Häuser.* Wenn sie mit einem Konsonanten enden, fügt man **-es** hinzu: **el móvil/los móviles,** *ein Handy/Handys.*

DAS SIEZEN (*TRATAMIENTO DE USTED EN SINGULAR*)

Um im Spanischen eine Einzelperson zu siezen, benutzt man die 3. Person, wie wenn man auf Deutsch mit einem König spricht: „Möchte Eure Majestät, dass ich ihm seinen Kaffee serviere?". **Usted**, *Sie* (ursprünglich abgeleitet von **vuestra merced**, *Euer Gnaden*), ist das Subjektpronomen des Siezens im Singular: **¿Habla usted francés?**, *Sprechen Sie Französisch?*. Es wird auch nach einer Präposition benutzt: **Gracias a usted**, *Danke Ihnen*. Achten Sie also darauf, nicht Sie und sie (was wir noch lernen werden) zu verwechseln: **¿Cómo está usted, señora?**, *Wie geht es Ihnen, Señora?* und **¿Cómo están los amigos?**, *Wie geht es den Freunden?*.

PERSONALPRONOMEN UND POSSESSIVPRONOMEN

Subjektpronomen	Possessivpronomen
yo, *ich* **tú**, *du* **él, ella; usted**, *er, sie, es; Sie (Sg.)* **nosotros, nosotras**, *wir* **vosotros, vosotras**, *ihr* **ellos, ellas; ustedes**, *sie; Sie (Pl.)*	**mi/mis**, *mein/e* **tu/tus**, *dein/e* **su**, *sein/e, ihr/e; Ihr/e* **nuestro (a)/nuestros (as)**, *unser/e* **vuestro (a)/vuestros (as)**, *eu(e)r/e* **sus**, *ihre; Ihre*

▲ KONJUGATION
DIE VERBEN DER 1. GRUPPE/AUF *-AR*

Regelmäßige Verben auf **-ar** konjugieren sich wie folgt. Um sich auch die Reflexiv-Pronomen zu merken, zeigen wir neben dem aktiven Beispiel **llamar**, *telefonieren* auch ein reflexives: **alegrarse**, *sich freuen*.

llamar, *telefonieren*	**alegrarse**, *sich freuen*
llamo, *ich telefoniere*	**me alegro**, *ich freue mich*
llamas, *du telefonierst*	**te alegras**, *du freust dich*
llama, *er/sie/es telefoniert*	**se alegra**, *er/sie/es freut sich*
llamamos, *wir telefonieren*	**nos alegramos**, *wir freuen uns*
llamáis, *ihr telefoniert*	**os alegráis**, *ihr freut euch*
llaman, *sie telefonieren*	**se alegran**, *sie freuen sich*

SER UND ESTAR

Diese beiden Verben repräsentieren zahlreiche Unregelmäßigkeiten. **Estar** z. B. bekommt ein Akzentzeichen auf der 2. und 3. Person Singular und der 3. Person Plural.

ser, *sein*	**estar**, *sein*
soy, *ich bin*	**estoy**, *ich bin*
eres, *du bist*	**estás**, *du bist*
es, *er/sie/es ist*	**está**, *er/sie/es ist*
somos, *wir sind*	**estamos**, *wir sind*
sois, *ihr seid*	**estáis**, *ihr seid*
son, *sie sind*	**están**, *sie sind*

EIN UNREGELMÄSSIGES VERB: *TENER*

Tener beinhaltet auch viele Unregelmäßigkeiten, von denen wir bald die Muster sehen werden. Hier seine komplette Konjugation.

tener, *haben, besitzen*
tengo, *ich habe*
tienes, *du hast*
tiene, *er/sie/es hat*
tenemos, *wir haben*
tenéis, *ihr habt*
tienen, *sie haben*

DER IMPERATIV

Der Imperativ der Verben auf **-ar** bildet sich auf diese Weise: **habla**, *sprich* und **hablad**, *sprecht*.

Im Spanischen wird das Personalpronomen mit der Imperativform zusammengeschrieben: **trátame de tú**, *duz mich*; **tratadme de usted**, *siezt mich*.

VOKABULAR

nuevo/a *neu*
señor/a *Herr, Dame/Frau*
vuestro/a *eu(e)r/e*
las matemáticas *Mathematik*
¿qué tal? *wie geht's?*
divinamente *großartig*
gracias *danke*
alegrarse *sich freuen*
el/la delegado/a *Delegierte, VertreterIn*
el/la alumno/a *SchülerIn*
mucho gusto *freut mich sehr*
en nombre de *im Namen von*
todo/a *alles, ganz, alle, jede/r/s*
bienvenido/a *willkommen*
nuestro/a *unser/e*
el instituto *Gymnasium, Institut*
bueno/a *gut*
ahora *jetzt*
el silencio *Ruhe, Stille*
regular *mittelmäßig*
el humor *Laune, Humor*
el/la enfermero/a *KrankenpflegerIn*
la cosa *Sache*
usted *Sie*
tratar de usted *siezen*
vale *okay, in Ordnung, einverstanden*
los demás *die anderen*
tratar de tú *duzen*
porque *weil*
vosotros *ihr*
¿entendido? *verstanden?*
otro/a *andere/r/s*
prohibido *verboten*
el chicle *Kaugummi*
el móvil *Handy*
entonces *also*
antiguo/a *alt(modisch), antik*
lo siento *es tut mir leid, Entschuldigung*

ÜBUNGEN

1. HÖREN SIE DIE AUFNAHME AN UND KREUZEN SIE DEN *TRATAMIENTO* DER SÄTZE AN.

05
a. ☐ de tú – ☐ de usted
b. ☐ de tú – ☐ de usted
c. ☐ de tú – ☐ de usted
d. ☐ de tú – ☐ de usted

2. HÖREN SIE DIE AUFNAHME AN UND KREUZEN SIE DIE RICHTIGE ANTWORT AN.

05
a. Los personajes son…
☐ dos alumnos
☐ dos enfermeros
☐ dos profesores

b. En el instituto, tratan de usted a…
☐ los alumnos
☐ los profesores
☐ la enfermera

c. En el instituto están prohibidos…
☐ solo los chicles
☐ solo los móviles
☐ los chicles y los móviles

3. HÖREN SIE SIE ERNEUT AN UND KREUZEN SIE *VERDAD* ODER *MENTIRA* AN.

05

	verdad	mentira
a. Ángela es alemana.		
b. Es profesora de alemán.		
c. Está fatal.		
d. Pedro es nuevo en el instituto.		
e. Pedro trata a Ángela de usted.		
f. Los alumnos españoles son maleducados.		

4. ANTWORTEN SIE MIT KONJUGIERTEM *SER* ODER *ESTAR*.

a. ¿Qué tal estáis?/................................ muy bien, gracias.

b. ¿Está usted de mal humor?/Sí, ... de muy mal humor.

c. ¿Eres la profesora?/No, ... la enfermera.

d. ¿Quiénes sois?/................................ los alumnos de la señora del Pino.

5. SETZEN SIE DIE SÄTZE IM SINGULAR IN DEN PLURAL UND ANDERS HERUM.

a. Los delegados no están de buen humor. →

b. La ciudad es bonita. →

c. La mujer no es solo ama de casa. →

d. Son las casas de los nuevos profesores. →

6. ÜBERTRAGEN SIE INS SIEZEN.

a. ¿Cómo te llamas? →

b. ¿Dónde vives? →

c. ¿A qué te dedicas? →

d. ¿De dónde eres? →

7. ÜBERSETZEN SIE DIESE SÄTZE.

a. Sind Sie die neue Krankenschwester des Gymnasiums? →

b. Siez mich und die anderen auch, verstanden? →

c. Wer ist euer Schülervertreter? →

d. Es tut mir leid, es ist verboten. →.

4.
BITTE...
POR FAVOR...

ZIELE	KENNTNISSE

- HÖFLICH FRAGEN UND ANTWORTEN
- BEJAHEND AUF EINE ANFRAGE ANTWORTEN
- DANKEN UND AUF EINEN DANK ANTWORTEN
- UM ENTSCHULDIGUNG BITTEN

- DAS OBJEKTPRONOMEN
- DIE REGELN DES SIEZENS
- EIGENHEITEN DES SPANISCHEN ARTIKELS
- DIE PLATZIERUNG DES PERSONALPRONOMENS IM INFINITIV UND IMPERATIV
- DIE DOPPELLAUT-VERBEN (ERSTE ANNÄHERUNG)
- DIE KONJUGATION VON *IR*, GEHEN

DER ANSTRENGENDE NACHBAR

– Guten Tag, ich stelle mich vor: ich bin Ihr neuer Nachbar.

– Guten Tag, freut mich, wie kann ich Ihnen helfen?

– Es ist (nur) eine kleine Sache… Können Sie mir bitte ein wenig Kaffee leihen?

– Ja, natürlich, hier der [haben Sie den] Kaffee.

– Sie sind sehr freundlich, danke und entschuldigen Sie.

– Nichts zu danken!

(Fünf Minuten später.)

– Entschuldigung, tut mir leid, ich nochmal.

– Kann ich Ihnen bei etwas anderem [in einer anderen Sache] helfen?

– Sie werden denken, dass ich sehr nervig bin, aber ich habe keine Milch im Haus, können Sie…?

– Selbstverständlich, hier [haben Sie] die Milch.

– Vielen Dank und verzeihen Sie.

– Gern geschehen, zu Ihren Diensten.

(Zwei Minuten später.)

– Ach, der Nachbar!

– Ehm… kann ich Sie erneut stören?

– Gut, wir werden uns duzen, in Ordnung?

– Ja, es ist das dritte Mal in 5 Minuten, dass wir uns sprechen, entschuldige!

– Was willst du jetzt? Mal schauen, ich werde es erraten… Du hast keinen Zucker, stimmt's?

– Glückwunsch, Nachbarin…

– Los, komm rein: ich lade dich auf einen Kaffee [trinken] ein.

🔊 06 EL VECINO PESADO

– Buenas, me presento: soy su nuevo vecino.

– Hola, encantada, ¿en qué puedo ayudarle?

– Es poca cosa… ¿Puede usted prestarme un poco de café, por favor?

– Sí, claro, aquí tiene el café.

– Es usted muy amable, gracias y disculpe.

– ¡No hay de qué!

(Cinco minutos después.)

– Perdón, lo siento, soy yo otra vez…

– ¿Le puedo ayudar en otra cosa?

– Va a pensar que soy muy pesado, pero no tengo leche en casa, ¿puede usted…?

– Por supuesto, aquí tiene la leche.

– Muchas gracias, y perdone.

– De nada, para servirle.

(Dos minutos después.)

– Hombre, ¡el vecino!

– Ejem… ¿La puedo molestar de nuevo?

– Bueno, vamos a tutearnos, ¿vale?

– Sí, ¡es la tercera vez que hablamos en cinco minutos, perdona!

– ¿Qué quieres ahora? A ver, lo voy a adivinar… No tienes azúcar, ¿es eso?

– Enhorabuena, vecina…

– Anda, pasa, te invito yo a tomar un café.

■ DEN DIALOG VERSTEHEN
HÖFLICHKEITSFORMELN

→ **Perdón**, *Entschuldigung*, trägt den Vorteil, dass es nicht präzisiert, ob man jemanden duzt oder siezt. Mit den Verben **perdonar**, *entschuldigen*, oder **disculpar**, *verzeihen*, muss man sich für das Duzen oder Siezen entscheiden und es gibt im Singular zwei Möglichkeiten: **perdona** oder **disculpa** (Duzen), *entschuldige* und *verzeih (mir);* **perdone** oder **disculpe** (Siezen), *entschuldigen Sie* und *verzeihen Sie*.

→ SpanierInnen sagen **con permiso**, *wenn Sie gestatten*, wörtl. *mit Erlaubnis/Verlaub*, um z. B. jemanden höflich zu bitten, einem das Wort zu überlassen.

→ Sie kennen **gracias** und **muchas gracias**, aber in jedem Dank gibt es vier Etappen: die Bitte/Anfrage, die Antwort, den Dank und die Antwort auf diesen Dank. Das Anliegen kann per Duzen oder Siezen ausgedrückt werden: **¿Puedes…?**, *Kannst du…?* oder **¿Puede usted…?**, *Können Sie…?*. Als Antwort, um das **sí** zu verstärken, können Sie sagen: **sí, claro**, *ja, natürlich*, oder auch **por supuesto**, *selbstverständlich*. Die Antwort auf den Dank ist: **de nada** oder **no hay de qué**, *bitte (sehr/schön), nichts zu danken, gern geschehen*. **Por favor**, *bitte* benutzt man, wenn man jemanden um etwas bittet.

EIN PAAR HINWEISE

• Das Genus von Substantiven variiert manchmal im Vergleich zum Deutschen und manchmal nicht: **el minuto**, *die Minute*; **la leche**, *die Milch*. Achtung beim Gebrauch: es steht z. B. kein definiter Artikel vor dem Ausdruck **en casa**, *im Haus* (oder *zuhause*) und wiederum kein indefiniter Artikel vor **otro**: **otra cosa**, *eine andere Sache*. Manchmal stimmt es aber auch überein; es gibt keinen Artikel bei Teilwerten: **quiero azúcar**, *ich möchte Zucker*.

• **Aquí tiene** heißt wörtlich *hier haben Sie* oder **aquí tienes**, wenn Sie duzen: **Aquí tienes tu café**, *Hier dein/hast du deinen Kaffee*.

KULTURELLER HINWEIS

¡Hombre!, *Mann!* ist ein vielseitiger Ausruf. Je nach Tonfall drückt er Empörung, Überraschung oder jegliche andere Empfindung, gegeben durch den Kontext der Aussage, aus: **¡Hombre, el vecino!**, *Ach/Sieh einer an/Mensch/Sowas aber auch/Mann/Tja/Oh, der Nachbar!*

◆ GRAMMATIK
DAS OBJEKTPRONOMEN

Das direkte und indirekte Objektpronomen sind identisch bis auf die 3. Person: **Lo veo**, *Ich sehe ihn* (direkt); **Le presto café**, *Ich leihe ihm Kaffee* (indirekt).

Direktes Objektpronomen	Indirektes Objektpronomen
me, *mich*	**me**, *mir*
te, *dich*	**te**, *dir*
lo/la, *ihn/sie/es; Sie*	**le**, *ihm/ihr; Ihnen*
nos, *uns*	**nos**, *uns*
os, *euch*	**os**, *euch*
los/las, *sie; Sie*	**les**, *ihnen; Ihnen*

Wenn ein direktes Objektpronomen eine Person bezeichnet, wird oft **le** (indirekte Form) statt **lo** gesagt. Im Dialog z. B.: **¿Le puedo ayudar?**, *Kann ich Ihnen helfen?*. Generell wird dieses Phänomen nur im Maskulinen toleriert. Die drei korrekten Formen des direkten Objektpronomens sind also: **¿Le puedo ayudar?/¿Lo puedo ayudar?** (für einen Mann) und **¿La puedo ayudar?** (für eine Frau).

DAS HÖFLICHKEITS-SIEZEN: PERSONAL- UND POSSESSIVPRONOMEN

Das Siezen funktioniert im Spanischen über die 3. Person: die des Verbs, die des Personalpronomens und die des Possessivpronomens.

Das Duzen (2. Person)	Das Siezen (3. Person)
¿Cómo estás?	**¿Cómo está usted?**
¿Te ayudo?	**¿Le ayudo?** oder **¿Lo ayudo?** (mask.)/ **¿La ayudo?** (fem.)
¿Te presto café?	**¿Le presto café?**
¿Os ayudo?	**¿Les ayudo?** oder **¿Los ayudo?** (mask.)/ **¿Las ayudo?** (fem.)
¿Os presto café?	**¿Les presto café?**
Soy tu vecino.	Soy su vecino.
Soy vuestro vecino.	**Soy su vecino.**

DIE ENKLISE IM INFINITIV

Im Imperativ hängt sich das Personalpronomen an die Verbform an: **dime**, *sag mir*. Mann nennt dieses Phänomen Enklise und es betrifft auch den spanischen Infinitiv: **llamarse**, wörtl. *sich nennen*; *heißen*. In einem Satz kann das Personalpronomen also nie direkt einem Infinitiv vorangehen: entweder hängt er sich an den Infinitiv oder er geht dem konjugierten Verb voraus. Sehen Sie im Dialog: **¿En qué puedo ayudarle?** und **¿Le puedo ayudar en otra cosa?**.

▲ KONJUGATION
DIE DOPPELLAUT-VERBEN

Der Vokal des Stammes bestimmter Verben wird manchmal gedoppelt: das **-e** wird zu **-ie** und das **-o** zu **-ue**. Schauen wir uns die beiden Beispiele aus dem Dialog in den ersten drei Personen des Präsens an: **querer** und **poder**.

querer, *wollen, mögen*	**poder**, *können*
quiero, *ich will* **quieres**, *du willst* **quiere**, *er/sie/es will*	**puedo**, *ich kann* **puedes**, *du kannst* **puede**, *er/sie/es kann*

EIN UNREGELMÄSSIGES VERB: *IR*

Ir, *gehen*, hat viele Unregelmäßigkeiten in der Konjugation. Achten Sie auch auf seine Konstruktion: da es sich um ein Bewegungsverb handelt, wird es von der Präposition **a** gefolgt. Wie im Deutschen: **Voy a París**, *Ich gehe nach Paris*, jedoch ist das **a** auch vor einem Infinitiv obligatorisch: **Voy a trabajar**, *Ich gehe arbeiten*.

ir, *gehen*
voy, *ich gehe*   **vas,** *du gehst*   **va,** *er/sie/es geht*   **vamos,** *wir gehen*   **vais,** *ihr geht*   **van,** *sie gehen*

VOKABULAR

el/la vecino/a *Nachbar/in*
pesado/a *anstrengend, nervig*
presentarse *sich vorstellen*
poder *können*
ayudar *helfen*
poco/a *wenig*
prestar *leihen*
el café *Kaffee*
por favor *bitte*
aquí *hier*
amable *freundlich, liebenswürdig*
disculpar *entschuldigen, verzeihen*
hay *es gibt, es ist*
el minuto *Minute*
después *danach, später*
perdón *Entschuldigung*
la vez *Mal*
ir *gehen*
pensar *denken*
la leche *Milch*
por supuesto *natürlich, selbstverständlich*
perdonar *entschuldigen, verzeihen*
nada *nichts*
para *für, um zu*
servir *dienen, servieren, nutzen*
el hombre *Mann, Mensch*
molestar *stören*
de nuevo *nochmal*
tutear *duzen*
tercero/a *dritte/r*
el/la azúcar *Zucker*
anda *Los, Komm*
pasar *hereinkommen, passieren*
invitar *einladen*
tomar *nehmen*

ÜBUNGEN

1. WAS IST DER *TRATAMIENTO* IN DIESEN AUFGENOMMENEN SÄTZEN?

06 a. de tú – de usted
b. de tú – de usted
c. de tú – de usted
d. de tú – de usted

2. HÖREN SIE DIE AUFNAHME AN UND KREUZEN SIE DIE RICHTIGE ANTWORT AN.

06 a. El vecino de la mujer se llama…
☐ Pepe
☐ Antonio
☐ Mario

b. Antonio trata a su vecino…
☐ de tú
☐ de usted
☐ primero de usted y después de tú

c. La mujer no tiene…
☐ café
☐ leche
☐ azúcar

d. El vecino…
☐ quiere mucho azúcar
☐ quiere un poco de azúcar
☐ no quiere azúcar

🔊 3. HÖREN SIE SIE ERNEUT AN UND VERVOLLSTÄNDIGEN SIE DIE 3 LETZTEN
06 PHRASEN DES DIALOGS.

a. – ¿Y ...., Antonio?

b. – Soy ...., es un trabajo ....
pero ....

c. – ¡Exactamente .... ! Somos ....

4. FORMULIEREN SIE DIESE SÄTZE MIT DEM ANDEREN *TRATAMIENTO* UM.

a. ¿Vas a casa del vecino? →

b. ¿Antonio es tu marido? →

c. Le presento a mi mujer. →

d. Perdone, ¿me presta su móvil? →

e. Disculpa, ¿puedes presentarte? →

f. Lo siento, no puedo invitarlo. →

5. FORMULIEREN SIE DIESE SÄTZE DURCH UMSTELLEN DES PRONOMENS UM.

a. No quiero prestarte café. →

b. No le puedo servir. →

c. ¿Puedo tutearlo? →

d. No te voy a perdonar. →

6. ÜBERSETZEN SIE DIESE SÄTZE.

a. Ich möchte keine Milch, ich möchte etwas anderes.

→

b. Entschuldigen Sie, Señora, es ist das dritte Mal, dass ich Sie störe.

→

c. Du wirst denken, dass ich eine nervige Nachbarin bin.

→

d. Ihr seid sehr freundlich, du und dein Mann.

→

5.
HALLO?
¿DIGA?

ZIELE

- **ANRUFEN UND ANS TELEFON GEHEN; EINE PERSON WEITERLEITEN; UM WIEDERHOLUNG BITTEN**
- **DUZEN UND SIEZEN IN EINER UNTERHALTUNG AM TELEFON**
- **BEGRÜSSEN UND VERABSCHIEDEN**
- **EINE ADRESSE GEBEN**

KENNTNISSE

- **DIE ANWENDUNG VON *ESTAR*: IM RAUM EINORDNEN**
- **DAS GERUNDIUM UND DIE VERLAUFSFORM**
- **DIE PRÄPOSITIONEN *POR* UND *PARA***
- **DIE VERBEN AUF *-GO*: *DECIR*, *PONER***

AM TELEFON SPRECHEN[D]

– Hallo?

– Guten Tag, ich würde gerne mit Herrn Rafael Palacios sprechen.

– Ja, (das) bin ich.

– Sehr erfreut, Herr Rafael, ich bin Laura, von Latacel. Ich rufe Sie an, um…

– Einen Moment, sagen Sie mir Ihren Namen, damit ich weiß, mit wem ich spreche?

– Laura López…

– Danke. Können Sie den Namen Ihres Unternehmens wiederholen?

– Latacel. Wir führen gerade eine…

– Von wo rufen Sie mich an?

– Von Madrid und…

– Sagen Sie mir Ihre genaue Adresse?

– Latacel befindet [ist] sich in (der) Atocha (Straße) 16, aber…

– Legen Sie nicht auf, ich überprüfe es. Ich mache Ihnen ein bisschen Musik an.

– Herr Palacios? Herr Palacios??

– Danke für Ihre Geduld. Ich höre Ihnen zu, Frau Clara.

– Laura, ich sage Ihnen, dass mein Vorname Laura ist…

– Ah ja, Laura, entschuldigen Sie.

– Macht nichts, zu Ihren Diensten. Wir sind dabei, ein Angebot für die neuen Kunden zu machen: 100 Anruf-Minuten gratis und…

– Ah, darum kümmert sich meine Frau.

– Können Sie sie mir geben [mich mit ihr verbinden]?

– Tut mir leid, sie ist nicht da. Wenn Sie lieber später anrufen wollen…

– Gut, in Ordnung, tschüss…

– Auf Wiederhören, Señorita.

HABLANDO POR TELÉFONO

– ¿Dígame?

– Buenos días, quisiera hablar con don Rafael Palacios.

– Sí, soy yo.

– Encantada, don Rafael, soy Laura, de Latacel. Le llamo para…

– Un momento, ¿me dice su apellido, para saber con quién estoy hablando?

– Laura López…

– Gracias. ¿Puede repetir el nombre de su compañía?

– Latacel. Estamos realizando una…

– ¿De dónde me llama usted?

– De Madrid y…

– ¿Me dice su dirección exacta?

– Latacel está en Atocha 16, pero…

– No cuelgue, voy a comprobarlo. Le pongo un poco de música.

– ¿Don Rafael? ¿¿Don Rafael??

– Gracias por su paciencia. La escucho, señorita Clara.

– Laura, le digo que mi nombre es Laura…

– Ah sí, Laura, disculpe.

– De nada, para servirle. Estamos haciendo una oferta para nuevos clientes: cien minutos de llamadas gratis y…

– Ah, de eso se ocupa mi esposa.

– ¿Me puede poner con ella?

– Lo siento, no está. Si quiere llamar más tarde…

– Bueno, vale, hasta luego…

– Adiós, señorita.

DEN DIALOG VERSTEHEN

→ Die Art der SpanierInnen, Adressen zu nennen und zu schreiben sieht so aus: sie schreiben wie wir die Hausnummer hinter den Straßennamen. Wenn es sich um *eine Straße*, **una calle**, handelt, wird dieses Substantiv häufig getilgt: **Vivo en Atocha 16**, *Ich wohne in der Atocha (Straße) 16*. Wenn man z. B. in ein Taxi steigt, sagt man dem Chauffeur: **Vamos a Atocha 16**. Auf einem Briefumschlag ist **calle** manchmal zu **C/** abgekürzt, **plaza**, *Platz* zu **Pza.** und **avenida**, *Allee* zu **Avda.**: **C/Embajadores, 94**; **Pza. de España, 50**; **Avda. de Madrid, 31**.
→ Sie haben zwei Formen der Verabschiedung gesehen: **hasta luego** und **adiós**. Sie sind sehr ähnlich in der Praxis, wobei ersteres eher *tschüss, bis dann, bis später* und letzteres eher *auf Wiederhören/-sehen, tschüss* entspricht.
→ **Hasta luego** insistiert also ein wenig mehr auf der Idee, dass man sich bald wiedersieht, aber es ist nur eine Nuance. Präziser heißt nämlich **hasta pronto**, *bis bald*. Oder aber **hasta la vista**, *auf Wiedersehen, bis die Tage*; durch Arnold Schwarzenegger in „Terminator 2" verewigt („Hasta la vista, Baby"). Aber aus seinem Mund klingt es definitiv nicht nach einem baldigen Wiedersehen…

KULTURELLER HINWEIS

Lange Zeit gab es nur eine Art, am Telefon *Hallo* zu sagen: **diga** (oder **dígame**), wörtlich *sagen Sie* (oder *sagen Sie mir*). Es war zu den Zeiten, in denen man nicht wusste, wer anruft: man hat also prinzipiell die anrufende Person gesiezt. Jetzt, wo man erkennt, wer anruft, duzt man mit **dime**, *sag mir* die Anrufenden, die man kennt. Merken Sie sich ein paar weitere Formeln: **quisiera**, *ich würde gerne, ich möchte*; **le llamo para**, *ich rufe Sie an, um*; **¿puede repetir?**, *können Sie das wiederholen?*; **no cuelgue**, *legen Sie nicht auf*. Was im Duzen wie folgt aussieht: **te llamo para**; **¿puedes repetir?**; **no cuelgues**. **Poner con**, wörtl. *stellen mit*, wird benutzt, um jemanden weiterzuleiten/durchzustellen: **Le pongo con…**, *Ich gebe Ihnen…*; **¿Me puede poner con…?**, *Können Sie mich mit … verbinden?*

GRAMMATIK
SER UND ESTAR (FORTSETZUNG)

Wir haben den essentiellen Unterschied zwischen **ser** und **estar** behandelt: wie die PhilosophInnen sagen, verkörpert **ser** das Sein und **estar** das Werden. Man findet diesen doppelten Wert in den weiteren Anwendungen dieser Verben. Behalten Sie sich z. B. die Formel **soy yo**, *ich bin es, das bin ich*, die am Telefon und in weiteren

Umständen dient, seine Identität anzugeben. Man kann es natürlich in allen Personen ausdrücken: **¿Eres tú?**, *Bist du es?*; **¡Somos nosotros!**, *Wir sind es!*. **Estar** wird für alles, was die Lokalisierung betrifft, benutzt, die sich natürlicherweise ändert: **¿Dónde estás?**, *Wo bist du?*/**Estoy aquí**, *Ich bin hier*. Am Telefon bedeutet **estar** alleine stehend *da sein*: **¿Está Antonio?**, *Ist Antonio da?*/**No, no está**, *Nein, er ist nicht da*. **Estar** ist auch das Hilfsverb, das die Bildung der Verlaufsform erlaubt, „gerade dabei sein, etwas zu tun" (siehe Konjugation).

POR UND *PARA*

Die Präposition **por** übersetzt sich mit *für, durch, von*, während die Präposition **para** für *um (zu), zu, für*, steht.
• **Por** drückt eine Ursache, eine Erklärung aus: **gracias por su paciencia**, *danke für Ihre Geduld*. Es gibt auch das Mittel an: **hablar por teléfono**, *telefonieren, am Telefon (= das Mittel) sprechen*. Man verwendet es auch, um den Ort anzugeben, an dem man langgeht: **Pasa por aquí**, *Geh („Passiere") hier lang*.
• **Para** drückt das Ziel aus: **Le llamo para**, *Ich rufe Sie an, um...*; **para saber**, *um zu wissen*.

▲ KONJUGATION
BEZÜGLICH DER VERBFORMEN

Wir lernen in den Dialogen geläufige, aber morphologisch komplexe Verbformen kennen. Sie werden nach und nach die Konjugationen entdecken, auf die Sie verweisen: **dígame** und **no cuelgue** sind Beispiele des **usted**-Imperativs, der den Präsens-Subjunktiv (siehe Modul 11 und 14) verwendet und **quisiera** ist ein Imperfekt-Subjunktiv. Merken Sie sie sich vorerst so, wie sie sind, als Formeln der Unterhaltung.

DAS GERUNDIUM UND DIE VERLAUFSFORM

Die spanische Verlaufsform, die unserem *dabei sein, etwas zu tun; gerade etwas tun* entspricht, wird häufig angewandt – nämlich sobald es sich um eine Handlung der Gegenwart handelt: **Estoy trabajando en una compañía de teléfonos**, *Ich arbeite in der Telefonie-Firma*. Sie wird mit konjugiertem **estar**, gefolgt vom unveränderlichen Gerundium des Verbs, gebildet. Es gibt zwei Endungen für das Gerundium (der Stamm ist der des Infinitivs): **-ando** für die Verben auf **-ar**; **-iendo** für die auf **-er** und **-ir**: **Estoy hablando con mi marido**, *Ich bin dabei, mit meinem Mann zu reden*; **¿Qué estás haciendo?**, *Was machst du gerade?*; **Está viviendo un momento difícil**, *Er durchlebt (gerade) einen schwierigen Moment*.

DIE VERBEN AUF -GO

Die erste Person des Präsens endet bei einer gewissen Anzahl an Verben auf **-go**. Sie haben **tengo**, *ich habe*, und **hago**, *ich mache* (der Verben **tener** und **hacer**) kennengelernt. Schauen wir uns nun **decir** und **poner** in den ersten drei Personen an.

decir, *sagen*	**poner**, *setzen, stellen, legen*
digo, *ich sage*	**pongo**, *ich setze*
dices, *du sagst*	**pones**, *du setzt*
dice, *er/sie/es sagt*	**pone**, *er/sie/es setzt*

Achten Sie auf die Unregelmäßigkeit von **decir**, das seinen Stamm zu **dic-** ändert. Wir werden all das in den nächsten Modulen sehen.

ÜBUNGEN

1. HÖREN SIE ZU, NOTIEREN SIE DANN DIE TELEFONNUMMERN.

a. .... c. ....

b. .... d. ....

2. HÖREN SIE DIE AUFNAHME AN UND KREUZEN SIE DIE RICHTIGE ANTWORT AN.

a. Carmen y Laura se tratan…
☐ de tú
☐ de usted
☐ primero de tú y después de usted
☐ primero de usted y después de tú

b. La oferta es…
☐ 50 minutos de llamadas gratis y un móvil
☐ 100 minutos de llamadas gratis y dos móviles
☐ 100 minutos de llamadas gratis y un móvil

c. Carmen piensa que 100 minutos gratis…
☐ es poco
☐ es mucho

d. ¿Quién dice qué?

	adiós	hasta pronto	hasta luego	hasta la vista
Carmen dice…				
Laura dice…				

VOKABULAR

el teléfono *Telefon*
¿Dígame? *Hallo?, Ja bitte?*
quisiera *ich würde gerne, ich möchte*
con *mit*
el momento *Moment*
decir *sagen*
el apellido *Nachname*
saber *wissen*
repetir *wiederholen*
la compañía *Firma, Unternehmen*
realizar *realisieren, durchführen, umsetzen*
la dirección *Adresse*
exacto/a *exakt, genau*
la avenida *Allee*
colgar *auflegen*
comprobar *verifizieren, kontrollieren, überprüfen*
poner *setzen, stellen, legen*
la música *Musik*
la paciencia *Geduld*
escuchar *(zu-)hören*
señorita *Fräulein*
la oferta *Angebot*
el/la cliente/a *Kunde/Kundin*
gratis *gratis, kostenlos*
ocuparse de *sich kümmern um*
el/la esposo/a *Ehemann/-frau*
poner con *mit jmdm. verbinden, geben (am Telefon), durchstellen*
más *mehr, lieber*
tarde *spät*
hasta *bis*
luego *dann*
hasta luego *tschüss, bis dann*
adiós *auf Wiedersehen, -hören, tschüss*

3. HÖREN SIE DEN ANFANG ERNEUT AN UND VERVOLLSTÄNDIGEN SIE DIE SÄTZE.

a. ¿Sí, ...?

b. Buenas tardes, ¿.. de don Rafael?

c. Sí, ..., ¿con quién ....?

d. .... Laura, de Latacel.

e. ...., Laura, me llamo Carmen, ¿en qué ....?

4. VERVOLLSTÄNDIGEN SIE MIT *POR* ODER *PARA*.

a. Estoy hablando .... teléfono.

b. Llámalo .... saber cómo está.

c. Gracias .... la oferta.

d. De nada, ... favor, ... servirle.

5. SETZEN SIE DIE SÄTZE IN DIE VERLAUFSFORM.

a. ¿Me escuchas? →

b. Vivo en París. →

c. No hacemos nada. →

d. Estudia español. →

6. ÜBERSETZEN SIE DIESE SÄTZE.

a. Hallo *(am Telefon)*, Liebling, wo bist du?

→

b. Leg nicht auf. Rafael ist nicht da, aber ich verbinde dich mit seiner Frau.

→

c. Ich würde gerne Ihre Adresse überprüfen: können Sie sie wiederholen?

→

d. Ich sage Ihnen meinen Vornamen, aber ich kann Ihnen nicht meinen Nachnamen sagen.

→

II
DAS
ALLTÄGLICHE
LEBEN

6.
WIE VIEL UHR IST ES?
¿QUÉ HORA ES?

ZIELE	KENNTNISSE

- **DIE UHRZEIT SAGEN UND DANACH FRAGEN**
- **ETWAS IM TAG UND IN DER WOCHE EINORDNEN**
- **ÜBER ALLTÄGLICHE ROUTINEN SPRECHEN (AUFSTEHEN, SCHLAFEN GEHEN, ARBEIT)**
- **DIE KÖRPERLICHE VERFASSUNG SCHILDERN (ERSCHÖPFUNG, MÜDIGKEIT)**

- **BENUTZUNG DER PRÄPOSITIONEN *A* UND *EN***
- **DEMONSTRATIVPRONOMEN *ESTE/ESTA* UND *ESE/ESA***
- **AUSDRUCK DER GEWOHNHEIT: *SOLER***
- **ZEITADVERBIEN UND -PRÄPOSITIONEN: *ANTES (DE)/ DESPUÉS (DE)***
- **VERBEN DER 2. UND 3. GRUPPE IM PRÄSENS**
- **DIE DOPPELLAUT-VERBEN *-O/-UE* DER 3 GRUPPEN**
- **UNREGELMÄSSIGKEITEN DER 2. UND 3. GRUPPE (VERBEN AUF *-GO*, *SABER*)**

WANN SCHLAFEN SPANIER?

– Doktor, ich bin sehr müde.

– Was fehlt Ihnen?

– Tagsüber [Des Tages] bin ich müde, also trinke ich viel Kaffee und nachts [für die Nacht] schlafe ich schlecht.

– Wie viele Stunden schlafen Sie pro Tag?

– Für gewöhnlich [ich bin gewohnt] gehe ich um halb zwei ins Bett und ich stehe [mich] früh auf, vor sieben Uhr.

– Aber warum gehen Sie so spät ins Bett?

– Montags, weil ich eine Serie schaue, dienstags, weil ich mit einem Freund spreche, der in Mexiko wohnt, mittwochs…

– Am Mittwoch wegen diesem und am Donnerstag wegen jenem.

– Ja… und Freitag und Samstag ist es schlimmer. Ich gehe etwas trinken [in Bars aus] und ich komme um 4 Uhr morgens nach Hause.

– Verstehe [Ich sehe]…

– (Es) ist, weil [dass] die neuen Bars des Zentrums großartig sind!

– Sie führen ein sehr verrücktes Leben, wissen Sie (das)?

– Ja, ich weiß…

– Sie werden eine Woche lang [für sieben Tage] Tabletten für den Schlaf nehmen.

– Ja, Doktor.

– Und dieses Wochenende bleiben Sie Zuhause, verstanden?

– Ja, Doktor, danke.

– Auf Wiedersehen. Ah, und eine kleine Frage… Wo sagen Sie sind diese neuen Bars?

08 ¿CUÁNDO DUERMEN LOS ESPAÑOLES?

– Doctor, estoy muy cansada.

– ¿Qué le pasa?

– De día tengo sueño, entonces tomo mucho café y por la noche duermo mal.

– ¿Cuántas horas duerme al día?

– Suelo acostarme a la una y media, y me levanto temprano, antes de las siete.

– ¿Pero por qué se acuesta tan tarde?

– Los lunes porque veo una serie, los martes porque hablo con un amigo que vive en México, los miércoles…

– Miércoles por esto y jueves por aquello.

– Sí… Y viernes y sábado es peor. Salgo de copas y vuelvo a casa a las cuatro de la madrugada.

– Ya veo…

– ¡Es que los nuevos bares del centro son estupendos!

– Lleva usted una vida muy loca, ¿sabe?

– Sí, lo sé…

– Va a tomar estas pastillas para el sueño durante siete días.

– Sí, doctor.

– Y este fin de semana se queda en casa, ¿entendido?

– Sí, doctor, gracias.

– Adiós. Ah, y una preguntita… ¿Dónde dice que están esos nuevos bares?

■ DEN DIALOG VERSTEHEN

→ Auf die Frage **¿Qué hora es?**, *Wie viel Uhr ist es?*, antworten Sie: **Son las…**, *Es ist… [Es sind die…]*. Der Artikel **las** repräsentiert **las horas**, *die Stunden*. Wenn es sich um eine Stunde handelt, lautet es **Es la una**, *Es ist ein Uhr*.
09:00: **Son las nueve.**
06:05: **Son las seis y cinco.** („*Es ist 6 und 5*")
09:40: **Son las diez menos veinte.** („*Es ist 10 minus 20*")
02:15: **Son las dos y cuarto.** („*Es ist 2 und viertel*")
07:45: **Son las ocho menos cuarto.** („*Es ist 8 minus viertel*")
01:30: **Es la una y media.** („*Es ist 1 und halb*" – bei der Angabe der halben Stunden nimmt man die angefangene Stunde als Referenz, nicht die nächste.)

→ In der Praxis benutzt man für die Uhrzeit die Ziffern 1 bis 12. Man muss also manchmal den Zeitpunkt des Tages präzisieren:
03:50: **Son las cuatro menos diez de la madrugada.**
11:30: **Son las once y media de la mañana.**
14:20: **Son las dos y veinte de la tarde.**
21:45: **Son las diez menos cuarto de la noche.**

→ Sie haben die Wochentage kennengelernt, bis auf **domingo**, *Sonntag*. Für *Wochenende* sagt man **el fin de semana**, wörtl. *das Ende der Woche*. Um sich im Tagesablauf einzuordnen, behalten Sie sich: **por la mañana**, *morgens*; **a mediodía**, *mittags*; **por la tarde**, *nachmittags, abends*; **por la noche**, *nachts* und auch einen Begriff für die extremen Nachteulen: **de madrugada**, *frühmorgens, mitten in der Nacht*.

→ Ein paar Worte zu den Präpositionen: **quedarse en casa**, *zu Hause bleiben* oder **Vivo en México**, *Ich wohne in Mexiko* (keine Bewegung) und **volver a casa**, *nach Hause kommen* oder **Voy a México**, *Ich gehe nach Mexiko* (mit Bewegung).

KULTURELLER HINWEIS

SpanierInnen gehen spät schlafen und schlafen wenig – 7,12 Stunden pro Tag, fast eine Stunde weniger als der Rest in Europa. Dieser Lebensstil, in den Sitten verankert, stört einige GlücksexpertInnen – eine Kommission für die Rationalisierung der Arbeitszeiten arbeitet daher an einer großen Reform, die alle um 23 Uhr ins Bett schicken soll und die sich mit der Handhabung des Arbeitstages mit langer Mittagspause und sozialen Events spät am Abend beschäftigt. Das würde scheinbar zu einem großen Progress für die Wirtschaft, die Volksgesundheit und… den häuslichen Frieden führen!

◆ GRAMMATIK
DEMONSTRATIVPRONOMEN

Sie haben zwei Demonstrativpronomen kennengelernt – **este** und **ese**: **este fin de semana**, *dieses Wochenende* (nah, an „mir" orientiert); **¿Dónde están esos bares?**, *Wo sind diese Bars* (eher weit weg, mit „dir" assoziiert). Es gibt ein maskulines, ein feminines und ein neutrales Demonstrativpronomen.

este hombre, *dieser Mann (hier)*	**ese hombre**, *dieser Mann (da/dort)*
estos hombres, *diese Männer (hier)*	**esos hombres**, *diese Männer (da/dort)*
esta mujer, *diese Frau (hier)*	**esa mujer**, *diese Frau (da/dort)*
estas mujeres, *diese Frauen (hier)*	**esas mujeres**, *diese Frauen (da/dort)*
esto, *dies, diese/r/s (hier)*	**eso**, *diese/r/s (da/dort)*

DER ZEITAUSDRUCK

• Die Gewohnheit: das Doppellaut-Verb **soler** drückt eine Gewohnheit aus. Es wird von einem Infinitiv gefolgt: **Suelo levantarme temprano**, *Ich bin es gewohnt, früh aufzustehen*; **Los españoles suelen tutearse**, *Für gewöhnlich duzen sich die Spanier*.
• Zeit-Adverbien und -Präpositional-Ergänzungen: *davor, vorher* heißt **antes** und *danach, nachher* heißt **después**, wenn es Adverbien sind. **Tomo café y después no duermo**, *Ich trinke Kaffee und danach schlafe ich nicht*; **Me acuesto temprano, pero antes veo una serie**, *Ich gehe früh schlafen, aber davor schaue ich eine Serie*. Fügt man **de** hinzu, sind es Präpositional-Ergänzungen, die jeweils für *vor* und *nach* stehen: **Antes de las once no tengo sueño**, *Vor elf Uhr bin ich nicht müde*; **Vuelvo a casa después de las diez**, *Ich komme nach zehn Uhr nach Hause*.

▲ KONJUGATION
VERBEN DER 2. UND 3. GRUPPE

Es handelt sich um die Infinitive auf **-er** (2. Gruppe) und **-ir** (3. Gruppe).

comer, *essen*	**vivir**, *leben, wohnen*
como, *ich esse* **comes**, *du isst* **come**, *er/sie/es isst* **comemos**, *wir essen* **coméis**, *ihr esst* **comen**, *sie essen*	**vivo**, *ich lebe* **vives**, *du lebst* **vive**, *er/sie/es lebt* **vivimos**, *wir leben* **vivís**, *ihr lebt* **viven**, *sie leben*

EIN PAAR UNREGELMÄSSIGE VERBEN

Sie haben **salir** kennengelernt, das zu **salgo**, *ich gehe aus* wird. Vergleichen Sie mit **poner**, ein anderes Verb auf **-go**, aber aus der 2. Gruppe. Merken Sie sich auch die Konjugation von **saber**, unregelmäßiges Verb in der 1. Person Singular.

poner, *setzen, stellen, legen*	**salir**, *ausgehen*	**saber**, *wissen*
pongo, *ich stelle*	**salgo**, *ich gehe aus*	**sé**, *ich weiß*
pones, *du stellst*	**sales**, *du gehst aus*	**sabes**, *du weißt*
pone, *er/sie/es stellt*	**sale**, *er/sie/es geht aus*	**sabe**, *er/sie/es weiß*
ponemos, *wir stellen*	**salimos**, *wir gehen aus*	**sabemos**, *wir wissen*
ponéis, *ihr stellt*	**salís**, *ihr geht aus*	**sabéis**, *ihr wisst*
ponen, *sie stellen*	**salen**, *sie gehen aus*	**saben**, *sie wissen*

DIE DOPPELLAUT-VERBEN

Im Präsens modifiziert ein solches Verb seinen Stamm in allen Personen, außer in den ersten des Plurals. Schauen wir uns zunächst die Doppellaut-Verben **-o/-ue** an.

acostarse, *sich hinlegen*	**volver**, *zurückkommen*	**dormir**, *schlafen*
me acue**sto**, *ich lege mich hin*	**v**ue**lvo**, *ich komme zurück*	**d**ue**rmo**, *ich schlafe*
te acue**stas**, *du legst dich hin*	**v**ue**lves**, *du kommst zurück*	**d**ue**rmes**, *du schläfst*
se acue**sta**, *er/sie/es legt sich hin*	**v**ue**lve**, *er/sie/es kommt zurück*	**d**ue**rme**, *er/sie/es schläft*
nos acostamos, *wir legen uns hin*	**volvemos**, *wir kommen zurück*	**dormimos**, *wir schlafen*
os acostáis, *ihr legt euch hin*	**volvéis**, *ihr kommt zurück*	**dormís**, *ihr schlaft*
se acue**stan**, *sie legen sich hin*	**v**ue**lven**, *sie kommen zurück*	**d**ue**rmen**, *sie schlafen*

⬢ ÜBUNGEN

🔊 1. HÖREN SIE DIE AUFNAHME AN UND KREUZEN SIE DIE UHRZEIT AN, DIE SIE HÖREN.

08 a. ☐ 11:56 – ☐ 13:45
    b. ☐ 01:10 – ☐ 18:10
    c. ☐ 15:20 – ☐ 13:20
    d. ☐ 00:20 – ☐ 12:20

🔊 2. HÖREN SIE DIE AUFNAHME AN, UM AUF DIESE FRAGEN ZU ANTWORTEN.

08 a. ¿A qué hora se acuesta el hombre? →

    b. ¿Cuántas horas duerme al día? →

    c. ¿Durante cuánto tiempo va a tomar pastillas? →

    d. ¿Para qué son las pastillas? →

VOKABULAR

¿cuándo? *wann?*
dormir *schlafen*
el/la doctor/a *DoktorIn, Arzt/Ärztin*
cansado/a *müde, erschöpft*
pasar *passieren*
de día *tagsüber*
el sueño *Schlaf*
tomar *nehmen, trinken, essen*
de noche *nachts*
la hora *Stunde*
al día *pro Tag*
soler *gewohnt sein/pflegen zu tun*
acostarse *sich hin-, schlafen legen*
levantarse *aufstehen*
temprano *früh*
antes (de) *vor, davor, früher*
¿por qué? *warum?*
tan *so (sehr)*
tarde *spät*
el lunes *Montag*
el martes *Dienstag*
el miércoles *Mittwoch*
el jueves *Donnerstag*
el viernes *Freitag*
la serie *Serie*
el sábado *Samstag*
el/la amigo/a *FreundIn*
México *Mexiko*
peor *schlimmer*
salir *aus-, weggehen*
la copa *(Stiel-) Glas*
salir de copas *trinken gehen*
volver *zurück-, wiederkommen*
la madrugada *Morgendämmerung*
el centro *Zentrum*
estupendo/a *großartig*
llevar *leiten, führen, betreiben*
la vida *Leben*
loco/a *verrückt*
este/a *diese/r/s*
la pastilla *Pille, Tablette*
durante *während*
el fin *das Ende*
la semana *Woche*
quedarse *bleiben*
entender *verstehen*
la preguntita *kleine Frage*

3. HÖREN SIE SIE ERNEUT AN UND KREUZEN SIE *VERDAD* ODER *MENTIRA* AN.
08

	verdad	mentira
a. El hombre está estupendamente.		
b. Lleva una vida muy loca.		
c. Suele ver series los fines de semana.		
d. El sábado se queda en casa.		
e. El hombre tiene un hijo de dos años.		
f. Se levanta a las siete de la mañana.		
g. La doctora sabe dónde hay buenos bares.		

4. VERVOLLSTÄNDIGEN SIE MIT DER RICHTIGEN PRÄPOSITION: *A, AL, EN, DE* ODER *DEL*.

a. ¿Dónde estás: .... casa?

b. ¿Cuándo sales .... trabajo?

c. ¿Vas .... casa?

d. ¿Vamos a salir .... copas, cariño?

e. Me levanto temprano para ir .... trabajo.

5. WANDELN SIE IN DEN PLURAL UM (ICH → WIR; DU → IHR; ER/SIE/ES → SIE).

a. No suelo salir durante la semana.

→

b. ¿Cuándo vuelves a casa?

→

c. Se acuesta muy temprano.

→

d. Salgo de copas todas las noches.

→

e. ¿Por qué te acuestas tan tarde?

→

6. ÜBERSETZEN SIE DIESE SÄTZE.

a. Sonntags bin ich es nicht gewohnt, vor halb eins aufzustehen.

→

b. Was fehlt dir? Bist du erschöpft?

→

c. Es ist vier Uhr morgens. Bist du nicht müde?

→

d. Warum bleiben wir diesen Samstag nicht Zuhause?

→

e. Ich trinke keinen Kaffee nach 14 Uhr, weil ich danach nicht schlafen kann.

→

7.
ESSEN WIR?

¿COMEMOS?

ZIELE	KENNTNISSE
• DIE MAHLZEITEN BENENNEN	• DIE KOSEFORMEN AUF *-ITO*
• DIE FAMILIENMITGLIEDER BENENNEN	• DIE PERSONALPRONOMEN NACH EINER PRÄPOSITION
• ÜBER HÄUSLICHE ROUTINEN REDEN (ESSEN, AUFTEILUNG DER AUFGABEN)	• ÜBERSETZUNG VON „MAN"
• UM EINEN GEFALLEN BITTEN – HÖFLICH UND MIT NACHDRUCK	• DIE NEGIERENDE PHRASE: *NADA, NADIE, NUNCA, TAMPOCO*
• VERWEIGERUNG AUSDRÜCKEN	• DOPPELLAUT-VERBEN *-E/-IE*

DECK DEN TISCH!

– Juan, es ist gleich 10 Uhr. Deck bitte den Tisch.

– Ich kann nicht, Mama, ich bin dabei eine sehr wichtige E-Mail zu schreiben.

– Ich weiß sehr genau [perfekt], dass du gerade eins dieser blöden Spiele spielst.

– Okay, du hast Recht. Ihr könnt ohne mich zu Abend essen, ich habe jetzt keinen Hunger.

– Entweder isst du mit deinem Vater, mit deiner Schwester und mit mir oder du isst nicht zu Abend.

– Aber warum wollt ihr immer zusammen und sitzend Abend essen?

– In dieser Familie isst man so.

– Meine Freunde decken nie den Tisch und meine Cousins auch nicht.

– Das, was man bei deinen Onkeln macht, ist für mich nicht von Bedeutung.

– Und wozu so viele Teller, Messer, Gläser, Gabeln und Löffel?

– Du weißt sehr gut, dass deine Schwester sie spült. Deckst du den Tisch, ja oder nein?

– Nein.

– Gut. Pech gehabt [Schlimmer für dich], weil wir dir nichts übrig lassen werden.

– Was gibt es zum Abendessen?...

– Salmorejo als Vorspeise und Kartoffelomelette als Hauptgericht.

– Gut, wo ist das Besteck?

– Ah nein: für dich, ein Tiefkühl- [gefrorener] Hamburger. Ganz alleine und stehend [auf Füßen] in der Küche!

¡PON LA MESA!

– Juan, van a ser las diez. Pon la mesa, por favor.

– No puedo, mamá, estoy escribiendo un correo muy importante.

– Sé perfectamente que estás jugando a uno de esos juegos estúpidos.

– Vale, tienes razón. Podéis cenar sin mí, no tengo hambre ahora.

– O cenas con tu padre, con tu hermana y conmigo, o no cenas.

– ¿Pero por qué queréis siempre cenar juntos y sentados?

– En esta familia se come así.

– Mis amigos nunca ponen la mesa y mis primos tampoco.

– Lo que se hace en casa de tus tíos no me importa.

– ¿Y para qué tantos platos, cuchillos, vasos, tenedores y cucharas?

– Sabes muy bien que los lava tu hermana. ¿Pones la mesa, sí o no?

– No.

– Bien. Peor para ti, porque no te vamos a dejar nada.

– ¿Qué hay de cena?...

– Salmorejo de primero y tortilla de patatas de segundo.

– Bueno, ¿dónde están los cubiertos?

– Ah no: para ti, una hamburguesa congelada. ¡Solito y de pie en la cocina!

■ DEN DIALOG VERSTEHEN

→ Die zwei Hauptmahlzeiten sind **la comida**, *das Mittagessen*, und **la cena**, *das Abendessen*. Sie werden meist spät eingenommen, Ersteres nach 14 Uhr und Letzteres selten vor 21 Uhr. Zur Überbrückung gibt es kleine Zwischenmahlzeiten. **El desayuno**, *das Frühstück*, wird oft gedoppelt: symbolisch bevor man zur Arbeit geht und dann im Rahmen einer Pause am Vormittag; ein Zeitpunkt des Andrangs in den Cafeterien. **La merienda**, eine Zwischenmahlzeit nach 17 Uhr, wird oft gegen 19 Uhr auf den gut besuchten Terrassen der **chocolaterías** gegessen.

→ In einer klassischen Speisekarte spricht man von **el primero**, *die Vorspeise*; **el segundo**, *das Hauptgericht* und **el postre**, *das Dessert*. Jeder spanische Haushalt hat seine **tortilla española** (Omelette mit Kartoffeln und Zwiebeln), vererbt von familiärem Fachwissen. Etwas einfacher ist **salmorejo**, eine Gazpacho-Version: passierte Tomaten, mit altem Brot geknetet; Pfeffer und Knoblauch; Olivenöl, Salz; lange verrührt und mit rohem Schinken und hart gekochtem Ei serviert.

→ Sie haben das Wort **preguntita**, *kleine Frage* kennengelernt (Modul 6), Diminutiv von **pregunta**. Das Suffix **-ito/-ita**, an die Stelle des letzten Vokals gesetzt, ist die geläufigste Form der Verniedlichung, was im Spanischen oft Gebrauch findet. Man wendet es auf Nomen und Adjektive an und kann einen wörtlichen (**mesita**, *kleiner Tisch, Beistelltisch*) oder ausdrucksstarken Wert bekommen. In letzterem Fall kann es jegliche Art von Intention ausdrücken – Zuneigung (**abuelita**, *kleine Großmutter, Oma, Großmütterchen*) oder wie im Dialog Ironie: **solito** (Diminutiv von **solo**), *ganz alleine* (man impliziert hier, dass es ihm recht geschieht).

KULTURELLER HINWEIS

Die Nähe zur Familie ist in Spanien stark und es ist nicht selten, dass mehrere Generationen unter einem Dach leben. Diese Solidarität hat offensichtlich teilweise die Folgen der Wirtschaftskrise gedämpft. Man unterscheidet **la familia**, *die direkte Familie* und **la familia política**, *die angeheiratete Familie*. Zu Ersterer zählt man: **el padre**, *der Vater* und **la madre**, *die Mutter*; **el hermano**, *der Bruder* und **la hermana**, *die Schwester*; **el abuelo**, *der Großvater* und **la abuela**, *die Großmutter*; **el nieto**, *der Enkel* und **la nieta**, *die Enkelin*; **el tío**, *der Onkel* und **la tía**, *die Tante*; **el primo**, *der Cousin* und **la prima**, *die Cousine*; **el sobrino**, *der Neffe* und **la sobrina**, *die Nichte*. Merken wir uns auch **mamá**, *Mama* und **papá**, *Papa* und dass der maskuline Plural einen kollektiven Wert hat: **los padres**, *die Eltern*; **los abuelos**, *die Großeltern*.

◆ GRAMMATIK
DIE PERSONALPRONOMEN (FORTSETZUNG)

Das Personalpronomen kann Subjekt (**yo soy**, *ich bin*), direktes (**te veo**, *ich sehe dich*) und indirektes Objektpronomen (**le hablo**, *ich rede mit ihm*) sein. Wir haben die Formen gesehen, die es in diesen Fällen annimmt. Es kann auch einer Präposition folgen (**a**, **de**, **en**, etc.). Im Dialog z. B.: **sin mí**, *ohne mich;* **para ti**, *für dich.*

a mí, *an mich/mir, zu mir*
de ti, *von dir*
para él/ella/usted, *für ihn/sie/Sie*
con nosotros, *mit uns*
por vosotros, *für euch*
sin ellos/ellas/ustedes, *ohne sie/Sie*

Achtung bei der Präposition **con**, *mit*: in der 1. und 2. Person Singular verschmilzt sie mit dem Pronomen, sodass die Formen **conmigo**, *mit mir*, und **contigo**, *mit dir* entstehen.

ÜBERSETZUNG VON „MAN"

Das geläufigste Äquivalent von *man* ist **se** + 3. Person des Verbs. Im Dialog sehen Sie **lo que se hace**, *was man macht*. Denken Sie auch an das berühmte **¿Cuándo se come aquí?**, *Wann isst man hier?*, womit Averell Dalton den mexikanischen Barkeeper in *Tortillas für die Daltons* von Lucky Luke herausfordert. Das Verb kann in Abhängigkeit seines Subjekts auch im Plural stehen: **se dicen muchas cosas**, *man sagt viele Dinge*.

DIE NEGIERENDE PHRASE

• Neben dem Adverb **no**, tragen viele Wörter die Negation in sich: **nunca**, *nie(mals)*; **nada**, *nichts*; **nadie**, *niemand*; **tampoco**, *auch nicht*.
No como nunca de pie, *Ich esse nie stehend*.
No te vamos a dejar nada, *Wir werden dir nichts übrig lassen*.
No me escribe nadie, *Niemand schreibt mir*.
Mis primos no ponen la mesa tampoco, *Meine Cousinen decken auch nicht den Tisch.*
• Eine zweite Konstruktion ist mit dem negierenden Wort vor dem Verb möglich (das **no** wird dann getilgt). Die Bedeutung bleibt gleich:
Nunca como de pie.
Nadie me escribe.
Mis primos tampoco ponen la mesa.

▲ KONJUGATION
DOPPELLAUT-VERBEN (FORTSETZUNG)

Hier das 2. Modell der Doppellaut-Verben: diejenigen, die einen Stamm auf **-e** haben, werden zu **-ie** im Präsens, in allen Personen, außer den beiden ersten im Plural. Sie können in allen der drei Verb-Gruppen auftreten.

sentarse, *sich setzen*	**querer**, *wollen, möchten, lieben*	**sentir**, *fühlen, empfinden*
me siento, *ich setze mich*	**quiero**, *ich will*	**siento**, *ich fühle*
te sientas, *du setzt dich*	**quieres**, *du willst*	**sientes**, *du fühlst*
se sienta, *er/sie/es setzt sich*	**quiere**, *er/sie/es will*	**siente**, *er/sie/es fühlt*
nos sentamos, *wir setzen uns*	**queremos**, *wir wollen*	**sentimos**, *wir fühlen*
os sentáis, *ihr setzt euch*	**queréis**, *ihr wollt*	**sentís**, *ihr fühlt*
se sientan, *sie setzen sich*	**quieren**, *sie wollen*	**sienten**, *sie fühlen*

⬢ ÜBUNGEN

🔊 1. HÖREN SIE DIE AUFNAHME AN, SCHREIBEN SIE DANN DIE FEHLENDEN WORTE AUF.
09 GEBEN SIE DANACH DEN JEWEILS DEFINIERTEN VERWANDTSCHAFTSGRAD AN.

a. Es .... de mi .... Es mi ....

b. Son .... de mi .... Son mis ....

c. Es .... de mi .... Es mi ....

d. Es .... de mi .... Es mi ....

e. Es .... de mi .... Es mi ....

🔊 2. HÖREN SIE DIE FORTSETZUNG DES DIALOGS ZWISCHEN MUTTER UND SOHN AN
09 UND KREUZEN SIE DIE RICHTIGE ANTWORT AN.

a. El hijo…
☐ no va a cenar porque no tiene hambre
☐ va a poner la mesa para poder comer tortilla
☐ va a salir y cenar una hamburguesa con sus amigos

b. La madre dice que…
☐ el hijo nunca habla con sus padres
☐ el hijo siempre está hablando de sus cosas
☐ los padres nunca escuchan a su hijo

c. El hijo va a poner…
☐ cucharas, cuchillos y tenedores
☐ cuchillos y tenedores
☐ solo cucharas

d. El hijo va a lavar los platos durante…
☐ una semana
☐ dos semanas
☐ tres semanas

VOKABULAR

comer essen
la mesa Tisch
la mamá Mama
escribir schreiben
el correo E-Mail
importante wichtig
perfectamente perfekt, genau
jugar spielen
el juego Spiel
estúpido dumm, doof
la razón Recht, Grund
cenar zu Abend essen
sin ohne
el hambre (fem.) Hunger
ahora jetzt, nun
o oder
el padre Vater
el/la hermano/a Bruder/Schwester
conmigo mit mir
siempre immer
juntos zusammen
sentado/a sitzend
la familia Familie
así so, auf diese Art
el/la amigo/a FreundIn
nunca nie, niemals
el/la primo/a Cousin/e
tampoco auch nicht
lo que (das,) was
el/la tío/a Onkel/Tante
importar von Bedeutung sein
tantos/as so, so viel
el plato Teller
el cuchillo Messer
el vaso Glas
el tenedor Gabel
la cuchara Löffel
lavar waschen, spülen
dejar (da, übrig) lassen
nada nichts
la cena Abendessen
el primero Vorspeise
la tortilla Omelette
la patata Kartoffel
el segundo Hauptgericht
el cubierto Besteck
la hamburguesa Hamburger
congelado/a gefroren
solo/a alleine
solito/a ganz alleine
el pie Fuß
de pie stehend
la cocina Küche
peor para ti Pech gehabt

3. HÖREN SIE IHN ERNEUT AN UND VERVOLLSTÄNDIGEN SIE DEN LETZTEN SATZ.

09 Sí, ... hacerla tu solito. Pero silencio. Es la receta de .... y .... en la familia, ¿de acuerdo?

4. SAGEN SIE DAS GEGENTEIL (IMMER → NIE/AUCH → AUCH NICHT) MIT DEN BEIDEN MÖGLICHEN KONSTRUKTIONEN.

a. Siempre ceno solo.

→

→

b. Yo también tengo hambre.

→

→

5. HIER 5 DOPPELLAUT-VERBEN: *TENER, QUERER, ENTENDER, SENTIR, SENTARSE*. SETZEN SIE SIE IN DEN SATZ UND DIE PASSENDE PERSON.

a. Lo ...., no podemos ayudaros.

b. Pasad, pasad. ¿ .... tomar un café?

c. Mis padres siempre .... para comer.

d. ¿Cómo? Perdona, pero no .... lo que dices.

e. Si .... hambre, te puedo invitar a comer.

6. ÜBERSETZEN SIE DIESE SÄTZE.

a. Stell das Besteck und die Teller hin.

→

b. Willst du mit mir ausgehen, ja oder nein?

→

c. Es gibt nichts für dich.

→

d. Wie essen wir heute zu Abend: stehend oder sitzend?

→

e. Jetzt oder nie!

→

8. GEFÄLLT IHNEN DIE WOHNUNG?

¿LE GUSTA EL PISO?

ZIELE	KENNTNISSE

- DIE ZIMMER DES HAUSES BENENNEN
- PRIMÄRE MÖBEL UND ELEKTROGERÄTE BENENNEN
- GEFÜHLE, GESCHMÄCKER UND VORLIEBEN AUSDRÜCKEN
- WERTURTEILE AUSDRÜCKEN (QUALITÄTEN, FEHLER)
- BIS 1000 UND WEITER ZÄHLEN

- VERBEN MIT INDIREKTER KONSTRUKTION (*GUSTAR, ENCANTAR*, ETC.)
- ORTSADVERBIEN (*AQUÍ, AHÍ*)
- DER SUPERLATIV – ABSOLUT UND RELATIV
- DER AUSRUFESATZ
- DER IMPERATIV IM SIEZEN

EINE WOHNUNG BESICHTIGEN

– Guten Tag, ich komme zum Besichtigen der Wohnung.

– Guten Tag, kommen Sie [passieren Sie], kommen Sie. Ich bin sicher, dass sie Ihnen gefallen wird.

– Die Anzeige ist attraktiv: 3 Zimmer, mit Geschmack möbliert und eine günstige Miete.

– Genau, spottbillig: knapp 400 €! Beginnen wir die Besichtigung?

– Zuerst, werden Tiere akzeptiert?

– Ja, natürlich, ich liebe [die] Tiere.

– Es ist (nämlich) so, dass wir einen Hund haben.

– Ich bevorzuge [die] Katzen, aber das ist [es gibt] kein Problem.

– Perfekt!

– Also hier haben Sie die Küche, mit allen Haushaltsgeräten: Waschmaschine, Kühlschrank…

– Der Ofen ist ein bisschen dreckig, oder?

– Das lässt sich [reinigt man] schnell reinigen, [Dame]. Hier, nebenan, befindet sich das Schlafzimmer.

– Es ist winzig… Das Bett passt kaum rein!

– Ideal für junge Leute.

– Ich liebe meinen Partner sehr, aber…

– Hier das Wohn- und Esszimmer, der angenehmste Ort, mit großen Fenstern und Sesseln, um fernzusehen.

– Wie hässlich die Stühle sind, mein Gott und welch riesiger Tisch… Er ähnelt einem Sarg.

– Und zum Schluss [Beenden], das Badezimmer, sehr sauber, mit einer Dusche und Toilette.

– Eine Kakerlake! Da! Kakerlaken widern mich an!

– Ich zerquetsche sie. Das war's, das ist nichts! Also, gefällt Ihnen die Wohnung?

VISITANDO UN PISO

– Hola, vengo a visitar el piso.

– Buenas, pase, pase. Estoy seguro de que le va a gustar.

– El anuncio es atractivo: tres habitaciones, amueblado con gusto y un alquiler barato.

– Exactamente, baratísimo: ¡apenas cuatrocientos euros! ¿Empezamos la visita?

– Primero, ¿se aceptan animales?

– Sí, por supuesto, me encantan los animales.

– Es que tenemos un perro.

– Yo prefiero los gatos, pero no hay ningún problema.

– ¡Perfecto!

– Entonces aquí tiene la cocina, con todos los electrodomésticos: lavadora, frigorífico…

– El horno está un poco sucio, ¿no?

– Eso se limpia rápido, mujer. Aquí al lado está el dormitorio.

– Es pequeñísimo… ¡Apenas cabe la cama!

– Ideal para jóvenes.

– Quiero mucho a mi pareja, pero…

– Aquí el salón comedor, el lugar más agradable, con grandes ventanas y sillones para ver la tele.

– Qué feas son las sillas, Dios mío. Y qué mesa más enorme… Parece un ataúd.

– Y para terminar, el cuarto de baño, limpísimo, con ducha y váter.

– ¡Una cucaracha! ¡Ahí! ¡Me horrorizan las cucarachas!

– Yo la aplasto. ¡Ya está, no es nada! Entonces, ¿le gusta el piso?

DEN DIALOG VERSTEHEN
BIS 1000 UND WEITER ZÄHLEN

→ **Cien**, *hundert*, wird zu **ciento** zwischen 101 und 199: **ciento uno**, 101; **ciento dos**, 102; **ciento noventa y nueve**, 199. **Cien** bleibt bestehen, wenn man eine Zahl multipliziert: **cien mil**, 100 000; **cien millones**, 100 000 000. Ab 200 haben die Hunderter ein Genus, maskulin oder feminin.

100, **cien, ciento**	1000, **mil**
200, **doscientos/as**	2000, **dos mil**
300, **trescientos/as**	3000, **tres mil**
400, **cuatrocientos/as**	4000, **cuatro mil**
500, **quinientos/as**	5000, **cinco mil**
600, **seiscientos/as**	6000, **seis mil**
700, **setecientos/as**	7000, **siete mil**
800, **ochocientos/as**	8000, **ocho mil**
900, **novecientos/as**	9000, **nueve mil**

LIEBE, GESCHMÄCKER UND VORLIEBEN

→ Wissen Sie, wie man „Ich liebe dich" auf Spanisch sagt? … **Te quiero**, natürlich! Aber wenn es sich nicht um Liebe handelt, sondern um Geschmäcker (ich liebe/mag Essen), benutzt man **gustar**, *gefallen*, mit einem indirekten Pronomen: **me gusta comer**, wörtl. *essen gefällt mir*. Sie können das Pronomen auch doppeln: **a mí me gusta comer**, *ich, ich esse gerne*. Wenn das Subjekt im Plural ist, wird **gustar** angeglichen: **a ti te gustan los gatos**, *du liebst Katzen*.

(a mí) me gusta el café	ich mag Kaffee
(a ti) te gustan los idiomas	du liebst Sprachen
(a él, a ella, a usted) le gusta dormir	er/sie/es schläft/Sie schlafen gerne
(a nosotros/as) nos gustan los animales	wir lieben Tiere
(a vosotros/as) os gusta este piso	ihr mögt diese Wohnung
(a ellos, a ellas, a ustedes) les gustan los perros	sie/Sie mögen Hunde

→ Merken Sie sich in dieser Hinsicht auch: **encantar** (**me encanta España**, *ich liebe Spanien*), **horrorizar** (**le horrorizan las cucarachas,** *sie hat Angst vor Kakerlaken, Kakerlaken widern sie an*).

KULTURELLER HINWEIS

Wie bezeichnet man den Stiefvater oder -mutter? Im Wörterbuch steht **padrastro** und **madrastra**, aber heutzutage präferiert man sympathischere Euphemismen: **el marido de mi madre**, **la mujer de mi padre** oder den Vornamen der Person.
Prometido/a, *Verlobte/r*, ist recht veraltet – mittlerweile überwiegen Begriffe wie: **novio/a**, *Freundln*; **mi compañero/a**, *mein/e PartnerIn* und auch **mi pareja**, wörtl. *mein Paar*, was sowohl Mann als auch Frau bezeichnet: **Te presento a mi pareja**, *Ich stelle dir meine/n PartnerIn vor*.

GRAMMATIK
DER SUPERLATIV

Der absolute Superlativ (sehr + Adjektiv) wird mit **muy** geformt: **es muy pequeño** oder mit der Endung **-ísimo/a**: **es pequeñísimo**, *er ist sehr klein*.
Der relative Superlativ (Artikel + -ste) wird mit **más** gebildet: **es el más agradable**, *es ist der netteste*; **es el lugar más agradable**, *es ist der angenehmste Ort* (wörtl. *der meist angenehme Ort*).

DER AUSRUF

Vor einem isolierten Nomen drückt **qué** den Standard-Ausruf aus: **¡Qué silla!**, *Was für ein Stuhl!*. Es kann auch vor einem isolierten Adjektiv stehen: **¡Qué fea!** oder **¡Qué fea es!**, *Wie hässlich (sie ist)*; **¡Qué feas son las sillas!**, *Wie hässlich die Stühle sind!*. Wenn der Ausruf die Gruppe „Nomen + Adjektiv" betrifft, lautet die Formel: **¡Qué + Nomen + más + Adjektiv!**: **¡Qué mesa más enorme!**, *Was für ein großer Tisch!*.

KONJUGATION
DOPPELLAUT-VERBEN (*EMPEZAR, PREFERIR*) UND AUF *-GO* (*VENIR*)

empezar, beginnen, anfangen	**preferir**, bevorzugen	**venir**, kommen
empiezo, ich beginne	**prefiero**, ich bevorzuge	**vengo**, ich komme
empiezas, du beginnst	**prefieres**, du bevorzugst	**vienes**, du kommst
empieza, er/sie/es beginnt	**prefiere**, er/sie/es bevorzugt	**viene**, er/sie/es kommt
empezamos, wir beginnen	**preferimos**, wir bevorzugen	**venimos**, wir kommen
empezáis, ihr beginnt	**preferís**, ihr bevorzugt	**venís**, ihr kommt
empiezan, sie beginnen	**prefieren**, sie bevorzugen	**vienen**, sie kommen

Ab jetzt signalisieren wir im Vokabular-Teil die jeweiligen Verben mit **[ie]** und **[ue]** – z. B. **empezar [ie]**, **volver [ue]**.

DER IMPERATIV DER VERBEN AUF -AR

• Um im Imperativ zu duzen, benutzt man die 2. Person Singular (Endung **-a**) und die 2. Person Plural (Endung **-ad**).

• Um im Imperativ zu siezen, nimmt man die 3. Person des Subjunktivs (siehe folgende Module), die man – bei regelmäßigen Konjugationen der 1. Gruppe – durch das Ersetzen des finalen **-a** durch **-e** erhält. Sie kennen z. B. **perdona** (duzen) und **perdone** (siezen).

Habla, amigo, Sprich, Freund
Hablad, amigos, Sprecht, Freunde

Hable, señor, Sprechen Sie, Señor
Hablen, señores, Sprechen Sie, Señores

ÜBUNGEN

1. SCHREIBEN SIE DIE 4 ZAHLEN AUF, DIE SIE HÖREN.

a. .... c. ....
b. .... d. ....

2. HÖREN SIE DEN DIALOG AN UND VERVOLLSTÄNDIGEN SIE DIE FOLGENDEN SÄTZE.

a. La habitación que prefiere es ....

b. Piensa que los sillones son ....

c. Piensa que los electrodomésticos son ....

d. Le horroriza el dormitorio porque ....

e. No le gusta la cocina porque ....

f. Entre la lavadora y el frigorífico, le gusta más ....

VOKABULAR

visitar *besichtigen*
el piso *Wohnung*
venir *kommen*
seguro/a *sicher*
gustar *gefallen, gerne haben*
el anuncio *Annonce*
atractivo/a *attraktiv, ansprechend*
la habitación *Zimmer*
amueblado/a *möbliert*
el gusto *Geschmack*
el alquiler *Miete*
barato/a *günstig, billig*
apenas *kaum, knapp*
cuatrocientos *vierhundert*
el euro *Euro*
empezar [ie] *beginnen, anfangen*
la visita *Besichtigung*
primero/a *zunächst*
aceptar *akzeptieren*
el animal *Tier*
por supuesto *natürlich, gewiss*
el gato *Katze*
encantar *gefallen, gern mögen, lieben*
preferir [ie] *bevorzugen*
el perro *Hund*
ningún/ninguna *kein/e/r/s*
el problema *Problem*
la cocina *Küche*
el electrodoméstico *Haushaltsgerät*
la lavadora *Waschmaschine*
el frigorífico *Kühlschrank*
el horno *Ofen*
sucio/a *dreckig*
limpiar *reinigen*
rápido *schnell*
al lado *nebenan, daneben*
el dormitorio *Schafzimmer*
pequeño/a *klein*
caber *(hinein-, rein-)passen*
la cama *Bett*
ideal *ideal*
joven *jung, Jugendliche/r*
querer [ie] *lieben (Liebe)*
el/la pareja *Paar, PartnerIn*
el salón *Wohnzimmer*
el comedor *Esszimmer*
el lugar *Ort*
agradable *angenehm*
grande *groß*
la ventana *Fenster*
el sillón *Sessel*
la tele *Fernseher*
feo/a *hässlich*
la silla *Stuhl*
enorme *enorm, riesig*
terminar *beenden, abschließen*
parecer *aussehen, scheinen, ähneln*
el ataúd *Sarg*
finalmente *schließlich, zuletzt*
el cuarto de baño *Badezimmer*
limpio/a *sauber*
la ducha *Dusche*
el váter *WC, Toilette*
la cucaracha *Kakerlake*
ahí *da, dort*
horrorizar *Angst machen, anwidern*
aplastar *zerquetschen*
¡ya está! *das war's!, fertig!*

3. HÖREN SIE IHN ERNEUT AN UND KREUZEN SIE *VERDAD* ODER *MENTIRA* AN.

	verdad	mentira
a. El salón es pequeño.		
b. A esta pareja le gusta comer en la cocina.		
c. El horno es nuevo.		
d. El piso está sucio.		
e. Hace un año que no vive nadie ahí.		
f. Se ponen de acuerdo en un alquiler de 350.		

4. STELLEN SIE DIESE BEFEHLE UM: VOM DUZEN INS SIEZEN UND ANDERSHERUM.

a. ¡Acepten animales!................................

b. ¡Limpia el horno!..................................

c. ¡Visitad el piso!..

d. ¡Aplaste la cucaracha!...........................

5. GEBEN SIE DIE ANDERE FORM DES SUPERLATIVS AN.

a. Los sillones son muy feos. ....

b. La cocina está muy sucia. ....

c. La cama es muy grande.......................

d. No estoy muy seguro.............................

6. BILDEN SIE DIE SÄTZE ANHAND DER GEGEBENEN ELEMENTE (PRONOMEN, VERB, SUBJEKT), BEGINNEND MIT „A..."

a. vosotros/no gustar/los problemas →

b. ellos/horrorizar/las cucarachas →

c. usted/encantar/este lugar →

d. tú/gustar/esta habitación →

7. ÜBERSETZEN SIE DIESE SÄTZE.

a. Wie dreckig diese Wohnung ist! →

b. Was für eine riesige Kakerlake! →

c. Ich bin sicher, dass du Katzen bevorzugst. →

d. Die Miete ist günstig, aber ich mag die Stühle im Esszimmer nicht.

→

9. ALLES GUTE ZUM GEBURTSTAG!

¡FELIZ CUMPLEAÑOS!

ZIELE

- JEMANDEN PHYSISCH BESCHREIBEN
- JEMANDEN CHARAKTERLICH BESCHREIBEN
- GEDANKEN AUSDRÜCKEN
- ABNEIGUNG ODER AFFINITÄT AUSDRÜCKEN

KENNTNISSE

- DIE QUANTIFIZIERER
- ASPEKTE DER VERNEINUNG
- DIE POSSESSIVPRONOMEN
- DIE VERBEN AUF *-ZCO*

ICH MAG TERESA NICHT

– Wirst du zur Geburtstagsfeier von Teresa gehen?

– Ich habe keine große Lust dazu.

– Habt ihr euch gestritten [Seid ihr sauer?]

– Überhaupt nicht, aber ich glaube wir sind zu verschieden.

– Das ist sicher, ihr ähnelt euch nicht! Nicht einmal physisch: sie ist groß und blond und du klein und brünett.

– Sie ist nicht blond.

– Was sagst du?

– Das ist nicht ihre Haarfarbe, es ist eine Färbung. Außerdem ist sie operiert.

– Ernsthaft?... Wo [Von was]?

– Überall [Von Allem]: [von der] Nase, [von den] Ohren, [von den] Lippen und [von den] Zähne.

– Sind die blauen Augen ihre?

– Ha, ha, wer weiß… und das Schlimmste ist nicht das, sondern ihr [der] Charakter.

– Mir erscheint sie ziemlich sympathisch. Sie ist ein bisschen etepetete, ok, aber sie ist ein guter Mensch.

– Sie ist dumm! Sie denkt nur ans Shoppen und an Diäten zum Abnehmen.

– Sie ist sehr dünn, das stimmt. Also, du wirst nicht gehen?

– Ich werde mich langweilen, ich kenne niemanden von [unter] ihren Freunden.

– Es wird ihr Cousin (da) sein, kennst du ihn nicht?

– Der Rothaarige mit den kurzen Haaren?

– Nein, der andere, ein rundlicher, der Brille trägt. Es ist ein intelligenter Junge, ich denke, dass er dir gefallen kann.

– Aber was schenke ich Teresa?

– Schenk ihr ein Rezept-Buch…

– Ha, wie gemein du bist!

TERESA NO ME CAE BIEN

— ¿Vas a ir a la fiesta de cumpleaños de Teresa?

— No me apetece mucho.

— ¿Estáis enfadadas?

— En absoluto, pero creo que somos demasiado diferentes.

— ¡Desde luego no os parecéis! Ni físicamente: ella es alta y rubia, tú bajita y morena.

— No es rubia.

— ¿Qué dices?

— No es su color de pelo, es un tinte. Y además está operada.

— ¿En serio?… ¿De qué?

— De todo: de la nariz, de las orejas, de los labios y de los dientes.

— ¿Los ojos azules son suyos?

— Ja, ja, quién sabe… Y lo peor no es eso sino el carácter.

— A mí me parece bastante simpática. Es un poco pija, vale, pero es buena persona.

— ¡Es tonta! Solo piensa en ir de compras y en dietas para adelgazar.

— Está delgadísima, desde luego. Entonces, ¿no vas a ir?

— Me voy a aburrir, no conozco a nadie entre sus amigos.

— Va a estar su primo, ¿no lo conoces?

— ¿El pelirrojo con el pelo corto?

— No, el otro, un gordito que lleva gafas. Es un chico listo, pienso que te puede caer bien.

— ¿Pero qué le regalo a Teresa?

— Regálale un libro de recetas…

— Ja, ¡qué malo eres!

DEN DIALOG VERSTEHEN
PHYSISCHE UND CHARAKTERLICHE PORTRAITS

→ Man kann **alto**, *groß* oder **bajo**, *klein* sein oder **de mediana estatura**, *durchschnittlicher Statur*. Was den Körperbau betrifft, wird **gordo**, *dick*, oft durch den Euphemismus **fuerte** ersetzt. **Delgado**, weniger tabu, bedeutet *schlank, dünn, mager*. Die Haare betreffend, kann man z. B. **moreno**, *brünett*; **rubio**, *blond* oder **pelirrojo**, *rothaarig* sein. Fügen wir ein paar Augenfarben hinzu: **negro**, *schwarz*; **marrón**, *(hell-)braun*; **verde**, *grün*; **azul**, *blau*. Wir schließen (für den Moment) mit **la cara**, *das Gesicht*, ab. Es lässt sich noch **la cabeza**, *der Kopf*; **la boca**, *der Mund* und **la lengua**, *die Zunge* hinzufügen.

→ Wir werden diese Rubrik nach und nach vervollständigen, aber gehen wir bereits die Antonyme des Dialogs an: **tonto**, *dumm, doof*/**listo**, *intelligent, klug*; **bueno**, *gut, nett*/**malo**, *gemein, böse*.

GEDANKEN UND EMPFINDUNGEN AUSDRÜCKEN

→ Gedanken: **creo que**, *ich glaube, dass*; **pienso que**, *ich denke, dass*; **estoy seguro de que**, *ich bin sicher, dass*; **me parece que**, *mir scheint, dass*; **en mi opinión**, *meiner Meinung nach*.

→ Lust: **¿Te apetece ir al cine?**, *Hast du Lust ins Kino zu gehen?*; **No no me apetece mucho**, *Das sagt mir nicht besonders zu*.

→ Ähnlichkeiten und Unterschiede: **me parezco a**, *ich ähnele/sehe aus wie*; **nos parecemos**, *wir ähneln uns*; **somos diferentes**, *wir sind verschieden*.

→ Abneigungen und Affinitäten: **estoy enfadado con**, *ich bin sauer auf*; **soy amigo de**, *ich bin ein Freund von*. Sehr idiomatisch gibt es auch **caer**, *wörtl. fallen*, gefolgt von einem Adverb der Wertschätzung: **me cae bien**, *ich mag ihn*, *wörtl. er fällt mir gut*. Achtung auf die Konstruktion: das Subjekt ist die Person, die die Empfindung auslöst, das indirekte Pronomen die Person, die sie spürt. **Pienso que te puede caer bien**, *Ich denke, dass er dir gefallen kann*; **¿Te cae bien?**, *Magst du ihn?*; **Este chico me cae mal**, *Dieser Kerl gefällt mir nicht*; **Sus primos nos caen fatal**, *Wir können seine Cousins nicht ertragen*.

KULTURELLER HINWEIS

Der Begriff **pijo** würde einen langen Absatz verdienen. Wir übersetzen ihn grob mit *etepetete, piekfein, vornehm, snobistisch*, aber er lässt sich auch großzügig auf alles anwenden, das eine Affektiertheit annehmen lässt – ob Kleidung, Ausdruck oder Verhalten betreffend (Snob, Schickeria, Yuppie, etc.).

◆ GRAMMATIK
DIE QUANTIFIZIERER

Die Quantifizierer können unveränderliche Adverbien sein (**como mucho**, *ich esse viel*; **estoy muy cansado**, *ich bin sehr müde*) oder Adjektive, die sich angleichen (**como mucha tortilla**, *ich esse viel Omelette*).

- **MUY, MUCHO(S), MUCHA(S), POCO(S), POCA(S)**
- **Mi perro es muy bueno**, *Mein Hund ist sehr lieb.*
- **Duermo mucho**, *Ich schlafe viel.*
- **Duermo muchas horas**, *Ich schlafe viele Stunden.*
- **Hablan poco**, *Sie reden wenig.*
- **Hablan pocos idiomas**, *Sie sprechen wenige Sprachen.*

- **DEMASIADO(S), DEMASIADA(S)**
- **Como demasiado**, *Ich esse zu viel.*
- **Tomo demasiadas pastillas**, *Ich nehme zu viele Tabletten.*

- **BASTANTE(S)**
- **Somos bastante diferentes**, *Wir sind ziemlich verschieden.*
- **No hay bastantes sillas**, *Es gibt nicht genug Stühle.*

DIE POSSESSIVPRONOMEN

Sie kennen die (unbetonten) Possessivbegleiter (**mi, tu, su…**, *mein, dein, sein…*); im Dialog haben Sie eine andere Weise kennengelernt, den Besitz anzuzeigen: **¿Los ojos azules son suyos?**, *Sind die blauen Augen ihre?, Gehören die blauen Augen ihr?*. Es handelt sich um betonte Possessivpronomen, die dem Verb **ser** folgen (**¿Es tuyo?**, *Gehört es dir?, Ist es deins?*) oder einem Nomen (**Es amigo mío**, *Es ist ein Freund von mir, Es ist mein Freund*). Wenn ein Artikel davorsteht, werden sie zu Possessivpronomen: **Es el mío**, *Es ist meins („der Meinige")*; **Es la tuya**, *Es ist deine*, etc.

el mío, los míos, la(s) mía(s)
el tuyo, los tuyos, la(s) tuya(s)
el suyo, los suyos, la(s) suya(s)
el nuestro, los nuestros, la(s) nuestra(s)
el vuestro, los vuestros, la(s) vuestra(s)
el suyo, los suyos, la(s) suya(s)

ASPEKTE DER VERNEINUNG

Im Dialog gab es drei Neuigkeiten bezüglich des verneinenden Satzes:
• **Lo peor no es eso sino el carácter**: wenn sich „aber" auf den verneinenden Satzteil bezieht, sagt man **sino** und nicht **pero**.
• **Ni físicamente**: **ni** entspricht *weder, noch* (**ni alto ni bajo**, *weder groß noch klein*), aber es kommt auch im Ausdruck **ni siquiera**, *nicht einmal* vor.
• Achtung, **en absoluto** heißt *keineswegs, überhaupt nicht*.

▲ KONJUGATION
VERBEN AUF -ZCO

Verben auf **-acer** (außer **hacer**, *machen*), **-ecer**, **-ocer**, **-ucir** endend haben eine unregelmäßige 1. Ps. Sg. Präsens auf **-zco**. Die Konjugation folgt dem Modell der Gruppe.

nacer, *geboren werden*	**parecer**, *aussehen, scheinen*	**conocer**, *kennen*
nazco, *ich werde geboren*	**pare**zco, *ich scheine*	**cono**zco, *ich kenne*
naces, *du wirst geboren*	**pareces**, *du scheinst*	**conoces**, *du kennst*
nace, *er/sie/es wird geboren*	**parece**, *er/sie/es scheint*	**conoce**, *er/sie/es kennt*
nacemos, *wir werden geboren*	**parecemos**, *wir scheinen*	**conocemos**, *wir kennen*
nacéis, *ihr werdet geboren*	**parecéis**, *ihr scheint*	**conocéis**, *ihr kennt*
nacen, *sie werden geboren*	**parecen**, *sie scheinen*	**conocen**, *sie kennen*

⬢ ÜBUNGEN

🔊 1. WAS BEDEUTEN DIE GESPROCHENEN SÄTZE? KREUZEN SIE DIE RICHTIGE ANTWORT AN.

11 a. ☐ Ich mag ihn mittelmäßig. – ☐ Ich mag sie (3. Ps. Pl.) mittelmäßig.

b. ☐ Er mag uns gerne. – ☐ Wir mögen ihn gerne.

c. ☐ Was denkst du von ihm? – ☐ Was denkt er von dir?

d. ☐ Sie hassen euch. – ☐ Ihr hasst sie (3. Ps.Pl.).

e. ☐ Ich mag ihn nicht. – ☐ Er mag mich nicht.

🔊 2. HÖREN SIE DEN DIALOG AN UND VERVOLLSTÄNDIGEN SIE FOLGENDE AUSSAGEN.

11 a. Carmen piensa que Teresa está demasiado ....

b. Teresa le va a prestar el libro de recetas a ....

c. Teresa va a regalar a Carmen un libro que se llama ....

d. Teresa piensa que el amigo de Carmen es ....

e. A Carmen le caen fatal los chicos ...., ..., ... y ....

VOKABULAR

feliz *glücklich*
el cumpleaños *Geburtstag*
la fiesta *Feier*
apetecer *zusagen, Lust haben*
demasiado(s)/a(s) *(all-)zu (viel)*
enfadado/a *sauer, böse*
en absoluto *keineswegs, überhaupt nicht*
diferente *verschieden*
desde luego *natürlich*
parecerse a *jmdm. ähneln*
ni *nicht mal, weder…noch*
físicamente *körperlich*
alto/a *groß*
rubio/a *blond*
bajo/a *klein*
moreno/a *brünett*
el color *Farbe*
el pelo *Haare*
el tinte *Färbung*
además *außerdem, zudem*
operado/a *operiert*
en serio *ernsthaft, im Ernst, wirklich*
la nariz *Nase*
la oreja *Ohr*
el labio *Lippe*
el diente *Zahn*
el ojo *Auge*
azul *blau*
suyo/a *seine/r/s, ihre/r/s*
ja ja *ha ha*
sino *sondern*
el carácter *Charakter*
parecer *aussehen, scheinen, ähneln*
bastante *genug, ziemlich*
simpático/a *sympathisch*
pijo/a *etepetete, vornehm*
una buena persona *nette Person*
tonto/a *dumm*
la compra *Kauf*
la dieta *Diät*
adelgazar *abnehmen*
delgado/a *dünn, mager, schlank*
aburrir(se) *(sich) langweilen*
conocer *kennen*
pelirrojo/a *rothaarig*
corto/a *kurz*
gordo/a *dick, korpulent*
llevar *tragen*
las gafas *Brille*
listo/a *intelligent, klug*
caer bien a *sympathisch sein*
regalar *schenken*
el libro *Buch*
la receta *Rezept*
malo/a *böse*

3. HÖREN SIE IHN ERNEUT AN UND STREICHEN SIE EINEN DER BEIDEN NAMEN DURCH.

a. A Carmen/a Teresa le horroriza el azúcar.

b. A Carmen/a Teresa le caen bien los chicos listos.

c. Carmen/Teresa prefiere pasar hambre que estar gorda.

d. El amigo de Carmen/Teresa tiene la nariz grande.

e. El novio de Carmen/Teresa estudia en Nueva York.

4. FORMULIEREN SIE WIE IM BEISPIEL UM: ES IST MEIN HUND/ES IST MEINER.

a. Es mi perro. Es ....

b. ¿Son tus libros? ¿Son ....

c. Son sus gafas. Son ....

d. Es tu problema. Es ....

e. Son mis labios. Son ....

5. WELCHER IST DER RICHTIGE QUANTIFIZIERER?

	muy	mucho	muchos	mucha	muchas
a. Conozco .... recetas.					
b. Son .... listos.					
c. Tiene .... libros.					
d. Tiene .... carácter.					
e. Tengo .... hambre.					

6. ÜBERSETZEN SIE DIESE SÄTZE.

a. Ich ähnele meiner Mutter nicht.

→

b. Ich habe keine Lust auszugehen.

→

c. Du hast zu viele Freundinnen.

→

d. Ich kenne nicht genug Sprachen.

→

10. WAS WIRST DU STUDIEREN?

¿QUÉ CARRERA VAS A ELEGIR?

ZIELE

- DAS VOKABULAR ZUM STUDIUM UND DER SCHULBILDUNG IN SPANIEN
- VERPFLICHTUNG AUSDRÜCKEN
- EINEN ZWEIFEL ÄUSSERN
- EINE WAHL ÄUSSERN UND RECHTFERTIGEN (LUST, FÄHIGKEITEN, SCHWIERIGKEITEN, VORTEILE)

KENNTNISSE

- PERSÖNLICHE UND UNPERSÖNLICHE VERPFLICHTUNG
- DIE INDEFINITPRONOMEN UND -BEGLEITER
- DER NEUTRALE ARTIKEL *LO*
- SPEZIFIZIERUNGEN DES SPANISCHEN ARTIKELS
- „SCHWERFALLEN" (*COSTAR TRABAJO*)
- VERBEN DER ABSCHWÄCHUNG
- „FORTFAHREN": *SEGUIR* + GERUNDIUM

NATUR- ODER GEISTESWISSENSCHAFTEN?

– Gedenkst du weiterhin nächstes Jahr Medizin zu studieren [machen]?

– Das würde ich gerne. Naja, es ist das, was mein Vater möchte...

– Es ist nicht leicht. Für manche Studiengänge braucht man [bitten sie um] mindestens eine Neun.

– Gut, zunächst muss ich [man] alle Fächer dieses Schuljahres bestehen.

– Du fällst nie durch, komm schon.

– Die Fächer der Naturwissenschaften stellen kein Problem für mich dar, aber es fällt mir immer schwer, eine gute Note in Kastilisch zu bekommen.

– Wenn du willst, helfe ich dir.

– Also ich sage [dir] nicht nein. [Du,] In was wirst du dich einschreiben?

– Ich bin eher geistes-wissenschaftlich: vielleicht Philosophie, oder Psychologie, oder vielleicht Geschichte…

– Du weißt noch nicht, was [welche] du wählen wirst?

– Ich habe es nicht eilig. Für mich ist das Wichtige zu lesen, Filme anzuschauen und Museen zu besichtigen.

– Wenn ich das Zuhause sage, töten sie mich.

– Das Beste ist das Studium der Kunstgeschichte: dort sind [es gibt] fast nur Mädchen.

– Ich hasse dich!

– Aber hast du Lust Arzt zu werden oder nicht?

– Das, was ich mag, ist die Musik, aber mein Vater sagt, dass ich erst jemand im Leben sein muss.

– Medizin ist ein langes und schwieriges Studium. Warum nicht Physiotherapie? Das ist ein kürzeres Studium und du verdienst gut [das Leben].

– Das ist keine schlechte Idee.

– Und zudem scheint es, dass man ziemlich (viel) flirtet.

¿CIENCIAS O LETRAS?

– ¿Sigues pensando hacer Medicina el año que viene?

– Eso quisiera. En fin, eso quiere mi padre…

– No es fácil. Para algunas carreras piden por lo menos un nueve.

– Bueno, primero hay que aprobar todas las asignaturas de este curso.

– Tú nunca suspendes ninguna, hombre.

– Las de ciencias no me plantean problemas, pero siempre me cuesta trabajo conseguir buena nota en lengua castellana.

– Si quieres te ayudo.

– Pues no te digo que no. ¿Tú en qué te vas a matricular?

– Yo soy más bien de letras: tal vez Filosofía, o Psicología, o quizás Historia…

– ¿Todavía no sabes cuál vas a elegir?

– No tengo prisa. Para mí lo importante es leer, ver películas y visitar museos.

– Si digo eso en casa, me matan.

– Lo mejor es la carrera de Historia del arte: hay casi solo chicas.

– ¡Te odio!

– ¿Pero tienes ganas de ser médico o no?

– Lo que me gusta es la música, pero mi padre dice que primero tengo que ser alguien en la vida.

– Medicina es una carrera larga y difícil. ¿Por qué no Fisioterapia? Son estudios más cortos y te ganas bien la vida.

– No es mala idea.

– Y además parece que se liga bastante.

DEN DIALOG VERSTEHEN
FORMULIERUNGEN UND AUSDRÜCKE

→ **En fin**, *nun ja, naja, jedenfalls* drückt einen Vorbehalt aus: **En fin, eso quiere mi padre**, *Nun ja, es ist das, was mein Vater möchte*.
→ **Finalmente** indiziert das Ende eines Ablaufs, einer Serie: **Y finalmente, aquí tienen el salón**, *Und zuletzt/schließlich hier das Wohnzimmer*.
→ **Por fin** drückt eine kleine Erleichterung aus: **Por fin sé en qué me voy a matricular**, *Ich weiß endlich, in was ich mich einschreiben werde*.
→ Mit **me cuesta** (oder **me cuesta trabajo**) + Infinitiv können Sie *es fällt mir schwer* ausdrücken: **Te cuesta mucho conseguir buenas notas**, *Es fällt dir schwer, gute Noten zu erhalten*; **Les cuesta trabajo hablar inglés**, *Sie tun sich schwer, Englisch zu reden*.

KULTURELLER HINWEIS

Die **ESO** (**Educación Secundaria Obligatoria**) betrifft die Schulbildung der Kinder von 12 bis 16 Jahren, entspricht also der Mittelschule. Die Hochschulreife erlangt man mit dem **Bachillerato**, der in etwa einer zweijährigen Oberstufe entspricht. Am Ende findet die finale Abschlussprüfung, **Selectividad**, statt, die Voraussetzung dafür ist, dieses oder jenes Universitätsstudium belegen zu dürfen (unter Vorbehalt).

Hier ein kleiner Überblick über das Vokabular der Bildung: **asignatura**, *Unterrichtsfach*; **suspender**, *durchfallen*; **aprobar**, *bestehen*; **curso**, *Schul-, Lehrjahr* aber auch *Kurs*; **estudiar**, *studieren, lernen*; **clase**, *Klasse, Kurs*.

GRAMMATIK
DIE VERPFLICHTUNG

• Die persönliche Verpflichtung drückt man mit **tener que** + Infinitiv aus oder mit **deber**, *müssen, sollen* (oft mit einer Nuance moralischer oder gesetzlicher Verpflichtung behaftet): **Tengo que trabajar**, *Ich muss arbeiten*; **Debo ayudar a mi hermanito**, *Ich soll meinem kleinen Bruder helfen*.
• Die unpersönliche Verpflichtung drückt man unter anderem mit **hay que** + Infinitiv aus: **Hay que trabajar para vivir**, *Man muss arbeiten, um zu leben*.

DIE INDEFINITPRONOMEN

DIE PRONOMEN

• Ein paar sind unveränderlich, wie **nada** oder **alguien**: **¿Hay alguien?**, *Ist da jemand?, wörtl. Gibt es jemanden?*/**No hay nadie**, *Es ist niemand da*; **¿Pasa algo?**, *Passiert etwas?*/**No pasa nada**, *Nichts passiert.*
• Andere haben ein Genus und ein Numerus: **No me gusta ninguno de los dos**, *Ich mag keinen der beiden*; **No quiero ninguna de ellas**, *Ich will keine von ihnen*; **¿Quieres algunos/algunas?**, *Willst du (davon) welche?*; **¿Quieres alguno/alguna?**, *Willst du irgendwelche?.*

DIE BEGLEITER

• Es gibt auch indefinite Beiwörter, verknüpft mit einem Nomen, an das sie sich angleichen: **¿Hay algún problema?**, *Gibt es (irgend)ein Problem?*/**No hay ningún problema**, *Es gibt kein Problem*; **¿Hay alguna razón?**, *Gibt es (irgend)einen Grund?*/**No hay ninguna razón**, *Es gibt keinen Grund.*
• Beachten Sie **algún**: vor einem maskulinen Nomen im Singular verlieren bestimmte Begleiter den Vokal oder die finale Silbe.

SPEZIFIZIERUNGEN DES SPANISCHEN ARTIKELS

Es gibt im Spanischen auch einen neutralen Artikel: **lo**. Man benutzt ihn z. B. mit einem Adjektiv: **lo importante**, *(das,) was wichtig ist*; **lo mejor**, *das Bessere, das Beste.*
Hier ein paar Anwendungen des spanischen Artikels:
- vor einem Relativpronomen: **los que hablan**, *diejenigen, die sprechen*; **la que me ayuda**, *diejenige, die mir hilft*; **lo que me gusta**, *was mir gefällt;*
- vor der Präposition **de: las asignaturas de ciencias = las de ciencias**, *die naturwissenschaftlichen*; **la tortilla de mi madre = la de mi madre**, *die meiner Mutter.*
Oft gibt das Spanische dem Artikel einen possessiven Wert: **se gana bien la vida**, *er verdient (seinen Lebensunterhalt) gut.*

▲ KONJUGATION
VERBEN DER ABSCHWÄCHUNG

Es sind Verben, die im Indikativ Präsens auf **-ir** enden, deren **-e** im Stamm sich in allen Personen – außer in den ersten beiden im Plural – zu **-i** „abschwächt". Das Verb **pedir** dient als Modell; beachten Sie aber die orthographischen Änderungen, die bei bestimmten Personen anderer Verben entstehen können.

pedir, bitten	**seguir**, folgen, fortfahren	**elegir**, wählen, aussuchen
p**i**do, ich bitte	s**i**go, ich folge	el**i**jo, ich wähle
p**i**des, du bittest	s**i**gues, du folgst	el**i**ges, du wählst
p**i**de, er/sie/es bittet	s**i**gue, er/sie/es folgt	el**i**ge, er/sie/es wählt
pedimos, wir bitten	seguimos, wir folgen	elegimos, wir wählen
pedís, ihr bittet	seguís, ihr folgt	elegís, ihr wählt
p**i**den, sie bitten	s**i**guen, sie folgen	el**i**gen, sie wählen

Das Gerundium dieser Verben wird auch abgeschwächt: **pidiendo**, **siguiendo**, **eligiendo**, **sirviendo**, **repitiendo**, etc.

DIE VERLAUFSFORM

• **Seguir** + Gerundium drückt eine fortlaufende Handlung aus: **Sigo trabajando en la enseñanza**, *Ich arbeite weiterhin im Bildungswesen*; **Seguimos viviendo en Madrid**, *Wir wohnen immer noch in Madrid*; **¿Sigues comiendo?**, *Isst du noch?*.

Das Zeitadverb **todavía** indiziert ein ähnliches Konzept: **¿Todavía estás trabajando?**, *Arbeitest du immer noch?*.

• In der negierenden Form wird aus dieser Struktur **seguir sin** + Infinitiv: **Sigue sin saber qué carrera elegir**, *Er weiß immer noch nicht, welches Studium er wählen soll*.

●ÜBUNGEN

🔊 1. HÖREN SIE DIE AUFNAHME AN, VERVOLLSTÄNDIGEN SIE DANN DIE SÄTZE.

12 a. El ...., ... en Historia.

b. Si .... una ...., mi padre ....

c. Para ...., ... ir ....

🔊 2. HÖREN SIE DIE AUFNAHME AN UND KREUZEN SIE DIE RICHTIGE ANTWORT AN.

12 a. La nota de Selectividad del chico es…
☐ siete
☐ ocho y medio
☐ nueve y medio

c. La mejor idea es…
☐ matricularse en Música
☐ presentarse de nuevo Selectividad
☐ irse de casa

b. Con esa nota, puede matricularse en…
☐ Filosofía
☐ Fisioterapia
☐ Medicina

VOKABULAR

la carrera Studium, Karriere
elegir (e > i) (aus-)wählen, entscheiden
la ciencia Naturwissenschaft
las letras Geisteswissenschaften; Buchstaben
seguir (e > i) (ver-)folgen
seguir + Gerundium fortfahren, weitermachen
la medicina Medizin
en fin naja, jedenfalls
fácil leicht
algún, alguna irgendein/e/s
pedir (e > i) bitten, anfordern
por lo menos mindestens
hay que man muss
aprobar [ue] bestehen
la asignatura Unterrichtsfach
el curso Schuljahr
suspender durchfallen
plantear problema Problem(e) bereiten
costar [ue] kosten
me cuesta trabajo es fällt mir schwer
conseguir (e > i) bekommen, erreichen
la nota Note
la lengua Sprache
castellano/a kastilisch
ayudar helfen
pues also (am Satzanfang)
matricularse sich einschreiben
más bien eher, vielmehr
ser de letras geisteswissenschaftlich/literarisch (veranlagt) sein
tal vez vielleicht
la filosofía Philosophie
la psicología Psychologie
quizás vielleicht
la historia Geschichte
todavía (immer) noch
tener prisa es eilig haben, in Eile sein
leer lesen
la película Film
visitar besichtigen
el museo Museum
matar töten
mejor Beste/r, besser
el arte Kunst
casi fast
odiar hassen
tener ganas Lust haben
el/la médico/a Arzt/Ärztin
la música Musik
tener que müssen, sollen
alguien jemand
largo/a lang
difícil schwierig
la fisioterapia Physiotherapie
los estudios Studium
corto/a kurz
ganarse la vida (Lebensunterhalt) verdienen
la idea Idee
ligar flirten, anmachen

3. HÖREN SIE SIE ERNEUT AN, KREUZEN SIE DANN *VERDAD* ODER *MENTIRA* AN.

	verdad	mentira
a. Con la nota que tiene puede matricularse en Historia del arte.		
b. Al chico le horrorizan las letras.		
c. El padre del chico es médico.		
d. El tío del chico es profesor de Lengua.		
e. El chico tiene muchas ganas de estudiar.		

4. DRÜCKEN SIE DIE PERSÖNLICHE, DANN UNPERSÖNLICHE VERPFLICHTUNG AUS.

Beispiel: Wir arbeiten. → Wir müssen arbeiten. → Man muss arbeiten.

a. Trabajamos. → .... → ....

b. Eliges. → .... → ....

c. Apruebo. → .... → ....

d. Entendéis. → .... → ....

5. SAGEN SIE DAS GEGENTEIL DIESER SÄTZE.

a. Siempre suspendo alguna asignatura. →

b. Alguien te quiere. →

c. Odio a uno de ellos. →

d. No quiero nada de ti. →

6. ERSETZEN SIE *TODAVÍA* UND DIE VERBFORM MIT DER VERLAUFSFORM-STRUKTUR.

a. Mi nota es todavía baja. →

b. ¿Todavía tienes ganas de ser médico? →

c. Todavía te quiero. →

d. Todavía tenemos hambre. →

7. ÜBERSETZEN SIE DIESE SÄTZE.

a. Man muss mindestens eine Neun haben, um sich in Medizin einzuschreiben.

→

b. Wenn du mir nein sagst, töte ich mich!

→

c. Es fällt mir schwer, in diesem Fach zu bestehen.

→

11.
ICH SUCHE EINEN NEBENJOB

BUSCO UN TRABAJILLO

ZIELE	KENNTNISSE

- **WORTSCHATZ ZUM THEMA GELD IM ALLTAG: KOSTEN, AUSGABEN, ERSPARNISSE, NEBENJOBS**
- **EINEN GELDBETRAG NENNEN**
- **EINE IDEE ÄUSSERN**
- **BEDÜRFNIS UND NOTWENDIGKEIT AUSDRÜCKEN**

- *HACER FALTA*, *NECESITAR*
- „IN DEN SINN KOMMEN": *OCURRIRSE*
- KONJUGATION VON *CREER* UND *OÍR*
- DER SUBJUNKTIV DES PRÄSENS (SENSIBILISIERUNG)
- DIE ORTHOGRAPHISCHEN ÄNDERUNGEN DER BINDEWÖRTER *Y* UND *O*

ICH HABE KEINEN [BIN OHNE] PFENNIG

– Kennst du jemanden, der einen Babysitter oder Nachhilfe benötigt?

– Ich werde fragen und wenn ich etwas erfahre, sage ich (es) dir.

– Ja, bitte. Ich muss ein bisschen Geld verdienen.

– Ich bin auch dabei, nach einem Nebenjob zu suchen… Kellner, Pizza-Lieferant, egal was!

– Du bist pleite [ohne einen Duro] wie ich, stimmt's?

– Mit meinem Stipendium schaffe ich es nicht bis zum Ende des Monats und das, obwohl ich nichts ausgebe: ich gehe nicht aus, ich trinke nicht, ich rauche nicht.

– So ist es, du zahlst Miete, die Strom- und Wasserrechnung und dann hast du nichts mehr.

– Ja, die Wohnung, in der [wo] ich wohne, ist zu teuer.

– Ich teile eine Wohnung und die Kosten mit anderen Mädchen. So spart man immer etwas.

– Ich glaube ich werde meine verlassen und in ein Studierendenwohnheim gehen.

– Hör mal, mir fällt etwas ein… Warum ziehst du nicht bei uns ein?

– Gibt es Platz für mich?

– Ja, eine unserer Mitbewohnerinnen ist gerade ausgezogen und es gibt ein freies Zimmer.

– Und ein Junge, wird euch das nicht stören?

– Du musst nur sauber sein, nicht das essen, was den anderen im Kühlschrank gehört, und ab und zu für alle kochen.

– Ah, wie passend [genau], ich habe eine Spezialität: Schokoladen-Nudeln!

– Gut… wenn du nicht kochen willst, ist das nicht schlimm [passiert nichts].

13 ESTOY SIN UN DURO

– ¿Conoces a alguien que necesite una canguro o clases particulares?

– Voy a preguntar y si me entero de algo ya te digo.

– Sí, por favor. Necesito ganar un poco de dinero.

– Yo también estoy buscando un trabajillo… Camarero, repartidor de pizzas, ¡lo que sea!

– Estás como yo, sin un duro, ¿verdad?

– Con la beca no llego a fin de mes, y eso que no gasto nada: ni salgo, ni bebo, ni fumo.

– Eso, pagas el alquiler, el recibo de la luz, el del agua, y te quedas sin nada.

– Sí, el piso donde vivo es demasiado caro.

– Yo comparto piso y gastos con otras chicas. Así siempre se ahorra algo.

– Creo que voy a dejar el mío e ir a una residencia universitaria.

– Oye, se me ocurre una cosa… ¿Por qué no vienes a vivir con nosotras?

– ¿Hay sitio para mí?

– Sí, acaba de marcharse una de nuestras compañeras y hay un cuarto libre.

– ¿Y no os va a molestar un chico?

– Solo hace falta ser limpio, no comerse lo de las demás en la nevera y cocinar para todas de vez en cuando.

– Ah, precisamente tengo una especialidad: ¡pasta con chocolate!

– Bueno…, si no quieres cocinar no pasa nada.

DEN DIALOG VERSTEHEN
BINDEWÖRTER

→ **Y**, *und*, wird vor einem Wort, das mit **i** oder **hi** beginnt, zu **e**. Ebenso wird **o**, *oder*, zu **u**, wenn es einem **o** oder **ho** vorangeht: **Voy a dejar el piso e ir a una residencia**, *Ich werde die Wohnung verlassen und in ein Wohnheim gehen*; **Mujer u hombre**, *Frau oder Mann*. **Y eso que** ist eine konjunktive Redewendung, die Zugeständnis, bzw. Einräumung ausdrückt: **Estoy sin un duro, y eso que no gasto nada**, *Ich bin pleite und ich gebe nicht mal etwas aus/obwohl ich nichts ausgebe*.

VERBEN UND VERBALE UMSCHREIBUNGEN

→ **Aprender**, *lernen*; **enseñar**, *lehren* und **enterarse de**, *über etw. unterrichtet werden, etw. erfahren, Kenntnis erhalten*: **Estoy aprendiendo español**, *Ich bin dabei, Spanisch zu lernen*; **Te voy a enseñar a hablar español**, *Ich werde dir beibringen/lehren, Spanisch zu sprechen*; **Nunca me entero de lo que pasa aquí**, *Ich bin nie auf dem Laufenden, was hier passiert*.
→ **Pasar**, *passieren*, ist auch im Spanischen ambig: **Paso por aquí**, *Ich passiere/gehe hier entlang*, oder **¿Qué pasa?**, *Was passiert/ist los?*; **¿Qué le pasa?**, *Was passiert mit ihm/fehlt ihm?*. **No pasa nada** kann bedeuten *Nichts passiert/geschieht*, aber es ist auch eine Form, um eine Situation zu entschärfen: **Oh, perdón**, *Oh Entschuldigung.*/**No pasa nada**, *Nicht schlimm, Nichts passiert*.
→ **Acabar** bedeutet *beenden* und **acabar de** beschreibt die Handlung, die man gerade tut/gemacht hat: **Acabo este trabajo y voy**, *Ich beende die Arbeit und komme (dann)*; **Acabo de salir del trabajo,** *Ich komme gerade von der Arbeit*; **Acabo de comer**, *Ich habe gerade gegessen*.

KULTURELLER HINWEIS

Geld heißt **el dinero**. **Céntimo** steht für *der Cent*, aber es wird auch im Spanischen oft getilgt, wenn man eine Summe nennt: **Son dos cincuenta** oder **Son dos con cincuenta**, *Das sind 2,50 €*. Was die *Kopfseite*, **cara**, betrifft, wird auf den spanischen Euro-Münzen oft die Kathedrale von Santiago de Compostela, die Büste von Cervantes oder ein Profil des Königs Felipe VI abgebildet. Geld hat auch im Spanischen einige umgangssprachlichen Namensgebungen. Ähnlich wie *Pfennig*, war **el duro** z. B. war der Kosename der 5-Peseta-Münze vor dem Euro und der Begriff ist in den populären Ausdrücken bestehen geblieben: **estar sin un duro**, *ich habe keinen Pfennig, ich bin pleite*.

◆ GRAMMATIK
NOTWENDIGKEIT AUSDRÜCKEN

Mit dem Verb **necesitar** oder mit **hacer falta** + Pronomen drückt man Notwendigkeit oder Bedarf aus: **Necesito un trabajillo**, *Ich benötige einen Nebenjob*; **Me hace falta dinero**, *Ich brauche Geld*. Man kann es mit **hace falta**, oder **es necesario** auch auf unpersönliche Weise sagen: **Hace falta dinero para vivir**, *Man braucht Geld zum Leben*; **No es necesario ser tan rico**, *Es ist nicht notwendig, so reich zu sein*.

DIE KONSTRUKTION *SE ME OCURRE*

• **Ocurrir** bedeutet *geschehen, passieren, vorkommen*: **¿Qué ocurre?**, *Was passiert?*; **¿Te ocurre algo?**, *Geschieht dir etwas?*. Wenn es kein Geschehnis ist, sondern eine Idee, wird **ocurrir** zu **ocurrirse**. Es steht in der 3. Person und bildet sich mit dem indirekten Personalpronomen: **Se me/se nos ocurre una idea**, *Mir/uns fällt etwas ein*, wörtl. *Es geschieht mir/uns eine Idee*; **Se te/se os ocurren cosas raras**, *Du hast/ihr habt komische Ideen*; **¿Se le/se les ocurre algo?**, *Fällt ihm/ihr/ihnen etwas ein?*.
• **Ocurrirse** kommt in einem geläufigen Ausdruck vor: wenn jemand eine extravagante Sache gesagt oder gemacht hat, können Sie so reagieren: **¡A quién se le ocurre!**, *Was fällt dir ein!*, wörtl. *An wen es geschieht!*.

▲ KONJUGATION
ZWEI ZU MERKENDE VERBEN

Zwei neue Verben dieses Moduls sind **creer**, *glauben* und **oír**, *hören*. Ersteres hat zwei aufeinander Vokale, was manchmal eine Fehlerquelle sein kann – unterscheiden Sie gut die Wurzel **cre-** und die Endung **-er**. **Oír** ist ein Verb auf **-go** in der 1. Person und trägt im Präsens weitere Unregelmäßigkeiten.

creer, *glauben*	**oír**, *hören*
creo, *ich glaube*	**oigo**, *ich höre*
crees, *du glaubst*	**oyes**, *du hörst*
cree, *er/sie/es glaubt*	**oye**, *er/sie/es hört*
creemos, *wir glauben*	**oímos**, *wir hören*
creéis, *ihr glaubt*	**oís**, *ihr hört*
creen, *sie glauben*	**oyen**, *sie hören*

Im Dialog sehen Sie **oír** im Imperativ: **oye**. Es handelt sich um eine Formulierung, wo **oír** seine wörtliche Bedeutung verliert und zum Anreden der Gesprächsperson dient: **Oye, ¿cuánto pagas de alquiler?**, *Hör her/Hör mal/Sag mal, wie viel Miete zahlst du?*.

DER SUBJUNKTIV DES PRÄSENS (SENSIBILISIERUNG)

Wir werden bald die Anwendungen des Subjunktiv-Modus des Präsens behandeln, zu dem es kein deutsches Äquivalent gibt. Er dient im Allgemeinen zum Sprechen über die eigene Meinung, Gefühle, Wünsche, Zweifel. Sie haben z. B. bereits den Subjunktiv von **perdona** oder **disculpa** gesehen: **perdone** und **disculpe**. Bei regelmäßigen Verben der 3. Ps. Sg. auf **-ar** reicht es, das **-a** mit einem **-e** auszutauschen. Es ist das, was im Folgenden mit **necesitar** geschieht: **alguien que necesite**, *jemand, der braucht*.

● ÜBUNGEN

1. KREUZEN SIE DIE SUMME AN, DIE SIE HÖREN.

a. ☐ 3,90 euros   ☐ 13,20 euros

b. ☐ 19,30 euros   ☐ 29,10 euros

c. ☐ 147,80 euros ☐ 400,80 euros

d. ☐ 56,30 euros   ☐ 15,50 euros

2. HÖREN UND SCHREIBEN SIE DIE DREI ERSTEN PHRASEN DES AUFGENOMMENEN DIALOGS.

a. ....

b. ....

c. ....

3. HÖREN SIE IHN ERNEUT AN UND KREUZEN SIE DIE RICHTIGE ANTWORT AN.

a. En el piso, el chico…
☐ gasta demasiada agua
☐ gasta demasiada luz
☐ gasta demasiado en comer

b. El recibo de la luz es…
☐ 25,40 euros
☐ 60 euros
☐ 95,40 euros

c. Los hijos de la vecina…
☐ están locos
☐ son maleducados
☐ son pijos

d. La chica prefiere…
☐ gastar menos y no tener que buscar trabajillos
☐ ser canguro
☐ dar clases

VOKABULAR

buscar *suchen*
el trabajillo *Nebenjob*
el duro *Pfennig*
necesitar *brauchen, benötigen*
el/la canguro *Babysitter*
la clase *Unterricht*
particular *persönlich, besonders*
preguntar *fragen*
enterarse *erfahren (eine Information), Kenntnis erhalten*
ganar *verdienen, gewinnen*
el dinero *Geld*
el/la camarero/a *KellnerIn*
repartidor/a *LieferantIn, Bote/BotIn*
la pizza *Pizza*
lo que sea *egal was, was auch immer, irgendetwas*
la beca *Stipendium, Zuschuss*
llegar *(an-, hin-)kommen, eintreffen*
el mes *Monat*
y eso que *und das obwohl, auch wenn*
gastar *ausgeben*
beber *trinken*
fumar *rauchen*
hace falta *man braucht*
pagar *bezahlen*
el alquiler *Miete*
el recibo *Rechnung*
la luz *Licht, Strom*
el agua *(fem.) Wasser*
quedarse *(zurück-, da-, ver-)bleiben*
caro/a *teuer*
compartir *teilen*
el gasto *Ausgabe, Kosten*
el/la chico/a *Junge, Mädchen*
ahorrar *sparen*
creer *glauben*
e *(vor einem -i oder -hi) und*
la residencia *Wohnheim*
(el/la)universitario/a *AkademikerIn; Universitäts-, universitär*
oír *(zu-, an-, mit-)hören*
oye *Hör her, Hör mal, Sag mal*
ocurrirse *(sich) etwas einfallen (lassen), eine Idee haben*
el sitio *Platz, Ort*
el cuarto *Zimmer*
libre *frei*
acabar *beenden, vollenden*
acabar de *gerade etwas getan haben*
marcharse *weggehen, aufbrechen*
el/la compañero/a *MitbewohnerIn, KameradIn, Kumpel, KumpanIn*
molestar *stören*
limpio/a *sauber*
la nevera *Kühlschrank*
cocinar *kochen*
de vez en cuando *ab und zu, von Zeit zu Zeit, manchmal*
precisamente *genau, eben, nämlich, ausgerechnet*
la especialidad *Spezialität*
la pasta *Nudeln*
el chocolate *Schokolade*
no pasa nada *nicht schlimm, nichts passiert*

4. BILDEN SIE EINEN SATZ MIT DEN GEGEBENEN ELEMENTEN.

a. yo/ocurrirse/un trabajillo

→

b. la chica/no ocurrirse/nada

→

c. ¿usted/ocurrirse/algo?

→

d. nosotros/ocurrirse/muchas ideas

→

5. VON DEN ZWEI GEGEBENEN SÄTZEN IST EINER INKORREKT. STREICHEN SIE IHN DURCH UND ÜBERSETZEN SIE DEN ANDEREN.

a. Hay que un trabajillo./Hace falta un trabajillo.

→

b. Es necesario comer bien./Es necesario de comer bien.

→

c. Necesito ahorrar./Necesito de ahorrar.

→

d. Me hace falta un piso más barato./Me hago falta un piso más barato.

→

6. ÜBERSETZEN SIE DIESE SÄTZE.

a. Ich habe gerade erfahren, was mit dir los ist.

→

b. Wenn du diesen Monat nicht die Rechnung zahlen kannst, ist das nicht schlimm.

→

c. Wenn das Monatsende kommt, bin ich pleite und das, obwohl ich ein Stipendium habe.

→

d. Ich schaffe es nicht zu sparen, obwohl ich die Kosten mit einer Mitbewohnerin teile.

→

12.
ICH BIN PRAKTIKANT
SOY BECARIO

ZIELE

- ÜBER DAS STUDIUM UND DIE ARBEIT SPRECHEN
- NEUIGKEITEN ERFRAGEN UND GEBEN (VERTIEFUNG)
- SICH BESCHWEREN UND SICH FREUEN
- EINE POSITIVE ODER NEGATIVE BEWERTUNG ÄUSSERN
- UMGANGSSPRACHLICHE BEGRIFFE BENUTZEN

KENNTNISSE

- *HACE, DESDE HACE*: DATUM UND DAUER
- *UNOS/AS, ALGUNOS/AS*: INDEFINITPRONOMEN, DIE EINE MENGE AUSDRÜCKEN
- VERGANGENHEITSFORM *PRETÉRITO PERFECTO*: BILDUNG UND ANWENDUNG
- DER IMPERATIV: BILDUNG, ENKLISE, AKZENTUIERUNG

DIE ARBEITSWELT

– Alejandro, wie lange (ist es her)!

– Ach, Isabel, welch Überraschung!

– Wir haben uns seit ein paar Jährchen nicht gesehen, oder?

– Ja, seit der Mittelstufe!

– Was machst du so? Erzähl [mir]!

– Nun ja, ich habe ein bisschen von allem gemacht, Informatik, Schöne Künste und jetzt bin ich Praktikant bei einer Zeitung.

– Das ist nett, nicht?

– Ja. Also, nicht so sehr…

– Bist du nicht zufrieden mit dem, was du machst?

– Praktikant, das ist nicht das Ideale… Auf der einen Seite ist es gut, um Erfahrung zu sammeln [erwerben], aber auf der anderen sind es immer kurze Verträge.

– Das heißt, du hast noch keinen festen Job gehabt.

– Ach was! Ich mache ein paar Monate lang ein Praktikum und wenn ich beginne, etwas zu lernen, entlässt man mich und ich bin erneut arbeitslos.

– Ohje…

– Und du, wie ist es dir ergangen?

– Ich beschwere mich nicht: Ich wollte immer schnell eine Arbeit finden, ich habe eine Lehre gemacht [Berufsausbildung studiert] und jetzt bin ich Bäckerin!

– Ich glaube, dass du im Endeffekt Recht hast: das Beste ist es, einen Beruf zu haben.

– Hör mal, meine Bäckerei braucht eine Webseite. Wie viel berechnest du, um sie zu entwickeln?

– Für dich ist es gratis, aber ich habe [stelle] eine Bedingung.

– Sag [mir].

– Bring mir bei, Kuchen zu backen…

– Abgemacht!

EL MUNDO LABORAL

– Alejandro, ¡cuánto tiempo!

– Anda, Isabel, ¡qué sorpresa!

– No nos hemos visto desde hace unos añitos, ¿eh?

– ¡Sí, desde la ESO!

– ¿Qué es de ti? ¡Cuéntame!

– Pues he hecho un poco de todo, informática, bellas artes, y ahora soy becario en un periódico.

– Qué chulo, ¿no?

– Sí. En fin, no tanto…

– ¿No estás contento con lo que haces?

– Becario no es lo ideal… Por una parte está bien para adquirir experiencia, pero por otro lado son siempre contratos cortos.

– O sea que todavía no has tenido un empleo fijo.

– ¡Qué va! Hago prácticas durante unos meses y, cuando empiezo a aprender algo, me despiden y vuelvo al paro.

– Vaya rollo…

– ¿Y a ti qué tal te ha ido?

– ¡No me quejo! Yo siempre he querido encontrar rápidamente un trabajo, he cursado FP y ahora, ¡soy panadera!

– Creo que al final has tenido razón tú: lo mejor es tener un oficio.

– Oye, mi panadería necesita una página web. ¿Cuánto cobras por diseñarla?

– Para ti es gratis, pero pongo una condición.

– Dime.

– Enséñame a hacer pasteles…

– ¡Trato hecho!

◼ DEN DIALOG VERSTEHEN
UM NEUIGKEITEN BITTEN

Die Frage wurde im Modul 3 angegangen, aber wir erweitern Ihr Vokabular noch mit idiomatischen Formulierungen: **¿Qué es de ti?**, *Was machst du so, Was macht das Leben?*, wörtl. *Was ist von dir?*. Mann kann auch sagen: **¿Qué es de tu marido?**, *Was ist mit deinem Mann?*; **¿Qué es de ellos?**, *Wie geht es ihnen?*; **¿Qué tal te va?** oder **¿Cómo te va?**, *Wie läuft es bei dir?*. Es kann sich um das Leben im Allgemeinen drehen oder um eine präzise Sache (eine Prüfung, ein Vorstellungsgespräch): **¿Qué tal te ha ido?**, *Wie ist es gelaufen?*.

SICH BESCHWEREN, SICH FREUEN, ZUFRIEDEN SEIN

Als Antwort auf diese Fragen können Sie sagen: **(No) estoy contento**, *Ich bin (nicht) zufrieden*; **(No) me quejo**, *Ich beschwere mich (nicht)*; **Me va bien/mal**, *Mir geht es gut/schlecht*; **Me ha ido bien/mal**, *Es ist mir gut/schlecht ergangen*.

UNTERHALTUNGSFLOSKELN

Hier finden Sie ein paar Formulierungen für Ihre Alltagskonversationen:
- **¡Anda!**, *Ach was!, Sieh an!*, etc. (Überraschung)
- **Pues**, *Nun ja, Also* (am Satzanfang)
- **O sea que**, *Das heißt, Mit anderen Worten*, etc. (bringt eine Situation auf den Punkt)
- **¡Vaya…!**, *Ohje, Wow, Oh, Welch* (Äquivalent von **qué**, vor einem Nomen)
- **¡Qué va!**, *Ach was!, Blödsinn!, Von wegen!* (das Gegenteil einer Behauptung sagen)

KULTURELLER HINWEIS

Das Spanisch, das Sie in den Straßen hören, ist eine ziemlich lockere Sprache und viele fluchen munter, sobald das Thema Gelegenheit dazu bietet (Fußball, Politik, …). Ohne so weit zu gehen, zögern Sie nicht unter Freunden auch umgangssprachliche Begriffe zu verwenden. Wie **rollo**, ein vielseitiges Wort: **¡Qué rollo de película!**, *Wie langweilig, dieser Film!*; **¡Vaya rollo ser becario!**, *Es ist lästig, Praktikant zu sein!*. Wenn ihm **buen** oder **mal** vorangehen, bewertet **rollo** eine Stimmung oder eine Beziehung:
¡Qué mal rollo!, *Wie nervig!*; **En este bar hay buen rollo**, *Es herrscht eine gute Stimmung in dieser Bar*; **Tengo buen rollo con mis profes**, *Ich habe einen guten Draht zu meinen Profs*.
Was positive Ausdrücke betrifft, gibt es z. B. **chulo**, *toll, schick, cool*: **¡Qué chulo!**, *Wie cool!*; **¡Qué piso más chulo!**, *Was für eine schicke Wohnung!*.

◆ GRAMMATIK
DATUM UND DAUER

Im Deutschen drückt „seit" sowohl den zeitlichen Anhaltspunkt (seit dem 14. Juli) als auch die Dauer aus (seit einer Woche). Das Spanische nutzt **desde** im ersten Fall und **desde hace** im zweiten: **No nos hemos visto desde la ESO**, *Wir haben uns nicht seit der Mittelstufe gesehen*; **No nos hemos visto desde hace mucho tiempo**, *Wir haben uns seit langem nicht gesehen*.

INDEFINITPRONOMEN, DIE EINE MENGE AUSDRÜCKEN

Unos/unas, so wie **algunos/algunas**, drücken eine unbestimmte Menge aus: *einige, (irgend)welche*. **Unos** ist allgemeine Menge, während **algunos** eine geringere angeben kann: **Soy becario desde hace unos meses**, *Ich bin seit einigen Monaten Praktikant*; **En algunos casos, las prácticas son interesantes**, *In manchen/einigen (wenigen) Fällen, sind die Praktika interessant*.

▲ KONJUGATION
DIE ZUSAMMENGESETZTE VERGANGENHEIT

BILDUNG

Sie wird wie auf Deutsch mit dem Auxiliarverb **haber**, *haben*, gefolgt vom Partizip Perfekt gebildet. Dieses wird vom Stamm des Infinitivs ausgehend konstruiert, gefolgt von der Endung **-ado** (Verben auf **-ar**) oder **-ido** (Verben auf **-er** und **-ir**):

haber	**hablar**, *sprechen, reden*	**comer**, *essen*	**vivir**, *leben, wohnen*
he	**he hablado**, *ich habe gesprochen*	he comido	he vivido
has	has hablado	has comido	has vivido
ha	ha hablado	ha comido	ha vivido
hemos	hemos hablado	hemos comido	hemos vivido
habéis	habéis hablado	habéis comido	habéis vivido
han	han hablado	han comido	han vivido

Beachten Sie die unregelmäßigen Partizipien, von denen wir bereits zwei gesehen haben: **visto**, *gesehen* (von **ver**) und **hecho**, *gemacht* (von **hacer**).

GEBRAUCH

• Das „Pretérito perfecto compuesto" ist mit dem deutschen Perfekt vergleichbar, wobei die zusammengesetzte Vergangenheit im Spanischen etwas strengeren Regeln unterliegt und nur ein Hilfsverb (*haben*), anstatt zwei (*haben* und *sein*) verwendet. Sie berichtet von einer vergangenen Sache, die Einfluss auf die Gegenwart hat: **He cursado Formación Profesional**, *Ich habe eine Ausbildung gemacht* (Konsequenz: ich habe also einen Beruf); **He trabajado**, *Ich habe gearbeitet*; **Has salido**, *Du bist losgefahren*; **Hemos pasado**, *Wir sind vorbeigekommen*.

• Das spanische Perfekt wird also für abgeschlossene Handlungen benutzt, die entweder noch zur Gegenwart zählen oder Auswirkung auf diese haben. Das „Pretérito indefinido" (Präteritum) hingegen wird für abgeschlossene Handlungen gebraucht, die nicht diesen Einfluss auf die Gegenwart haben oder auch für neue Handlungen, die eine in der Vergangenheit laufende Handlung unterbrechen (siehe Modul 1): **Nací en París**, *Ich wurde in Paris geboren*.

DER IMPERATIV

BILDUNG

Im engeren Sinn sind die beiden Personen des spanischen Imperativs die 2. Person Singular und Plural:

- **Habla**, *sprich*: es ist **hablas** (konjugiertes Verb im Präsens der 2. Ps. Sg.) ohne das finale **-s**;
- **Hablad**, *sprecht*: es ist der Infinitiv **hablar** mit einem **-d** anstatt des **-r**.

Wenn es sich um ein Doppelvokal-Verb handelt, sieht es z. B. so aus: **cuenta**, *erzähl*/**contad**, *erzählt*.

DIE ENKLISE

Dieser Begriff beschreibt das Ereignis, wenn das Personalpronomen an eine Verbform angehängt wird. Es geschieht

- im Infinitiv: **llamarse**, *heißen, sich nennen*;
- im Imperativ: **cuéntame**, *erzähl mir*; **enséñame**, *unterrichte mich, bring mir bei*. Beachten Sie den geschriebenen Akzent, um zu signalisieren, dass man die vorvorletzte Silbe betonen muss.

VOKABULAR

el/la becario/a *PraktikantIn*
el mundo *Welt*
laboral *Arbeits-, beruflich*
el tiempo *Zeit*
¡anda! *ach was!, sieh an!, nanu!*
la sorpresa *Überraschung*
visto *gesehen*
desde *seit*
contar [ue] *erzählen*
hecho *gemacht*
la informática *Informatik*
las bellas artes *Schöne Künste*
el periódico *Zeitung*
chulo/a *(ugs.) cool, toll*
contento/a *zufrieden*
ideal *ideal, Ideal*
por una parte *auf der einen Seite*
está bien *das ist gut*
adquirir [ie] *erwerben*
la experiencia *Erfahrung*
por otro lado *auf der anderen Seite*
el contrato *Vertrag*
el empleo *Job, Arbeit(-splatz)*
o sea que *das heißt, mit anderen Worten*
fijo/a *fest, stabil*
¡qué va! *ach was!, Blödsinn!, von wegen!*
las prácticas *Praktikum*
despedir (e > i) *entlassen, kündigen*
el paro *Arbeitslosigkeit*
¡vaya…! *welch…!, wie…!, ohje!, wow!*
¡Vaya rollo! *Ohje!, Wie nervig!*
quejarse *sich beschweren*
encontrar [ue] *finden*
cursar *studieren*
FP (Formación Profesional) *Berufliche Bildung, Ausbildung, Lehre*
el/la panadero/a *BäckerIn*
tener razón *Recht haben*
el oficio *Beruf*
la panadería *Bäckerei*
la página *Seite*
la web *Web, Netz*
cobrar *berechnen, verdienen*
diseñar *entwickeln*
gratis *gratis, umsonst*
la condición *Bedingung*
el pastel *Kuchen*
¡Trato hecho! *Abgemacht!, Deal!*

ÜBUNGEN

1. WAS WÜRDEN SIE BEIM HÖREN DIESER SÄTZE SAGEN? KREUZEN SIE DIE RICHTIGE ANTWORT AN.

a. ☐ ¡Qué chulo! – ☐ Vaya rollo…   c. ☐ ¡Qué chulo! – ☐ Vaya rollo…

b. ☐ ¡Qué chulo! – ☐ Vaya rollo…   d. ☐ ¡Qué chulo! – ☐ Vaya rollo…

🔊 2. HÖREN UND ERGÄNZEN SIE DIE 4 ERSTEN PHRASEN DES ÜBUNGSDIALOGS.

14   a. Hola, Alejandro, ¿..?

b. ....

c. ¿... otra vez con tu novia, es eso?

d. No,.............................., ... muy bien desde hace unos meses.

🔊 3. HÖREN SIE IHN ERNEUT AN UND KREUZEN SIE DIE RICHTIGE ANTWORT AN.

14   a. Alejandro está en el paro desde hace…
☐ tres semanas
☐ un mes y medio
☐ un año y medio

b. Ha sido becario…
☐ en una página web por seiscientos euros
☐ en un periódico por doscientos euros
☐ en una panadería por quinientos euros

c. Las últimas prácticas…
☐ han acabado con un contrato fijo
☐ han acabado antes de tiempo
☐ le han parecido un rollo

4. FORMULIEREN SIE DIESE SÄTZE INS PERFEKT UM.

a. Isabel me cuenta su vida. →

b. ¿Qué haces? →

c. Vengo a ver qué pasa. →

d. No vemos nada. →

5. VERVOLLSTÄNDIGEN SIE MIT *DESDE* ODER *DESDE HACE*.

a. No he salido .... tres días.

b. No he salido .... la semana pasada.

c. No lo he visto .... su cumpleaños.

d. No lo he visto .... un año.

6. ÜBERSETZEN SIE DIESE SÄTZE.

a. Wie viel hast du während deines Praktikums verdient?

→

b. Wir sind nicht zufrieden mit unseren Arbeitsbedingungen.

→

c. Mit anderen Worten, nach der Ausbildung hast du schnell eine Arbeit gefunden.

→

13.
ICH KOMME WEGEN DER ANZEIGE

VENGO POR EL ANUNCIO

ZIELE

- **AUF FRAGEN IN EINEM VORSTELLUNGSGESPRÄCH ANTWORTEN: VON KOMPETENZEN UND ERFAHRUNGEN SPRECHEN; VERFÜGBARKEITEN NENNEN; EINE MOTIVATION DARLEGEN**

- **EINEN VORBEHALT AUSDRÜCKEN**

- **SPANISCH GEGENÜBER ANGLIZISMEN**

KENNTNISSE

- **ADVERB DER ART UND WEISE AUF *-MENTE***

- **DER NEUTRALE ARTIKEL *LO* (*LO MÍO, LO TUYO, LO DE*)**

- **DAS DOPPELTE PERSONALPRONOMEN (*SE LO*)**

- **UNREGELMÄSSIGE PARTIZIPIEN (*DICHO, PUESTO*)**

- **DAS VERB *DAR*: KONJUGATION UND REDEWENDUNGEN (*DAR IGUAL, DARSE CUENTA*)**

VORSTELLUNGSGESPRÄCH

– Guten Tag, ich komme wegen der Anzeige. Man hat mir gesagt, dass ich einen Termin um 12 Uhr habe.

– Ja, kommen Sie bitte herein. Gut, ich sehe in Ihrem Lebenslauf, dass Sie aktuell als Kellnerin arbeiten.

– Das ist nur eine temporäre Arbeit: ich bin gewillt, die Stelle sofort zu nehmen.

– Perfekt. Sagen Sie mir: warum haben Sie auf diese Anzeige geantwortet?

– Ich stand bereits vor Publikum und habe bemerkt, dass mir der Kontakt zu Menschen gefällt. Deshalb habe ich Lust mit Ihnen zu arbeiten.

– Das ist sehr gut, aber das hier ist ein Bekleidungsgeschäft: es geht nicht nur ums Verkaufen, sondern auch ums Beraten.

– Ich begeistere mich für Mode und ich fühle mich geeignet, mich um jeden möglichen Kunden zu kümmern.

– Okay, aber Ihr Stil ist nicht genau der, den wir suchen: wir verkaufen T-Shirts, Jeans, Jacken, Turnschuhe…

– Ich habe einen Rock und Straßenschuhe für das Vorstellungsgespräch angezogen, aber schauen Sie sich dieses Foto an: sehen Sie, wie ich mich normalerweise anziehe?

– Sind Sie das komplett in Schwarz angezogene Mädchen?

– Ja und ich habe auch ein Tattoo! Soll ich es Ihnen zeigen?

– Nein…, nicht nötig. Sie haben mich überzeugt.

– Also, wann beginne ich?

– Interessiert es Sie nicht zu wissen, wie hoch [welches] Ihr Gehalt ist?

– Das ist mir egal, ich wiederhole es nochmal: Verkäuferin zu sein, das ist der Traum meines Lebens.

ENTREVISTA DE TRABAJO

— Buenos días, vengo por el anuncio. Me han dicho que tengo cita a las doce.

— Sí, pase, por favor. Bien, veo en su currículum que actualmente está trabajando de camarera.

— Lo de camarera es un trabajo eventual: estoy dispuesta a incorporarme enseguida.

— Perfecto. Dígame: ¿por qué ha contestado a este anuncio?

— Ya he estado cara al público, y me he dado cuenta de que lo mío es el contacto con la gente. Por eso me apetece trabajar con ustedes.

— Está muy bien, pero esto es una tienda de ropa: no se trata solo de vender, sino también de aconsejar.

— Me apasiona la moda y me siento capacitada para atender a cualquier cliente.

— Ya, pero su estilo no es exactamente el que buscamos: nosotros vendemos camisetas, vaqueros, cazadoras, deportivas…

— Me he puesto una falda y zapatos de vestir para la entrevista, pero mire esta foto: ¿ve cómo me visto habitualmente?

— ¿Es usted la chica enteramente vestida de negro?

— ¡Sí, y también tengo un tatuaje! ¿Se lo enseño?

— No…, no hace falta. Me ha convencido.

— Entonces, ¿cuándo empiezo?

— ¿No le interesa saber cuál es el sueldo?

— Me da igual, se lo repito: ¡ser dependienta es la ilusión de mi vida!

DEN DIALOG VERSTEHEN
EIN PAAR GEBRÄUCHE

→ Die primäre Bedeutung von **ya** ist *schon, bereits*: **Ya he trabajado cara al público**, *Ich habe bereits vor Publikum gearbeitet*. Aber in der Konversation ist **ya** eine Formulierung der Zustimmung, die etwas weniger klar ist als **sí**: **Mi ilusión es ser dependienta**, *Mein Traum ist es, Verkäuferin zu sein.*/**Ya**, *Ah, Ach, Okay, Verstehe*; **Usted lleva ropa demasiado clásica**, *Sie tragen zu klassische Kleidung.*/ **Ya**, *Ja ich weiß, Stimmt*.

→ Aber heißt **pero**: **Soy camarera, pero quisiera ser dependienta**, *Ich bin Kellnerin, aber ich wäre gerne Verkäuferin* und *sondern* heißt **sino**: **Mi ilusión no es ser camarera sino dependienta**, *Mein Traum ist es nicht Kellnerin zu sein, sondern Verkäuferin.*

UND IMMER DIE PRÄPOSITIONEN

→ Es gibt noch mehr zu **por** und **para** zu sagen! In diesem Dialog z. B. haben sie in etwa die gleiche Übersetzung (*für*), aber das Konzept ist ein anderes: **Vengo por el anuncio**, *Ich komme wegen/für die Anzeige* (man spricht von einem Grund); **Me he vestido así para la entrevista**, *Ich habe mich so für das Vorstellungsgespräch angezogen* (man spricht von einem Ziel, einer Intention).

→ Es gibt auch zwei Nutzungen für **de**: **Vestido de negro**, *In Schwarz angezogen*; **Trabajo de camarera**, *Ich arbeite als Kellnerin*.

KULTURELLER HINWEIS

Es gibt auch im Spanischen immer mehr Anglizismen, aber sie haben im Alltagsleben nicht sehr stark die spanischen Begriffe ersetzt: *ein T-Shirt* bleibt **una camiseta**, *eine Jeans* heißt **unos vaqueros**, und *Sneakers/Turnschuhe* **unas deportivas**. Die Phonetik der Lehnwörter wird meist an die spanische angepasst: *ein Leader* wird zu **líder**, *Roastbeef* zu **rosbif** und *Fußball* (von engl. *football*) zu **fútbol**. Mit ihren 500 Millionen Sprechenden fühlt sich die spanische Sprache nicht bedrängt oder in der Verpflichtung ihre Reinheit zu verteidigen, weshalb es keine konkrete „Resistenz" beim Adoptieren neuer Wörter gibt. Wenn man ein neues Wort integrieren muss, macht man es: **web**, **blog** oder **chat**. *Ein USB-Stick* heißt direkt **un pen** oder **un pendrive**. Das amerikanische Spanisch, was der englischen Sprache stärker ausgesetzt ist, geht weiter: es ist das Phänomen des *Spanglish*, ein fröhlicher Mischmasch, der unter den HispanoamerikanerInnen, die in den USA leben, weit verbreitet ist.

◆ GRAMMATIK
ADVERB DER ART UND WEISE

Es wird gebildet, indem man die Endung **-mente** an das feminine Adjektiv hängt. Erinnern wir uns, dass ein Adjektiv, das mit **-o** im Maskulinen endet, sein feminines Äquivalent auf **-a** bildet. Wenn es hingegen mit einem anderen Vokal oder einem Konsonanten endet, ist es oft unveränderlich im Genus.

maskulin	feminin	Adverb
exacto	**exacta**	**exactamente**
actual	**actual**	**actualmente**
agradable	**agradable**	**agradablemente**

DER NEUTRALE ARTIKEL *LO*

Da er weder maskulin, noch feminin ist, erlaubt er es, die Unbestimmtheit zu behandeln.
- **lo** + das betonte Possessivpronomen bezeichnen im Allgemeinen „was mich betrifft" oder „was mir gefällt", weshalb man ihm mehrere Übersetzungen zutragen kann. Natürlich gilt diese Formel in allen Personen: **Lo mío es estar cara al público**, *Was ich mag, ist vor dem Publikum zu stehen*; **Lo tuyo no es la venta**, *Das Verkaufen ist nicht dein Ding*; **Lo suyo nunca han sido los estudios**, *Das Studium war nie etwas für ihn*.
- Dem gleichen Konzept folgend, steht **lo de** + Nomen oder Verb für „die Sache mit", „das Konzept der": **Lo de camarera es un empleo eventual**, *Diese Sache mit dem Kellnern ist eine temporäre Beschäftigung*; **Lo de estar cara al público me apasiona**, *Es begeistert mich, vor dem Publikum zu stehen*.

DAS DOPPELTE PERSONALPRONOMEN

Sie haben im Modul 4 die Formen und Gebräuche der direkten und indirekten Objektpronomen kennengelernt. Schauen wir uns an, was passiert, wenn zwei aufeinanderfolgen. Meistens ist es simpel: **Te lo digo**, *Ich sage es dir*; **Me los presenta**, *Er stellt sie (Pl.) mir vor*. Es wird komplizierter, wenn es sich um zwei Pronomen in der 3. Person handelt. Das spanische indirekte Pronomen (**le** oder **les**) wird zu **se**: **Se lo repito**, *Ich sage es Ihnen nochmal*; **¿Se la enseño?**, *Soll ich sie (Sg.) Ihnen zeigen/ Zeige ich sie (Sg.) Ihnen?*.

▲ KONJUGATION
UNREGELMÄSSIGE PARTIZIPIEN

• Merken Sie sich die unregelmäßigen Partizipien von **poner** (**puesto**) und **decir** (**dicho**): **¿Qué has dicho?**, *Was hast du gesagt?*; **¿Dónde has puesto las llaves?**, *Wo hast du die Schlüssel hin getan?*; **Me he puesto una falda**, *Ich habe einen Rock angezogen.*

• **Dispuesto** ist das unregelmäßige Partizip Perfekt des Verbs **disponer**: **He dispuesto lo siguiente**, *Ich habe folgendes beschlossen.* **Dispuesto/a** ist ein deriviertes Adjektiv desselben Verbs, was *gewillt, bereit* heißt.

DAS VERB *DAR*

Dar, *geben*, hat eine unregelmäßige erste Person. Es tritt in vielen Redewendungen auf, in denen es seine primäre Bedeutung verliert: **darse cuenta**, *bemerken*; **dar igual**, *egal sein*. Achtung, das Verb fungiert im ersten Fall reflexiv und im zweiten als indirekte Konstruktion:

doy	**me doy cuenta**, *ich bemerke*	**me da igual**, *das ist mir egal*
das	**te das cuenta**, *du bemerkst*	**te da igual**, *das ist dir egal*
da	**se da cuenta**, *er/sie/es bemerkt*	**le da igual**, *das ist ihm egal*
damos	**nos damos cuenta**, *wir bemerken*	**nos da igual**, *das ist uns egal*
dais	**os dais cuenta**, *ihr bemerkt*	**os da igual**, *das ist euch egal*
dan	**se dan cuenta**, *sie bemerken*	**les da igual**, *das ist ihnen egal*

● ÜBUNGEN

🔊 1. NUMMERIEREN SIE DIESE SÄTZE IN DER REIHENFOLGE, WIE SIE SIE HÖREN.
15
a. Du merkst es nicht. ....

b. Ich habe es nicht bemerkt. ....

c. Er merkt es nicht. ....

d. Sie haben es nicht bemerkt. ....

🔊 2. VERVOLLSTÄNDIGEN SIE DIE 4 ERSTEN PHRASEN DES ÜBUNGSDIALOGS.
15
a. ¿Qué tal ....?

b. Fenomenal, ... el trabajo es para mí.

c. ¡Me .... mucho! ¿Cómo ....?

d. Pues no sé, creo que ....

VOKABULAR

la entrevista *(Vorstellungs-) Gespräch*
dicho *gesagt*
la cita *Termin*
el currículum *Lebenslauf, CV*
actualmente *aktuell, derzeit*
eventual *temporär, zeitweilig, befristet; eventuell*
dispuesto/a *bereit, willig*
incorporarse *Dienst antreten, eingliedern*
enseguida *sofort*
perfecto/a *perfekt*
contestar *antworten*
la cara *Gesicht*
el público *Publikum*
dar *geben*
darse cuenta *bemerken*
el contacto *Kontakt*
la gente *Menschen, Leute*
la tienda *Geschäft*
la ropa *Kleidung*
tratarse *sich handeln um, gehen um*
vender *verkaufen*
no solo... sino *nicht nur..., sondern; sowohl... als auch*
aconsejar *beraten*
apasionar *begeistern, faszinieren, Leidenschaft sein*
la moda *Mode*
sentir [ie] *fühlen*
capacitado/a *fähig*
atender [ie] *(be-)dienen, kümmern, betreuen*

cualquier *irgendein/e, beliebig*
el/la cliente/a *Kunde/Kundin*
ya *okay, verstehe, ja, ach*
el estilo *Stil*
exactamente *exakt, genau*
la camiseta *T-Shirt*
los vaqueros *Jeans*
la cazadora *Jacke*
las deportivas *Turnschuhe, Sneakers*
puesto *gesetzt, gestellt, gelegt*
ponerse *(sich) anziehen, tragen (Kleidung)*
la falda *Rock*
el zapato *Schuh*
el zapato de vestir *Straßenschuh*
la foto *Foto*
vestirse (e > i) *sich anziehen*
habitualmente *normalerweise*
enteramente *komplett, ganz*
negro *schwarz*
el tatuaje *Tattoo*
enseñar *zeigen*
convencer *überzeugen*
interesar *interessieren*
el sueldo *Gehalt*
dar igual *egal/gleich(-gültig) sein*
repetir (e > i) *wiederholen*
el/la dependiente/a *VerkäuferIn*
la ilusión *Traum*

🔊 3. HÖREN SIE IHN ERNEUT AN UND KREUZEN SIE DIE RICHTIGE ANTWORT AN.

15 a. Para la entrevista de trabajo, el chico se ha puesto…
☐ zapatos de vestir
☐ una cazadora
☐ deportivas

b. El chico quiere cobrar …
☐ 2000 euros o más
☐ menos de 2000 euros
☐ más de 2000 euros

c. Durante la entrevista, …
☐ han fumado todos
☐ ha fumado el chico
☐ no ha fumado nadie

4. SCHREIBEN SIE DIESE SÄTZE IM PERFEKT.

a. No digo nada. →

b. Nos ponemos unos vaqueros. →

c. Les da igual. →

d. Te lo repito. →

5. FORMULIEREN SIE DAS UNTERSTRICHENE FRAGMENT MIT DEM PASSENDEN ADVERB AUF -*MENTE* UM.

a. Esto lo hago <u>con facilidad</u>: lo hago ....

b. Puedes hablar <u>con libertad</u>: puedes hablar ....

c. Siempre se comporta <u>con amabilidad</u>: se comporta ....

d. Escribe español <u>a la perfección</u>: lo escribe ....

6. ÜBERSETZEN SIE DIESE SÄTZE.

a. Mein Vertrag ist nicht fest, sondern befristet.

→

b. Ich habe es Ihnen gesagt: Es ist mein Ding, Verkäuferin zu sein und das Gehalt ist mir egal.

→

c. Um wie viel Uhr haben Sie den Termin für das Vorstellungsgespräch?

→

d. Die Sache mit dem Tattoo geht mich nichts an: fühlen Sie sich geeignet, sich um Kunden zu kümmern?

→

14. GRÜNDEN WIR EIN UNTERNEHMEN?

¿MONTAMOS UN NEGOCIO?

ZIELE

- ÜBER EIN PROJEKT REDEN: EINE ARGUMENTATION ENTWICKELN; RECHT UND UNRECHT GEBEN
- ÜBERDRUSS AUSDRÜCKEN
- DAS VOKABULAR DES LEBENS IM UNTERNEHMEN

KENNTNISSE

- *HAY* UND *ESTÁ*
- DER ARTIKEL ANSTELLE DES POSSESSIVPRONOMENS
- DIE ORTSADVERBIEN: *AQUÍ, AHÍ, ALLÍ*
- DIE APOKOPE (*BUEN, MAL, PRIMER, TERCER, ALGÚN, NINGÚN*)
- DIE VERBEN AUF -*UIR* (*DISTRIBUIR*)
- DER SUBJUNKTIV PRÄSENS (BILDUNG UND ANWENDUNG)

PROJEKTE

– Du siehst schlecht aus…

– Ich kann nicht mehr; ich halte meinen Chef nicht mehr aus und meine Kollegen auch nicht. Ich habe genug vom Büro!

– Ich sehe, du bist ganz ausgebrannt.

– Ich werde den Arzt bitten, mich krankzuschreiben.

– Das ist keine Lösung…

– Ich weiß. In Wahrheit habe ich bemerkt, dass ich mich nicht wohlfühle in einem traditionellen Unternehmen, mit Meetings und…

– Du brauchst nicht mehr zu sagen, ich verstehe dich vollkommen [perfekt].

– Sag, willst du nicht, dass wir eine Firma gründen?

– Eine Firma?

– Ja, sei dein eigener Chef, wenn du nicht willst, dass ein anderer es ist.

– Mit der Krise scheint mir das nicht leicht zu sein.

– Im Gegenteil! (Das) Internet eröffnet Möglichkeiten: du brauchst nicht viel Investition, um einen Online-Handel zu gründen.

– Und was willst du verkaufen?

– Ökologisches Olivenöl für den ausländischen Markt.

– Jetzt, wo du es sagst… Diesen Sommer in New York konnte ich mir kein Omelette machen: dort ist der Preis eines guten Olivenöls der Wahnsinn.

– Es gibt Kosten: es gibt den, der importiert, den, der verteilt…

– Natürlich! Durch das Netz streichst du die Zwischenpersonen, du verkaufst günstiger und der Kunde profitiert.

– Wir müssen uns beeilen, bevor jemand anderes uns unsere Idee klaut!

– Sieh ihn dir an… Auf einmal hat sein Anblick sich verändert!

PROYECTOS

– Tienes mala cara…

– No puedo más: no aguanto a mi jefe y no soporto a mis compañeros. ¡Estoy harto de la oficina!

– Te veo muy quemado.

– Voy a pedirle al médico que me dé la baja.

– No es una solución…

– Ya. En realidad me he dado cuenta de que no estoy a gusto en una empresa tradicional, con reuniones y…

– No hace falta que me digas más, te comprendo perfectamente.

– Oye, ¿no quieres que montemos un negocio juntos?

– ¿Un negocio?

– Sí, sé tu propio jefe si no quieres que otro lo sea.

– Con la crisis no lo veo fácil.

– ¡Al contrario! Internet abre oportunidades: no necesitas mucha inversión para montar un comercio en línea.

– ¿Y qué quieres vender?

– Aceite de oliva ecológico, para el mercado extranjero.

– Ahora que lo dices… Este verano en Nueva York no he podido hacerme una tortilla: allí el precio de un buen aceite es una locura.

– Hay costes: está el que importa, el que distribuye…

– ¡Claro! A través de la Red suprimes los intermediarios, vendes más barato y el cliente sale ganando.

– ¡Hay que darse prisa, antes de que otro nos robe la idea!

– Míralo… ¡En un pis-pas le ha cambiado la cara!

DEN DIALOG VERSTEHEN
FORMULIERUNGEN UND GEBRAUCH

→ **La baja** bedeutet im beruflichen Kontext *Krankheitsurlaub, Krankschreibung*: **El médico me ha dado la baja**, *Der Arzt hat mich krankgeschrieben*; **Estoy de baja**, *Ich bin krankgeschrieben*. Achtung, **dar de baja** kann auch *entlassen* bedeuten: **El patrón ha dado de baja a toda la plantilla**, *Der Chef hat das ganze Personal entlassen*.

→ Im nicht-beruflichen Kontext steht **el alta** und **la baja** für *Einschreibungs-, An- oder Abmeldeverfahren*; **darse de alta** und **darse de baja**: **Me he dado de alta en Latacel**, *Ich habe mich bei Latacel angemeldet*; **Gracias por darse de alta en nuestro club**, *Vielen Dank für Ihre Einschreibung in unserem Club*; **¿Por qué te has dado de baja del gimnasio?**, *Warum hast du dich vom Fitnessstudio abgemeldet?*; **Latacel me ha dado de baja**, *Latacel hat meinen Vertrag gekündigt*.

→ Sie kennen bereits **hay**, *es gibt, es sind, es ist*. Nicht immer stimmt aber das **hay** mit unserem *es gibt* überein. Wenn z. B. das, was folgt, von einem Artikel bestimmt wird, sagt man nicht **hay** sondern **está**: **Hay costes: está el que importa**, *Es gibt Kosten: es gibt denjenigen, der importiert*.

→ Oft ersetzt der spanische Artikel ein Possessivpronomen: **¿Me da el pasaporte, por favor?**, *Geben Sie mir bitte Ihren Reisepass?*; **Me pongo las deportivas**, *Ich ziehe meine Sneaker an*; **Le ha cambiado la cara**, *Sein Gesicht hat sich verändert*.

→ Beachten Sie im Dialog, wie das Verb **ver** auch eine „Empfindung" ausdrückt: **Lo veo difícil**, *Das scheint mir schwierig, Ich betrachte/sehe das als schwierig*; **Te veo quemado**, *Ich sehe/merke, dass du ausgebrannt bist*.

◆ GRAMMATIK
DIE ANWENDUNGEN DES SUBJUNKTIVS

• Man benutzt den Subjunktiv nach einem Verb, das einen Willen ausdrückt: **Quiero que montemos un negocio**, *Ich will, dass wir eine Firma gründen*; **No quiero que otro sea mi jefe**, *Ich will nicht, dass jemand anderes mein Chef ist*.

• Beim zeitlichen Nebensatz, der durch **antes de que** eingeleitet wird: **Antes de que alguien me robe la idea**, *Bevor [, dass] jemand mir die Idee klaut*.

• Bei gewissen Formulierungen, die Verpflichtung ausdrücken: **No hace falta que me lo digas**, *Es ist nicht nötig, dass du es mir sagst*.

• Bei Verben, die eine Aufforderung ausdrücken, wie **te pido que**, *ich bitte dich, du sollst*: **Le pido al médico que me dé la baja**, *Ich bitte den Arzt, mich krankzuschreiben*; **Te pido que me ayudes**, *Ich bitte dich, mir zu helfen*.

DIE ORTSADVERBIEN

Es gibt drei Grade der Ortsadverbien, die eine nähere oder weitere Entfernung zur sprechenden Person ausdrücken:
• **Aquí** bezeichnet das Nahe, das mit „mir" assoziiert ist: **Estoy aquí**, *Ich bin hier*.
• **Ahí** markiert die Distanz und bezeichnet oft das, was mit der Person, mit der ich spreche, assoziiert ist: **¡Ahí hay una cucaracha!**, *Dort ist eine Kakerlake!*.
• **Allí** (oder **allá**) bezieht sich auf das noch weiter Entfernte und ist weder mit "mir" noch „dir" assoziiert: **Allí, el aceite es carísimo**, *Dort drüben ist das Olivenöl sehr teuer*.

DIE APOKOPE

Sie bezeichnet die Tilgung des finalen Vokals gewisser Wörter. Es passiert im Spanischen bei einigen Adjektiven, wenn ihnen ein maskulines Singular-Nomen folgt.
Este aceite es bueno./Es un buen aceite.
Eres malo./Eres un mal amigo.
Es la primera vez./Es el primer momento.
Soy el tercero./Es el tercer año.
En algunas ocasiones./En algún momento.
No hay ninguna razón./No hay ningún argumento.

▲ KONJUGATION
DIE VERBEN AUF -*UIR*

Im Präsens der Indikativ-Verben auf **-uir** endend, schiebt sich bei manchen Personen ein **-y** dazwischen. Schauen Sie sich die Konjugation von **distribuir** an. Diesem Modell folgen z. B. auch noch: **huir**, *fliehen*; **construir**, *bauen*; **concluir**, *(be-, voll-)enden*, etc. Aber Achtung: die Verben auf **-guir** (**seguir**) sind davon nicht betroffen.

distribuir
distribuyo
distribuyes
distribuye
distribuimos
distribuís
distribuyen

DER SUBJUNKTIV PRÄSENS

• Die Endung des Subjunktivs ist: **-e** für die Verben auf **-ar**; **-a** für die auf **-er** und **-ir**.
• Der Stamm ist die erste Person des Indikativ Präsens. Wenn sie eine Unregelmäßigkeit aufweist, findet man sie in allen Personen des Subjunktiv Präsens wieder, wie z. B. bei Verben auf **-go**.
• Es gibt zahlreiche Ausnahmen im Subjunktiv. Im Dialog z. B. das Verb **ser**:

hablar	comer	vivir	decir	ser
hable	coma	viva	diga	sea
hables	comas	vivas	digas	seas
hable	coma	viva	diga	sea
hablemos	comamos	vivamos	digamos	seamos
habléis	comáis	viváis	digáis	seáis
hablen	coman	vivan	digan	sean

ÜBUNGEN

1. KREUZEN SIE DIE ANTWORT AN, DIE DER DEFINITION ENTSPRICHT.

a. ☐ la oficina – ☐ el jefe   c. ☐ estar quemado – ☐ estar a gusto

b. ☐ estar de baja – ☐ estar harto   d. ☐ la inversión – ☐ la empresa

2. SCHREIBEN SIE DIE 3 ERSTEN PHRASEN DES ÜBUNGSDIALOGS AUF.

a. ....

b. ....

c. ....

3. HÖREN SIE IHN ERNEUT AN UND KREUZEN SIE *VERDAD* ODER *MENTIRA* AN.

	verdad	mentira
a. El chico ha realizado una inversión importante.		
b. Ha diseñado él mismo su página web.		
c. Ha montado su negocio con otras tres personas.		
d. Ha tenido que pagar un estudio de mercado.		
e. A los españoles les encanta comprar salmorejo en línea.		
f. El chico se queja de su vida de empresario.		

VOKABULAR

montar *(eine Firma) gründen*
el negocio *Angelegenheit, Betrieb*
el proyecto *Projekt*
aguantar *ertragen, aushalten*
el/la jefe/a *ChefIn*
soportar *ertragen, aushalten*
el/la compañero/a *Kollege/ Kollegin*
estar harto/a *genug/satt haben, die Nase voll haben*
la oficina *Büro*
quemar *(ver-)brennen*
quemado/a *(ausge-, ver-)brannt*
dar la baja *krankschreiben*
la solución *Lösung*
la realidad *Wirklichkeit, Realität, Wahrheit*
estar a gusto *sich wohl fühlen*
la empresa *Firma, Unternehmen*
tradicional *traditionell*
la reunión *Meeting*
comprender *verstehen*
propio/a *eigen, persönlich, selbst*
la crisis *Krise*
al contrario *im Gegenteil*
la internet *Internet*
abrir *öffnen*
la oportunidad *Möglichkeit*
la inversión *Investition*
el comercio *Handel, Kommerz*

la línea *Linie, Leitung*
el aceite *Öl*
el aceite de oliva *Olivenöl*
ecológico/a *ökologisch*
el mercado *Markt*
extranjero/a *ausländisch*
el verano *Sommer*
el precio *Preis*
allí *dort drüben, da drüben*
la locura *Wahnsinn*
el coste *Kosten*
importar *importieren*
distribuir *verteilen*
a través de *durch, mittels*
la red *Netz(-werk)*
suprimir *löschen, streichen, weglassen, abschaffen*
el/la intermediario/a *Zwischenperson, -händler, Mittel-, VermittlerIn*
darse prisa *sich beeilen*
antes de que *bevor*
robar *klauen, stehlen*
en un pis-pas *auf einmal*
cambiar *verändern*

4. ÄNDERN SIE DIESE IMPERATIVE IN SUBJUNKTIVE UM.

Beispiel: Sag mir die Wahrheit! → Ich will, dass du mir die Wahrheit sagst.

a. ¡Dime la verdad! Quiero que

    ....

b. ¡Sé bueno! Quiero que

    ....

c. ¡Vende más barato! Quiero que

    ....

d. ¡Compra aceite ecológico! Quiero que

    ....

e. ¡Robadle la idea! Quiero que

    ....

5. SETZEN SIE DAS GEGEBENE ADJEKTIV IN DIE PASSENDE FORM.

a. Es un .... momento para hacer negocios. [bueno]

b. Ha sido una muy .... inversión. [malo]

c. Es el .... negocio que monto. [primero]

d. Es la .... vez que te lo digo. [tercero]

e. No tengo .... cliente en España. [ninguno]

f. El precio de .... aceites es una locura. [alguno]

6. ÜBERSETZEN SIE DIESE SÄTZE.

a. Es ist nicht nötig, dass du mir hilfst; ich bitte dich nur, mich zu verstehen.

→

b. Hier ist ein gutes Olivenöl und dort drüben sind Kunden: gründen wir eine Firma?

→

c. Das Netz eröffnet Möglichkeiten, aber mit der Krise erscheint es mir schwirig.

→

III

IN

DER

STADT

15.
WO IST BITTE...?
POR FAVOR, ¿DÓNDE ESTÁ...?

ZIELE

- INFORMATIONEN ZU EINER STRECKE AUSTAUSCHEN: NACH DEM WEG FRAGEN; IM RAUM EINORDNEN; DUZEN UND SIEZEN
- EINE VERMUTUNG ÄUSSERN
- HÖFLICH EIN ANGEBOT ABLEHNEN
- VOKABULAR: RUND UMS MUSEUM

KENNTNISSE

- DAS SIEZEN IM IMPERATIV
- ORTSADVERBIEN UND DEMONSTRATIVPRONOMEN UND -BEGLEITER
- SUBJUNKTIV PRÄSENS: VERBEN AUF -*GO* UND VERBEN DER ABSCHWÄCHUNG; UNREGELMÄSSIGES VERB *IR*
- ÄQUIVALENTE VON „VIELLEICHT" UND DEREN GEBRAUCH: *TAL VEZ, QUIZÁS, PUEDE SER, A LO MEJOR*

EIN KÜNSTLER IN MADRID

– Entschuldigung, ich suche das Museum… ah, ich erinnere mich nicht an den Namen.

– Ich nehme an, dass es das Prado-Museum ist, oder?

– Nein, das sagt mir nichts…

– Sie kennen nicht das Prado(-Museum)?

– Es ist, weil ich nicht von hier bin.

– Verstehe… nun ja, ich empfehle es Ihnen. Sehen Sie diesen Platz mit dem Springbrunnen in der Mitte?

– Ja, er ist sehr schön.

– Gehen Sie bis dahin, biegen Sie links ab gehen sie etwa zehn Minuten geradeaus.

– Wie weit… und welche Art von Gemälden gibt es in diesem Museum?

– Es gibt [von] alles, insbesondere Werke der großen klassischen spanischen Maler.

– Das, was ich suche, hat [ist] mehr [von] modernere Malerei.

– Dann ist es vielleicht das Reina Sofia(-Museum).

– Ich glaube das ist es! Es gibt ein Gemälde in schwarz und weiß von Dalí, das sehr bekannt ist, oder?

– Guernica?

– Genau!

– Das ist von Picasso…

– Ja, das ist egal. Ist es in der Nähe [nah von hier]?

– Gegenüber, junger Mann, die Straße überqueren[d].

– Es ist, weil ich auch Künstler bin. Möchten Sie eines meiner Gemälde sehen?

– Danke, aber ich bin [habe] (in) Eile.

– Na los, geben Sie mir ein klein wenig zu essen.

– Tut mir leid. Hier nebenan gibt es ein günstiges Restaurant: an der ersten Straßenecke nach rechts.

– Ich habe nichts, um die Rechnung zu bezahlen…

– Nun, da Sie Künstler sind, malen Sie (doch) ein Portrait des Besitzers. Wer weiß, wenn es ihm gefällt, wird er Sie vielleicht einladen…

🔊 17 — UN ARTISTA EN MADRID

– Disculpe, estoy buscando el Museo de…. Ah, no me acuerdo del nombre.

– Supongo que es el Museo del Prado, ¿no?

– No, no me suena…

– ¿No conoce el Prado?

– Es que no soy de aquí.

– Ya…, pues se lo recomiendo. ¿Ve aquella plaza con una fuente en medio?

– Si, es muy bonita.

– Vaya hasta allí, gire a la izquierda y siga todo recto durante unos diez minutos.

– Qué lejos… ¿Y qué tipo de cuadros hay en ese museo?

– Hay de todo, y sobre todo obras de los grandes pintores clásicos españoles.

– El que busco es más bien de pintura moderna.

– Entonces tal vez sea el Reina Sofía.

– ¡Creo que es ese! Tiene un cuadro en blanco y negro de Dalí que es muy famoso, ¿verdad?

– ¿El Guernica?

– ¡Exacto!

– Es de Picasso…

– Sí, da igual. ¿Queda cerca de aquí?

– Enfrente, joven, cruzando la calle.

– Es que yo también soy artista. ¿Quiere ver uno de mis cuadros?

– Gracias, pero tengo prisa.

– Venga, deme una ayudita para comer…

– Lo siento. Aquí al lado hay un restaurante barato: en la primera bocacalle a la derecha.

– No tengo para pagar la cuenta…

– Pues ya que es artista, hágale un retrato al dueño. Quién sabe, si le gusta quizás le invite…

■ DEN DIALOG VERSTEHEN
NACH DEM WEG FRAGEN

→ Sie können fragen: **¿Dónde está…?** oder **¿Dónde se encuentra…?**, *Wo ist/befindet sich…?*; **¿Cómo se va a…?**, *Wie kommt man zu…?* oder sagen: **Estoy buscando…**, *Ich suche…*; **Quiero ir a…**, *Ich möchte nach…gehen*. Höflichkeit ist immer willkommen: **Por favor, ¿me puede decir dónde está…/dónde hay un…?**, *(Entschuldigen Sie) bitte, können Sie mir sagen, wo…ist/wo es ein…gibt?*.

→ **Quedar** kann manchmal **estar** ersetzen; es ist eine Frage von Nuancen. **Quedar** nimmt eher eine persönliche Involvierung an: zwischen **¿Dónde está el Museo del Prado?** und **¿Dónde queda el Museo del Prado?**, impliziert Zweiteres, dass Sie aktuell dorthin möchten. Man kann mit **por** auch ein Element der Ungenauigkeit hinzufügen: **¿Por dónde queda?**, *In welcher Ecke ist es?*.

→ Je nach tratamiento, antwortet man Ihnen: **Vaya hasta…**, *Gehen Sie bis…/* **Ve a…**, *Geh bis…*; **Gire a…**, *Biegen Sie … ab*/**Gira a…**, *Bieg… ab*; **Siga todo recto**, *Gehen Sie geradeaus*/**Sigue todo recto**, *Geh geradeaus*.

→ **Izquierda** und **derecha** bedeuten *links* und *rechts*. Sie können Sie mit **mano**, *Hand* assoziiert hören: **Tome a mano izquierda**, *Biegen Sie links ab*.

→ Ein weiteres Schlüsselwort in Routenangaben: **bocacalle**, das **calle**, *Straße* in sich trägt. **Bocacalle** steht für *Straßeneinmündung, Querstraße* oder *Seitenstraße*, in Bezug zur Hauptstraße: **Toma la segunda bocacalle a la derecha**.

KULTURELLER HINWEIS

Das Museo del Prado, das Centro de Arte Reina Sofía und das Museo Thyssen-Bornemisza – alle ein paar Straßen voneinander entfernt – bilden das „Triángulo del Arte", das die größte Malerei-Konzentration Europas darstellt. Das Prado bietet ein komplettes Panorama der spanischen Malerei, das Reina Sofía stellt zeitgenössische Kunst aus und das Thyssen beherbergt durch die Übernahme durch den Staat eine überwältigende private Kollektion, von der gotischen Kunst bis zum 20. Jahrhundert.

◆ GRAMMATIK
SIEZEND EINE ANWEISUNG GEBEN

Sie wissen es: im Spanischen funktioniert das Siezen mit der 3. Person. Der Imperativ im Duzen verwendet die 2. Person Singular (**habla**, *sprich*) und Plural (**hablad**, *sprecht*). Im Siezen, benutzt man daher für diese 3. Person den

Subjunktiv Präsens. Deshalb haben Sie im Dialog die folgenden Formen gesehen, die Subjunktive mit Funktion des Imperativs sind: **gire**, *biegen Sie ab*; **deme**, *geben Sie mir*; **vaya**, *gehen Sie*; **siga**, *gehen Sie weiter*; **hágale**, *machen Sie ihm*.

ORTSADVERBIEN UND DEMONSTRATIVPRONOMEN

Wir haben die drei Adverbien **aquí**, **ahí** und **allí** gesehen. Sie assoziieren sich mit den Demonstrativpronomen, -begleitern und den drei grammatikalischen Personen, um ein kohärentes System zu bilden.

	Nah zu mir	Weiter weg oder nah zu dir	Noch weiter weg oder nah zu ihm/ihr
Adverbien	**aquí** *hier*	**ahí** *da, dort*	**allí, allá** *da/dort drüben*
Demonstrativ-begleiter	**este museo** (m. sg.) **estos museos** (m. pl.) **esta plaza** (f. sg.) **estas plazas** (f. pl.)	**ese museo** (m. sg.) **esos museos** (m. pl.) **esa plaza** (f. sg.) **esas plazas** (f. pl.)	**aquel museo** (m. sg.) **aquellos museos** (m. pl.) **aquella plaza** (f. sg.) **aquellas plazas** (f. pl.)
neutrale Demonstrativpronomen	**esto** *das/dieses hier*	**eso** *das/dieses da*	**aquello** *jenes, das/dieses dort*

Dank dieser Tabelle versteht man die Anwendungen im Dialog: **Aquella plaza...**, **Vaya hasta allí** (die Person zeigt einen entfernten Platz); **¿Qué cuadros hay en ese museo?**, **Creo que es ese** (das Museum, von dem Sie mir erzählen); **Aquí al lado** (hier, in dem Raum, in dem ich mich befinde).

ZWEIFEL UND VERMUTUNG

Neben **quién sabe**, *wer weiß*, und **supongo**, *ich nehme an*, kann man Zweifel, Unsicherheit oder Annahmen auch so äußern: **puede ser**, **tal vez**, **quizás**, **a lo mejor**. Diese Begriffe entsprechen unserem *vielleicht, wohl, möglicherweise*. Wenn ein Verb folgt, bestehen gewisse Regeln: **tal vez** und **quizás** werden generell mit dem Subjunktiv angewandt, wie auch **puede ser que**. **A lo mejor** wird jedoch mit dem Indikativ gebildet:
Tal vez sea el Reina Sofía, *Es ist möglicherweise das Reina Sofía*;
Quizás le invite, *Er wird Sie vielleicht einladen*;
Puede ser que vaya a Madrid, *Es kann sein, dass ich nach Madrid gehe*;
A lo mejor no es de aquí, *Er ist womöglich nicht von hier*.

▲ KONJUGATION
DER SUBJUNKTIV PRÄSENS

Es gibt 7 Subjunktive im Dialog: **gire** von **girar**, **invite** von **invitar**, **dé** von **dar**, **sea** von **ser**, **haga** von **hacer**, **siga** von **seguir** und **vaya** von **ir**.

REGELMÄSSIGE SUBJUNKTIVE

Girar, **invitar** und **dar** sind regelmäßig, wovon wir Ersteres und Letzteres nebenstehend als Modell nehmen. Ihr Subjunktiv bildet sich mit dem Stamm der 1. Person des Indikativs (**gir-** und **d-**) + Endungen auf **-e**. Es gibt ein Akzent auf **dé** (um es von der Präposition **de** zu unterscheiden), aber keines auf **deis** (einsilbige Wörter werden nicht mit einem Akzent versehen, es sei denn es besteht Ambiguität).

girar	dar
gire	dé
gires	des
gire	dé
giremos	demos
giréis	deis
giren	den

SUBJUNKTIV DER VERBEN DER ABSCHWÄCHUNG UND AUF *-GO*

Sie entsprechen der Bildungsregel, aber da die 1. Person des Indikativ Präsens besonders ist (**hag-o**, *ich mache*; **sig-o**, *ich folge*), folgt die gesamte Subjunktiv-Konjugation dieser Besonderheit.

hacer	seguir
haga	siga
hagas	sigas
haga	siga
hagamos	sigamos
hagáis	sigáis
hagan	sigan

UNREGELMÄSSIGER SUBJUNKTIV

Sie kennen **sea**, Subjunktiv von **ser**. **Ir**, *gehen*, hat auch einen unregelmäßigen Subjunktiv.

ir
vaya
vayas
vaya
vayamos
vayáis
vayan

VOKABULAR

el/la artista KünstlerIn
el museo Museum
acordarse [ue] sich erinnern
suponer annehmen, vermuten
sonar [ue] klingeln, etwas sagen
recomendar [ie] empfehlen
aquel(la) diese/r/s dort
la plaza Platz
la fuente (Spring-)Brunnen
en medio in der Mitte, mittig
girar abbiegen
izquierda links
recto geradeaus
lejos weit (weg)
el tipo Art, Typ
el cuadro Gemälde, Bild
sobre todo vor allem, insbesondere
la obra Werk
el/la pintor/a MalerIn
clásico/a klassisch
más bien eher
la pintura Malerei
moderno/a modern
famoso/a bekannt, berühmt
blanco/a weiß
negro/a schwarz
quedar sich befinden, bleiben
cerca nah
enfrente gegenüber
el/la joven junge/r Mann/Frau
cruzar überqueren
la calle Straße
la ayuda Hilfe
la bocacalle Straßeneinmündung, Querstraße, Seitenstraße
derecha rechts
la cuenta Rechnung
ya que weil, da
el retrato Portrait
el/la dueño/a BesitzerIn
quizás vielleicht

ÜBUNGEN

1. DUZEN ODER SIEZEN? KREUZEN SIE DIE RICHTIGE FORMULIERUNG AN.

17 a. ☐ de tú – ☐ de usted   c. ☐ de tú – ☐ de usted

b. ☐ de tú – ☐ de usted   d. ☐ de tú – ☐ de usted

2. VERVOLLSTÄNDIGEN SIE DIE 4. PHRASE DES DIALOGS DER ÜBUNG.

17 Pues tiene que .... Luego ....
y .... durante un cuarto de hora.

3. HÖREN SIE IHN ERNEUT AN UND KREUZEN SIE DIE RICHTIGE ANTWORT AN.

17 a. La chica quiere ir…
☐ al Museo del Prado
☐ al Museo Reina Sofía
☐ a un museo, le da igual el que sea

b. El Reina Sofía le queda…
☐ más cerca que el Prado
☐ más lejos
☐ igual de lejos

c. Para comer, la chica…
☐ pide dinero en la calle
☐ hace retratos y los vende
☐ le hace su retrato al dueño del restaurante

d. Al final, el hombre …
☐ la invita a comer
☐ le da cuarenta euros para que coma
☐ le dice dónde hay un restaurante barato

4. ERGÄNZEN SIE DIESE SÄTZE MIT DEM PASSENDEN DEMONSTRATIVPRONOMEN.

a. ¿Quién es .... chico de quien tanto me hablas?

b. .... cuadros están bien aquí.

c. ¿Ve usted .... calle, allí?

d. Quiero .... zapatos negros, los que están ahí.

e. ¿Qué es..................................... allí a lo lejos?

5. FORMULIEREN SIE DIESE SÄTZE ANHAND DES VORGEGEBENEN BEGINNS UM.

a. A lo mejor es un gran artista. → Tal vez ....

b. Quizás le compréis un retrato. → A lo mejor ....

c. A lo mejor voy a visitarte. → Puede ser que ....

d. Tal vez te den algo. → A lo mejor ....

e. A lo mejor comemos allí. → Quizás ....

6. ÜBERSETZEN SIE DIESE SÄTZE.

a. Das sagt mir nichts: in welcher Ecke ist es?

→

b. Es ist ein sehr bekannter Maler, aber ich erinnere mich nicht an seinen Namen.

→

c. Es gibt in der Nähe ein günstiges Restaurant: biegen Sie die zweite Straße links ab, es ist dort.

→

16.
ICH FIEL DURCH DIE FAHRPRÜFUNG

HE SUSPENDIDO EL CARNÉ

ZIELE	KENNTNISSE
- **WORTSCHATZ: AUSWEISE UND TRANSPORTMITTEL** - **VON EREIGNISSEN ERZÄHLEN** - **ZUSTIMMEN UND WIDERSPRECHEN: ICH AUCH (NICHT)** - **EINE DIFFERENZIERTE ANSICHT ÄUSSERN:** *NO CREO QUE..., ME PARECE BIEN QUE...* - **ABNEIGUNG AUSDRÜCKEN** - **VERGLEICHEN, VOR- UND NACHTEILE EINSCHÄTZEN**	- **DIE BILDUNG DES SUBJUNKTIVS: AUSNAHMEN (*ESTAR*) UND DOPPELLAUTVERBEN** - **DIE ANWENDUNGEN DES SUBJUNKTIVS: VERBOT UND NEBENSATZ** - **DER IMPERATIV: VERBEN AUF *-ER* UND AUF *-IR* UND AUSNAHMEN (*IR*)** - **DER KOMPARATIV DER GLEICHHEIT**

DAS AUTO ODER NICHTS

– Ich haben den Führerschein wieder nicht bestanden…

– Die Theorieprüfung?

– Die Theorie habe ich vor langer Zeit bestanden. Es ist das Fahren, es ist nicht möglich: wenn ich mich vor das Lenkrad setze, werde ich nervös…

– Was hast du dieses Mal gemacht?

– Er hat mir gesagt, dass ich langsam auf der Landstraße fahre und sehr schnell in der Stadt. Ah und ich bin bei Rot über eine Ampel gefahren.

– Weißt du was? Ich glaube du bist nicht fürs Autofahren gemacht…

– Ich werde weitermachen, bis ich ihn habe, selbst, wenn ich ihn 20 Mal wiederholen muss.

– Ich finde es gut, dass du hartnäckig bist, aber man kann ohne Auto leben.

– Du sagst das, weil du eins hast.

– Denk das nicht. Es stört mich nicht, die Metro zu nehmen.

– Mich schon. Es gibt oft Verspätungen und das ist etwas, was ich nicht ertrage!

– Aber man verliert nicht so viel Zeit wie in einem Stau.

– Außerdem herrscht auch viel Unsicherheit.

– Das Auto ist gefährlicher.

– Okay, dann verkauf deins!

– Also ich denke darüber nach… Bei dem Benzin, der Versicherung und den Bußgeldern bringt es mir mehr, überall mit dem Taxi hinzufahren.

– Und für die Ferien?

– Gibt es nicht andere Transportmittel?

– Für mich nicht: ich habe Flugangst, ich hasse den Zug, ich werde seekrank und ich falle mit dem Fahrrad hin.

– Such einen Psychologen auf, im Ernst. Er wird dir vielleicht helfen können.

EL COCHE O NADA

– He vuelto a suspender el carné…

– ¿El teórico?

– El teórico me lo he sacado hace tiempo. Es el práctico, no hay manera: cuando me siento delante del volante me pongo nervioso…

– ¿Qué has hecho esta vez?

– Me ha dicho que conduzco despacio en carretera y rapidísimo en ciudad. Ah, y me he saltado un semáforo.

– ¿Sabes qué? No creo que estés hecho para conducir…

– ¡Voy a seguir hasta que lo consiga, aunque tenga que repetirlo veinte veces!

– Me parece bien que seas perseverante, pero se puede vivir sin coche.

– Eso lo dices porque tienes uno.

– No creas. No me molesta coger el metro.

– A mí sí. Suele haber retrasos, ¡y es algo que no soporto!

– Pero no se pierde tanto tiempo como en un atasco.

– Además hay mucha inseguridad.

– Más peligroso es el coche.

– Vale, ¡entonces vende el tuyo!

– Pues lo estoy pensando… Entre la gasolina, el seguro y las multas, me trae más cuenta ir en taxi a todas partes.

– ¿Y para las vacaciones?

– ¿No hay otros medios de transporte?

– Para mí no: le tengo miedo al avión, detesto el tren, me mareo en barco y me caigo en bicicleta.

– Ve a ver a un psicólogo, en serio. Tal vez pueda ayudarte.

■ DEN DIALOG VERSTEHEN
WIEDERHOLUNG AUSDRÜCKEN

Neben **de nuevo**, *erneut, nochmal*, können Sie auch die Umschreibung **volver a** + Infinitiv nehmen, um Wiederholung zu äußern: **He vuelto a suspender el carné**, *Ich bin wieder durch die Fahrprüfung gefallen*; **Vuelvo a pasar el teórico**, *Ich mache nochmal die Theorieprüfung*.

EINE VERÄNDERUNG AUSDRÜCKEN

Eine vorübergehende Veränderung drückt man mit **ponerse** + Adjektiv aus: **Me pongo nervioso**, *Ich werde nervös*; **Se pone enfermo**, *Er wird krank*. Man sagt z. B. auch **Me pongo triste** oder **Se ha puesto contenta**, um einen Stimmungswandel anzugeben.

ICH AUCH (NICHT)/ICH NICHT/ICH SCHON

Diese Formulierung variiert wie im Deutschen je nach Satztyp, auf den Sie antworten:
Tengo un coche./Yo también, *Ich auch.*/**Yo no**, *Ich nicht.*
No tengo coche./Yo tampoco, *Ich auch nicht.*/**Yo sí**, *Ich schon.*
Me gustan los coches./A mí también, *Mir auch.*/**A mí no**, *Mir nicht.*
No me gustan los coches./A mí tampoco, *Mir auch nicht.*/**A mí sí**, *Mir schon/ja.*

„ÜBERALL"

Je nach Funktion im Satz, stehen auf Spanisch verschiedene Präpositionen vor *überall*: **Voy a todas partes con el coche**, *Ich fahre überall mit dem Auto hin*; **¡Estás en todas partes!**, *Du bist überall!*; **Vienen de todas partes**, *Sie kommen von überall (her)*.

KULTURELLER HINWEIS

El carné (manchmal auch **carnet**) bezeichnet auf verkürzte Weise **el carné de conducir**, *der Führerschein*. Man spricht auch von **carné** für **el carné de identidad**, *der Personalausweis*, aber man verwendet häufiger die Bezeichnung **el DNI (de-ene-i)**, für **Documento Nacional de Identidad**: **¿Me da su DNI, por favor?**, *Geben Sie mir bitte Ihren Personalausweis?*. Was den Führerschein betrifft, kann man **suspender**, *durchfallen, nicht bestehen* oder *bestehen*. In letzterem Fall nimmt man im Allgemeinen das Verb **sacarse**: **Me he sacado el carné**, *Ich habe den Führerschein bestanden*. Merken Sie sich auch die zwei Begriffe **el teórico**, *die Theorie(-Prüfung)*, und **el práctico**, *die Praxis, Fahrprüfung* (man deutet in beiden Fällen den Begriff der Prüfung nur an).

◆ GRAMMATIK
EINIGE ANWENDUNGEN DES SUBJUNKTIVS

DAS VERBOT

Es wird mit **no** + Subjunktiv geäußert: **No creas**, *Glaub nicht*; **No hables**, *Sprich nicht*; **No vayáis**, *Geht nicht*; **No digáis nada**, *Sagt nichts*.

DER TEMPORAL- UND KONZESSIVSATZ

Wenn diese Nebensätze ein Ereignis erwägen, dessen Realisierung unsicher ist, drücken sie dies im Subjunktiv aus: **Hasta que lo consiga**, *Bis ich ihn erhalte*; **Aunque tenga que pasarlo veinte veces**, *Selbst wenn ich ihn 20 Mal machen muss*.

ICH GLAUBE NICHT, DASS…

Wenn das Verb des Hauptsatzes eine Meinung negativer Natur ausdrückt, steht der Nebensatz im Subjunktiv: **No creo que estés hecho para…**, *Ich glaube nicht, dass du für… gemacht bist*; **No pienso que sea verdad**, *Ich denke nicht, dass es richtig ist*.

NACH EINER BEURTEILENDEN FORMULIERUNG

Wenn der Hauptsatz eine Beurteilung angibt, steht der Nebensatz im Subjunktiv: **Me parece bien que conduzcas un coche**, *Ich finde es gut, dass du ein Auto fährst*; **Detesto que el metro tenga retraso**, *Ich hasse es, dass die Metro Verspätung hat*.

DER VERGLEICH

Sie wissen, wie man Superiorität (**más… que**) und Inferiorität (**menos… que**) ausdrückt. Der Komparativ der Gleichheit ist ein klein wenig schwieriger.
• Mit einem Adjektiv: **tan … como**.
Mi coche es tan rápido como el tuyo, *Mein Auto ist so schnell wie deins*.
• Mit einem Verb: **tanto … como**.
Detesto el avión tanto como tú, *Ich hasse das Flugzeug so sehr wie du*.
• Mit einem Nomen: **tanto(s)/tanta(s) … como**.
No tengo tanto dinero como tú, *Ich habe nicht so viel Geld wie du*; **Hay tantos hombres como mujeres**, *Es gibt so viele Männer wie Frauen*; **Gasto tanta gasolina como tú**, *Ich verbrauche so viel Benzin wie du*; **Tienes tantas multas como yo**, *Du hast so viele Knöllchen wie ich*.

▲ KONJUGATION
DER SUBJUNKTIV PRÄSENS

Es gibt 5 Subjunktive im Dialog: **estés**, **tenga**, **seas**, **creas** und **pueda**. Sie kennen schon **seas** (unregelmäßig, von **ser**). **Creas** ist der regelmäßige Subjunktiv von **creer**. **Tener**, wie alle Verben auf **-go**, behält dieses Merkmal im ganzen Subjunktiv: **tenga, tengas, tenga, tengamos, tengáis, tengan**.

• **Estar** ist unregelmäßig: es hat ein Akzent auf allen Personen des Subjunktivs, außer in der 1. Plural.
Bei den Doppellaut-Verben, wie **poder**, verändert sich der Stamm in den gleichen Personen wie im Indikativ Präsens.

estar	poder
esté	pueda
estés	puedas
esté	pueda
estemos	podamos
estéis	podáis
estén	puedan

DER IMPERATIV

Sie kennen den der Verben auf **-ar**; die Regel der Bildung ist die gleiche für Konjugationen der Verben auf **-er** und **-ir**:

habla, sprich	**hablad**, sprecht
vende, verkauf	**vended**, verkauft
vive, leb	**vivid**, lebt

Merken Sie sich auch den unregelmäßigen Imperativ von **ir**: **ve**, geh/**id**, geht.

VERSCHIEDENE AUSNAHMEN

Sie haben ein Verb auf **-ucir** (**conducir**) kennengelernt, das seine 1. Person im Indikativ Präsens auf **-zco** bildet.

Merken Sie sich auch das unregelmäßige Partizip von **volver**: **he vuelto**, ich bin zurückgekommen.

conducir
condu**zco**
conduces
conduce
conducimos
conducís
conducen

● VOKABULAR

el carné *Führerschein, Personalausweis*
el coche *Auto*
volver [ue] a + inf. *etw. nochmal tun*
conducir *fahren*
teórico/a *theoretisch*
el teórico *Theorie(-prüfung)*
sacar *bekommen*
práctico/a *praktisch*
el práctico *Praxis(-prüfung)*
la manera *Art, Weise, Manier*
sentarse [ie] *sich setzen*
delante (de) *vor*
el volante *Lenkrad*
nervioso/a *nervös*
ponerse nervioso/a *nervös werden*
despacio *langsam*
la carretera *(Land-, Schnell-)Straße*
saltar *springen*
saltarse un semáforo *eine rote Ampel überfahren, über Rot fahren*
el semáforo *Ampel*
aunque *obwohl, auch wenn*
perseverante *hartnäckig*
coger *nehmen*
el metro *Metro, U-Bahn*
el retraso *Verspätung*
perder [ie] *verlieren*
el atasco *Stau*
la inseguridad *Unsicherheit*
peligroso/a *gefährlich*
la gasolina *Benzin*
el seguro *Versicherung*
la multa *Knöllchen, Bußgeld*
traer *(mit-)bringen, (her-)holen*
me trae cuenta *ich tue gut daran etw. zu tun, …bringt mir mehr*
el taxi *Taxi*
las vacaciones *Ferien, Urlaub*
el medio *Mittel*
el transporte *Transport*
el miedo *Angst*
el avión *Flugzeug*
detestar *hassen*
el tren *Zug*
marear *seekrank sein*
el barco *Boot*
caerse *fallen*
la bicicleta *Fahrrad*
el/la psicólogo/a *Psychologe/in*
en serio *ernsthaft, im Ernst*

● ÜBUNGEN

1. WELCHES WORT ENTSPRICHT DEN DEFINITIONEN IN DER AUFNAHME?

18 a. Es el ....

b. Es la ....

c. Es un ....

2. VERVOLLSTÄNDIGEN SIE DIE DREI ERSTEN PHRASEN DES DIALOGS.

18 a. ¡...............................! Me .... a .... una multa.

b. ¿Y qué .... esta vez?

c. ¡...............................¡ Dice que .... saltado un ...., ¡pero ....

3. HÖREN SIE IHN ERNEUT AN UND KREUZEN SIE DIE RICHTIGE ANTWORT AN.

18 a. La chica…

☐ va a vender su coche
☐ no cree que el taxi sea mucho más rápido
☐ no quiere pagar para tomar el metro
☐ piensa que el metro es peligroso para las mujeres
☐ va a ir en bicicleta a todas partes

b. El chico…

☐ nunca ha pagado multas
☐ piensa que no trae cuenta tomar taxis
☐ cree que el mejor medio de transporte es el metro
☐ nunca ha tenido problemas en el metro
☐ detesta la bicicleta

4. VERWANDELN SIE DIESE BEFEHLE IN VERBOTE.

a. ¡Conduce rápido! ¡No .... rápido!

b. ¡Vende tu coche! ¡No................................ tu coche!

c. ¡Siéntate! ¡No ....!

d. ¡Id al trabajo en coche! ¡No .... al trabajo en coche!

5. SETZEN SIE DIE VERBEN IN DEN KLAMMERN IN DIE GEGEBENE PERSON UND IN DIE RICHTIGE FORM.

a. ¿Te parece bien que .... un taxi? [nosotros/tomar]

b. No creo que .... tan harto del coche como yo. [tú/estar]

c. No me gusta que .... nervioso. [tú/ponerse]

d. Aunque me .... dinero, no pienso tomar el metro. [tú/dar]

6. ÜBERSETZEN SIE DIESE SÄTZE.

a. Ich bin wieder über Rot gefahren. →

b. Ich mag das Fahrrad nicht so sehr wie du. →

c. Selbst wenn du langsam fährst, ist die Straße gefährlich. →

17.
ICH MÖCHTE GELD ABHEBEN

QUIERO HACER UN REINTEGRO

ZIELE	KENNTNISSE
• **WORTSCHATZ: BANKTRANSAKTIONEN; IDIOMATISCHE REDEWENDUNGEN MIT RELIGIÖSER KONNOTATION** • **UMGANG MIT DEM AUSRUF** • **VERSCHIEDENE PSYCHISCHE ZUSTÄNDE AUSDRÜCKEN: SORGE, KLAGE, STIMMUNGSSCHWANKUNGEN**	• **EIN VERB MIT VIELEN BEDEUTUNGEN:** *QUEDAR/ QUEDAR CON/ QUEDARSE/ QUEDARSE CON* • **ÜBERSETZUNG VON „WERDEN":** *PONERSE* **UND** *VOLVERSE* • **DER KOMPLEXE AUSRUFESATZ** • **SUBJUNKTIV PRÄSENS: HILFSVERB** *HABER*, **ORTHOGRAPHISCHE ÄNDERUNGEN UND REIHENFOLGE IM SIEZEN**

DER ZERSTREUTE GROSSVATER

– Guten Tag, wie [in was] kann ich Ihnen helfen?

– Welch großer Ärger, Fräulein! Der Geldautomat hat meine Kreditkarte verschluckt…

– Ah, es gibt vielleicht Problem mit Ihrem Konto.

– Nein, es ist, weil ich meinen Code falsch eingegeben habe. Mit dem Alter wird man sehr ungeschickt, mein Mädchen.

– Nun kommen Sie, jeder kann sich irren.

– Werden Sie sie zurückgeben oder für immer behalten?

– Wir geben sie Ihnen zurück, natürlich! Lassen Sie mir Ihren Personalausweis da.

– Ja… Also, ich habe ihn zu Hause vergessen.

– Ohne Ihren Ausweis kann ich sie Ihnen nicht geben.

– Da ist er! Aber wie dumm bin ich geworden, mein Gott!

– Setzen Sie sich für einen Moment, während ich einen Kollegen anrufe.

– Ich kann nicht warten: ich muss jetzt sofort meine Enkelkinder zum Eisessen treffen.

– Gut, na dann holen Sie sie morgen ab, in Ordnung?

– Ja, aber wie werde ich das Eis bezahlen?

– Sind Sie Kunde unserer Bank?

– Ja, ich habe meine Rente bei der Dorffiliale. Ich bin hier im Urlaub.

– Dann reicht der Personalausweis, um eine Barabhebung zu machen.

– Eine was?

– Um Geld abzuheben. Wie viel brauchen Sie?

– 30 Euro.

– Kein Problem.

– Wie liebenswürdig Sie sind! Lassen Sie mich Sie auf ein Eis mit meinen Enkeln einladen.

– Ich würde gerne…

– Gut, also dass Gott Sie mit einem guten Verlobten belohnt!

19 EL ABUELO DESPISTADO

– Hola, ¿en qué puedo ayudarle?

– ¡Qué disgusto más grande, señorita! El cajero se ha tragado mi tarjeta de crédito…

– Ah, puede que haya un problema con su cuenta.

– No, es que he tecleado mal el pin. Con la edad se vuelve uno muy torpe, hija mía.

– Venga, cualquiera se puede equivocar.

– ¿Me la van a devolver o se quedan con ella para siempre?

– ¡Se la devolvemos, por supuesto! Permítame su DNI.

– Sí… Vaya, me lo he olvidado en casa.

– Sin su documento no se la puedo dar.

– ¡Aquí está! ¡Pero qué tonto me he vuelto, por Dios!

– Siéntese un momento mientras llamo a un compañero.

– No puedo esperar: he quedado ahora mismo con mis nietos para tomar un helado.

– Bueno, pues mañana la recoge, ¿vale?

– Ya, pero ¿cómo voy a pagar los helados?

– ¿Es usted cliente de nuestro banco?

– Sí, tengo mi jubilación en la sucursal del pueblo. Es que estoy de vacaciones aquí.

– Entonces basta con el DNI para hacer un reintegro en efectivo.

– ¿Un qué?

– Sacar dinero. ¿Cuánto necesita?

– Treinta euros.

– Sin problema.

– ¡Qué amable! Déjeme invitarla a tomar un helado con mis nietos.

– Qué más quisiera…

– Bueno, ¡pues Dios se lo pague con un buen novio!

■ DEN DIALOG VERSTEHEN
IN DER BANK

→ Hier finden Sie das Vokabular des Dialogs, das Ihnen bei Banktransaktionen behilflich ist: **banco, sucursal, cajero, cuenta**, etc. *Eine Abhebung vornehmen* heißt **retirar dinero** oder auch **hacer un reintegro**. Um zu bezahlen, können Sie Ihre *Karte*, **la tarjeta**, nehmen oder *bar*, **en efectivo**, bezahlen. *Der Scheck*, **el cheque** oder **el talón**, wird auch in Spanien selten genutzt. *Die Geheimzahl* Ihrer Karte heißt **código secreto**, aber man bezeichnet sie wie auf Deutsch öfter mit dem Anglizismus **pin**: **Introduzca su pin**, *Geben Sie Ihre PIN ein*.

QUEDAR/QUEDARSE

→ Ihnen werden nach und nach immer mehr Bedeutungen von **quedar** oder **quedarse** begegnen. Sie kennen schon:
- sich befinden: **¿Dónde queda el Prado?**, *Wo befindet sich das Prado?*
- bleiben: **Me quedo en casa**, *Ich bleibe zu Hause.*
- dastehen/zurückbleiben: **Me quedo sin dinero**, *Ich stehe ohne Geld da.*

→ Fügen wir **quedarse con**, *behalten* hinzu: **Me quedo con la tarjeta**, *Ich behalte die Karte*. Merken Sie sich, dass **quedar** oft mit der allgemeinen Bedeutung von „ein Treffen vereinbaren" benutzt wird: **¿Quedamos?**, *Sehen wir uns?*, oder auch mit Ort, Zeitpunkt oder Person: **¿Quedamos en tu casa?**, *Treffen wir uns bei dir?*; **Quedamos a las tres**, *Wir treffen uns um 3 Uhr*; **He quedado con mi novia**, *Ich treffe meine Freundin.*

KULTURELLER HINWEIS

Man findet die Erwähnung Gottes häufig in spanischen Redewendungen. Der Großvater aus dem Dialog nimmt ihn z. B. als Zeuge seiner Zerstreutheit: **¡Por Dios!**, *Bei/Mein/Oh Gott!*, oder um der jungen Frau alles Gute der Welt zu wünschen: **¡Dios se lo pague con un buen novio!**. Das Spanische verfügt über viele kulturelle Ausdrucksweisen religiöser Konnotation – drei Beispiele unter tausenden: **Como Dios manda**, *Wie Gott es befiehlt, Wie es sein soll*; **No hay ni Dios**, *Es ist keine Menschenseele da*; **No hay Dios que trabaje aquí**, *Keine Möglichkeit, hier zu arbeiten*. Es besteht aber keine Notwendigkeit, an Gott zu glauben, um diese Ausdrücke zu verwenden. Im Gegenteil, manchmal wird der religiöse Wortschatz trivial gebraucht: **Hostia**, *Oblate*, heißt umgangssprachlich/vulgär *Backpfeife* und es ist auch ein Schimpfwort: **¡Hostia!**, *Heilige Sch****!*, aber man begibt sich damit in eine recht derbe Sprachebene…

◆ GRAMMATIK
„WERDEN": *PONERSE* UND *VOLVERSE*

• Im vorherigen Modul haben wir gesehen, dass eine vorübergehende Veränderung mit **ponerse** + Adjektiv ausgedrückt wird: **Me pongo triste**, *Ich werde traurig*; **Te pones nervioso**, *Du wirst nervös*.

• Wenn diese Änderung als langfristig angesehen wird, nimmt man **volverse** + Adjektiv, wie im Dialog: **Me he vuelto torpe**, *Ich bin ungeschickt geworden*. Man findet hier die große Unterscheidung zwischen **ser** und **estar**: **Se ha puesto enfermo**, *Er ist krank geworden* (= **está enfermo**, *er ist im Moment krank*); **Se ha vuelto tonto**, *Er ist dumm geworden* (= **es tonto**, *er ist unwiderruflich dumm*).

DER KOMPLEXE AUSRUFESATZ

• Sie wissen, dass wenn sich ein Ausruf auf die Gruppe Nomen + Adjektiv bezieht, er mit ¡**Qué** + Nomen + **más** + Adjektiv! gebildet wird: ¡**Qué disgusto más grande!**, *Was für eine große Unannehmlichkeit!*.

• Wenn der Satz ein Verb und ein Subjekt enthält, muss man auf die richtige Reihenfolge der Wörter achten: ¡**Qué** + Adjektiv + Verb + Subjekt (wenn es genannt wird)!: ¡**Qué torpe me he vuelto!**, *Wie ungeschickt bin ich geworden!*; ¡**Qué simpático es este abuelo!**, *Wie sympathisch dieser Großvater ist!*.

▲ KONJUGATION
DER SUBJUNKTIV PRÄSENS (EINIGE BESONDERHEITEN)

UNREGELMÄSSIGER SUBJUNKTIV VON *HABER*

Das Hilfsverb **haber** hat einen unregelmäßigen Subjunktiv. Man findet es in zusammengesetzten Tempora und in diversen Konjugationen der Formulierung **hay**, *es gibt, es ist/sind* wieder: **Tal vez haya un problema**, *Es gibt vielleicht ein Problem*; **No creo que haya venido**, *Ich glaube nicht, dass er gekommen ist*.

(Der letzte Satz zeigt bereits, wie der Subjunktiv im Perfekt funktioniert: mit dem Subjunktiv Präsens des Hilfsverb **haber** und dem jeweiligen Partizip.)

haber
haya
hayas
haya
hayamos
hayáis
hayan

ORTHOGRAPHISCHE ÄNDERUNGEN

Wörter, deren letzte Silbe mit **-ga**, **-go**, **-ca** und **-co** beginnt, erfahren manchmal orthographische Veränderungen:

pagar, *zahlen*	**sacar**, *entnehmen*
pague	saque
pagues	saques
pague	saque
paguemos	saquemos
paguéis	saquéis
paguen	saquen

- Dieses Phänomen betrifft auch Verben auf **-car** und **-gar** im Subjunktiv. Deshalb verändert man die Endung zu **-qu** und **-gu**.

- Bei Nomen geschieht dies z. B. bei Verniedlichungen auf **-ito** wie **amigo**, *Freund*, oder **vaca**, *Kuh*: **amiguito** und **vaquita** (man fügt ein **-u** ein, um die gleiche Aussprache zu behalten).

SIEZEND EINEN BEFEHL GEBEN

Erinnerung: um im Siezen einen Befehl zu geben, benutzt man die 3. Person des Subjunktivs Präsens: **Espere, señor**, *Warten Sie*. Wenn es ein Personalpronomen gibt, hängt er sich an die Verbform, die dann oft ein Akzent bekommt: **Permítame**, *Erlauben Sie mir*; **Siéntese**, *Setzen Sie sich*; **Déjeme**, *Lassen Sie mich*.

ÜBUNGEN

1. HÖREN SIE ZU UND SAGEN SIE, WELCHES DAS *TRATAMIENTO* IN DIESEN SÄTZEN IST.

19 a. ☐ de tú – ☐ de usted

b. ☐ de tu – ☐ de usted

c. ☐ de tú – ☐ de usted

d. ☐ de tú – ☐ de usted

2. SCHREIBEN SIE DIE 4 ERSTEN PHRASEN DES ÜBUNGSDIALOGS AUF.

19 a. ....

b. ....

c. ....

d. ....

●VOKABULAR

el reintegro *Abhebung*
el/la abuelo/a *Großvater/-mutter*
despistado/a *zerstreut, geistesabwesend*
el disgusto *Unannehmlichkeit*
el cajero *Geldautomat*
tragarse *verschlucken*
la tarjeta de crédito *Kreditkarte*
la cuenta *Konto*
teclear *(ein-)tippen, eingeben*
el pin *Geheimzahl, -code, PIN*
volverse [ue] *werden*
torpe *ungeschickt*
Venga *Los, Komm*
cualquiera *irgendwer, jedermann*
equivocarse *sich irren*
devolver [ue] *wiedergeben*
quedarse algo *etw. behalten*
permitir *zulassen, erlauben*
olvidarse *vergessen*
el documento *Dokument*
Dios *Gott*
Por Dios *Mein/Oh/Bei Gott*
mientras *während*
esperar *warten*
quedar *sich verabreden*
ahora mismo *sofort, jetzt gleich*
el/la nieto/a *Enkelsohn/-tochter*
el helado *Eis*
mañana *morgen*
recoger *abholen*
el banco *Bank*
la jubilación *Rente*
la sucursal *Bankfiliale*
el pueblo *Dorf*
basta con *es reicht, es genügt*
el efectivo *Bargeld*
sacar *abheben*
Qué más quisiera… *Ich würde gerne…*
el/la novio/a *(feste/r) FreundIn, Verlobte/r*

● 3. HÖREN SIE IHN ERNEUT AN UND KREUZEN SIE DIE RICHTIGE ANTWORT AN.

19 a. Cuando le traen la cuenta, la mujer dice que…

☐ no se acuerda de su pin
☐ no tiene tarjeta
☐ no quiere pagar

b. Quiere pagar…

☐ en efectivo
☐ con un talón
☐ lavando los platos

c. No puede dejar su DNI porque…

☐ lo ha olvidado en casa
☐ no le gusta dejarlo
☐ lo necesita para ir al banco

d. Finalmente, …

☐ se acuerda del pin
☐ va al banco a hacer un reintegro
☐ el camarero la invita

4. BILDEN SIE AUSRUFESÄTZE ANHAND DER UNGEORDNETEN SATZELEMENTE.

a. ¡más/qué/amable/chica!

→

b. ¡enfermo/puesto/qué/he/me!

→

c. ¡son/qué/abuelos/los/despistados!

→

d. ¡helado/comido/qué/me/buen/he!

→

5. SETZEN SIE *PONERSE* ODER *VOLVERSE* IN DAS ANGEGEBENE TEMPUS UND IN DIE GEGEBENE PERSON.

a. Con la edad .... despistados. [ellos/Perfekt]

b. Comes demasiado: vas a .... gordo. [Infinitiv]

c. No creo que .... simpático. [él/Subjunktiv Perfekt]

d. Cuando veo una tortilla, ... loco. [yo/Präsens Indikativ]

6. ÜBERSETZEN SIE DIESE SÄTZE.

a. Ich habe meine Karte zu Hause vergessen: kann ich bar bezahlen?

→

b. Sehen wir uns heute Nachmittag für ein Eis mit meinem Enkel?

→

c. Wenn ich mich nicht irre, hat diese Filiale einen Geldautomaten.

→

d. Geben Sie mir sofort meine Karte zurück.

→

18.
MEIN HANDY IST KAPUTT

SE ME HA ESTROPEADO EL MÓVIL

ZIELE

- UM HILFE BITTEN
- ARGUMENTIEREN: FÜR UND GEGEN
- SPRACHSTIL IN KONVERSATIONEN: HUMOR UND ERNST
- WORTSCHATZ: BRIEF, MAIL, INTERNET

KENNTNISSE

- EINE IDIOMATISCHE STRUKTUR: *SE ME ESTROPEA, SE ME BORRA...*
- GEBRAUCH DER ORDINALZAHLEN
- INDIKATIV PRÄSENS VON *REÍR*
- DER IMPERATIV DER 8 UNREGELMÄSSIGEN VERBEN: *HAZ, PON, TEN, SAL, VEN, DI, SÉ, VE*
- ENKLISE UND DOPPELTE ENKLISE

HILFE!

– Hilfe, hilf mir bitte!

– Fühlst [Findest] du dich schlecht?

– Sehr sehr schlecht! Ich werde sterben: mach etwas!

– Soll ich dich ins Krankenhaus bringen? Was ist los??

– Es ist schrecklich… Mein Handy ist kaputt gegangen!

– Aber wie dumm du bist! Du hast mir Angst gemacht mit deinen Scherzen.

– Du findest, dass das ein Scherz ist? Bringt es dich zum Lachen?

– Ja, natürlich lache ich!

– Nun, es ist nicht lustig! Sie nehmen mein Handy weg und ich sterbe.

– Mann, es ist nicht so schlimm…

– Aber in welchem Jahrhundert lebst du? Im zwanzigsten, im neunzehnten?

– Es ist nicht gut, so süchtig nach Technik zu sein, weißt du (das)?

– Ah! Und wie sendest du ohne Handy Fotos an deine Freunde? Wie erzählst du ihnen, was du gerade machst? Wie lade ich etwas ins Internet hoch? Na? Sag (es) mir!

– Nun, du schreibst Briefe und Postkarten, wie man es immer gemacht hat.

– Sag mir nicht, dass du noch Briefe schreibst…

– Natürlich. Ich liebe es, Stift und Papier zu nehmen, zum Tabakhändler zu gehen, eine Briefmarke und einen Umschlag zu kaufen, nach einem Postfach zu suchen, den Brief zu verschicken…

– Wie umständlich! Es dauert Tage, bis es ankommt und geht oft verloren.

– Ah? Und ein Handy geht nie verloren? Geht es nie kaputt?

– Doch [Ja], leider…

– Stell dir vor, dass all deine Fotos und Nachrichten gelöscht werden.

– Sei still, aus Mitgefühl!

¡SOCORRO!

– ¡Socorro, ayúdame, por favor!

– ¿Te encuentras mal?

– ¡Fatal! Me voy a morir. ¡Haz algo!

– ¿Te llevo al hospital? ¿¿Qué te pasa??

– Es horrible… ¡Se me ha estropeado el móvil!

– ¡Pero qué tonto eres! Me has asustado con tus bromas.

– ¿Te parece una broma? ¿Acaso te hace reír?

– Sí, ¡claro que me río!

– ¡Pues no tiene gracia! A mí me quitan el móvil y me muero.

– Hombre, no es para tanto…

– ¿Pero en qué siglo vives, en el veinte, en el diecinueve?

– No es bueno ser tan adicto a las tecnologías, ¿sabes?

– ¡Ah! ¿Y sin móvil cómo mandas las fotos a tus amigos? ¿Cómo les cuentas lo que estás haciendo? ¿Cómo subes algo a Internet? ¿Eh? ¡Dímelo!

– Pues escribes cartas y postales, como siempre se ha hecho.

– No me digas que sigues escribiendo cartas…

– Por supuesto. Me encanta coger un bolígrafo y papel, ir al estanco, comprar un sello y un sobre, buscar un buzón de Correos, echar la carta…

– ¡Qué rollo! Tarda días en llegar, y a menudo se pierde.

– ¿Ah? ¿Y un móvil nunca se pierde? ¿Nunca se estropea?

– Sí, desgraciadamente…

– Imagina que se te borran todas las fotos y todos los mensajes.

– ¡Cállate, por compasión!

■ DEN DIALOG VERSTEHEN
TRADITIONELLE POST

→ **Correos**, ohne Artikel und großgeschrieben entspricht unserer *Deutschen Post*, also dem Unternehmen und bezeichnet aber auch *das Postamt*: **Voy a Correos**, *Ich gehe zur Post*; **Vengo de Correos**, *Ich komme von der Post*. Merken Sie sich, neben den grundlegenden Wörtern zur Post aus dem Dialog, diese beiden: **mandar una carta**, *einen Brief schicken* (ganz generell) und **echar una carta**, *einen Brief einwerfen* (in den Briefkasten). Dieser kann als **correo normal**, *normal*; **certificado**, *per Einschreiben*; oder **urgente**, *Eilsendung* versendet werden.

INTERNET

→ **Correo electrónico** und der Anglizismus **mail** werden im Alltag beide benutzt: **¿Me das tu mail/correo electrónico?**, *Gibst du mir deine Mail(-Adresse)?*. Um Ihre E-Mail-Adresse zu geben, könnten Sie neben **arroba**, *At-Zeichen*, auch diese Wörter gebrauchen: **punto**, *Punkt*; **guion**, *Bindestrich*; **guion bajo**, *Unterstrich*. Auch im Spanischen benutzt man die Idee des Hoch- und Herunterladens zum Sprechen von Web-Inhalten: **Me he bajado una película**, *Ich habe einen Film heruntergeladen*; **He subido una foto**, *Ich habe ein Foto hochgeladen/gepostet*.

HUMOR UND ERNST

→ **El chiste** und **la broma**, funktionieren recht ähnlich zum Deutschen: **contar un chiste**, *einen Witz erzählen*; **gastar una broma**, *einen Scherz machen, einen Streich spielen*. In beiden Fällen, kann man so reagieren: **Tiene/No tiene gracia**, *Das ist (nicht) lustig*; **Me hace/No me hace gracia**, *Ich finde das (nicht) lustig*. Im anderen Extrem, bei einer schlimmen Neuigkeit, können Sie Ihr Mitgefühl äußern oder die Sache verharmlosen, indem Sie sagen: **¡Qué lástima!** oder **¡Qué pena!**, *Wie schade!*; **No es para tanto**, *So schlimm ist es nicht*.

KULTURELLER HINWEIS

Das Spanische hat der Computersprache den Begriff **arroba** für das @-Zeichen geliefert. **La arroba** ist eine antike Maßeinheit – geschrieben @ – und entsprach einem Viertel Zentner (und kommt ursprünglich aus dem Arabischen: **ar-rub'**, *das Viertel*). Kurioserweise wird das @ manchmal in der nicht-akademischen Sprache als Abkürzung verwendet wird, um sowohl Maskulin als auch Feminin zu benennen: **Querid@s amig@s**, *Liebe Freunde und Freundinnen* (man sieht das @ als **o** und **a** an).

◆ GRAMMATIK
EINE SEHR SPANISCHE REDEWENDUNG

Spanisch vermeidet die Verwendung des Possessivs in Fällen, in denen die Besitzbeziehung offensichtlich ist: **Dame el pasaporte**, *Gib mir deinen [den] Reisepass*. Dieselbe Vermeidung tritt häufig auf, wenn es sich um eine persönliche Realität handelt (Teil des Körpers, ein nahes Objekt oder Wesen), das eine unfreiwillige Transformation erfährt (Verlust, Schaden, etc.). Man verwendet in diesem Fall das Verb in der pronominalen Form und ein indirektes Personalpronomen: **Se me ha estropeado el móvil**, *Mein Handy ist kaputt gegangen*, wörtlich *Es ist sich mir das Handy kaputt gegangen*; **Imagina que se te borran las fotos**, *Stell dir vor, deine Fotos werden gelöscht*.

DIE ORDINALZAHLEN

Im Dialog verwendet das Spanische eine Kardinalzahl, wo das Deutsche eine Ordinalzahl benutzt: **el siglo veinte**, *das 20. Jahrhundert*. Je mehr man in der Liste der spanischen Ordinalzahlen nach unten geht, desto komplexer werden sie, was ihren Gebrauch schwierig macht: 900. heißt z. B. **noningentésimo**, aber kaum ein/e SpanierIn würde das sagen! Nur die ersten 10 Ordinalzahlen werden wirklich benutzt.

1. **primero/a** oder **1º/1ª**	6. **sexto/a** oder **6º/6ª**
2. **segundo/a** oder **2º/2ª**	7. **séptimo/a** oder **7º/7ª**
3. **tercero/a** oder **3º/3ª**	8. **octavo/a** oder **8º/8ª**
4. **cuarto/a** oder **4º/4ª**	9. **noveno/a** oder **9º/9ª**
5. **quinto/a** oder **5º/5ª**	10. **décimo/a** oder **10º/10ª**

Für Könige, Päpste und Jahrhunderte sagt man daher:
Juan Pablo segundo, *Johannes Paul II.*, aber **Benedicto dieciséis**, *Benedikt XVI.*;
Felipe sexto, *Felipe VI.*, aber **Luis catorce**, *Ludwig XIV.*;
El siglo quinto, *das 5. Jahrhundert*, aber **el siglo diecinueve**, *das 19. Jahrhundert*.
(All diese Beispiele würde man im Spanischen aber in römischen Zahlen schreiben und nicht in Worten.)

▲ KONJUGATION
EIN VERB DER ABSCHWÄCHUNG: *REÍRSE*

Reír, *lachen*, ist ein Verb, das oft in der reflexiven Form **reírse** angewandt wird. Seine Akzent-Setzung ist recht sonderbar im Indikativ Präsens:

reírse, *lachen*
me río
te ríes
se ríe
nos reímos
os reís
se ríen

DER IMPERATIV (FORTSETZUNG)

DIE UNREGELMÄSSIGEN IMPERATIVE

Sie haben jetzt die Mehrheit der unregelmäßigen Imperative kennengelernt. Es sind insgesamt 8. Hier eine Erinnerung:

hacer	**haz**, *mach*
poner	**pon**, *stell*
tener	**ten**, *halt*
salir	**sal**, *geh raus*
venir	**ven**, *komm*
decir	**di**, *sag*
ser	**sé**, *sei*
ir	**ve**, *geh*

DIE REGELN DER ENKLISE IM IMPERATIV

• Man hängt, wie bereits gesehen, das Personalpronomen an den Imperativ an: **ayúdame**, *hilf mir*; **cállate**, *sei still*.
• Wenn es zwei Personalpronomen gibt, stehen sie nacheinander (das indirekte Objektpronomen steht vor dem direkten): **dímelo**, *sag es mir*; **díselo**, *sag es ihm*. Beachten Sie, wie immer, den geschriebenen Akzent.

VOKABULAR

estropearse *kaputt gehen*
el socorro *Hilfe*
encontrarse [ue] *sich befinden, sich fühlen*
morir [ue] *sterben*
haz *mach*
llevar *bringen*
el hospital *Krankenhaus*
horrible *schrecklich*
asustar *Angst machen*
la broma *Scherz*
acaso *vielleicht*
reírse *lachen*
tener gracia *lustig sein*
quitar *entfernen, wegnehmen*
no es para tanto *so schlimm ist es nicht*
el siglo *Jahrhundert*
adicto/a *süchtig, abhängig*
la tecnología *Technologie*
mandar *schicken*
contar [ue] *erzählen*
subir *hochladen, posten*
la carta *Brief*
la postal *Postkarte*
el bolígrafo *Stift*
el papel *Papier*
el estanco *Tabakladen*
comprar *kaufen*
el sello *Briefmarke*
el sobre *Briefumschlag*
buscar *suchen*
el buzón *Briefkasten*
Correos *Die Post*
echar *einwerfen*
tardar *dauern, Zeit brauchen*
a menudo *oft*
desgraciadamente *leider*
imaginar *vorstellen*
borrar *löschen*
el mensaje *Nachricht*
callarse *still sein, verstummen*
la compasión *Mitgefühl*

ÜBUNGEN

1. NUMMERIEREN SIE DIESE 4 E-MAIL-ADRESSEN IN DER REIHENFOLGE, IN DER SIE SIE HÖREN.

20

a. j.cordoba@gmail.com ....

b. jc.cordoba@gmail.com ....

c. jc-cordoba@gmail.com ....

d. jc_cordoba@gmail.com ....

2. HÖREN SIE ZU UND GEBEN SIE DEN PREIS JEDER SENDUNG AN.

a. El paquete cuesta ....

b. La postal para Francia cuesta ....

c. La postal para España cuesta ....

3. HÖREN SIE ES ERNEUT AN UND KREUZEN SIE *VERDAD* ODER *MENTIRA* AN.

	verdad	mentira
a. La chica manda el paquete por correo certificado.		
b. Manda las dos postales por correo urgente.		
c. A la chica se le ha estropeado el móvil.		
d. El hombre piensa que una postal es mejor que un mensaje de móvil.		
e. Una de las postales es para el abuelo de la chica.		
f. La otra es para un amigo que no soporta las tecnologías.		

4. SCHREIBEN SIE DIESE SÄTZE IM IMPERATIV, MIT DER ENKLISE DES PRONOMENS.

a. ¡Tienes que llevar a tu abuela al hospital: .... al hospital!

b. ¡Tenéis que quitar el móvil a tu hijo: .... el móvil!

c. ¡Tienes que hacerlo por mí: .... por mí!

d. ¡Tienes que decirnos tu correo: .... tu correo!

5. ÜBERSETZEN SIE DIE SÄTZE MIT DER BEHANDELTEN IDIOMATISCHEN FORMULIERUNG UND DIESEN ELEMENTEN: *CAER/PERDER/ESTROPEAR/BORRAR/ EL PELO/EL MÓVIL/LA TELE/LAS FOTOS*

a. Ich habe meine Haare verloren.

→

b. Du hast dein Handy verloren.

→

c. Unser Fernseher ist kaputt gegangen.

→

d. Ihre Fotos sind gelöscht worden.

→

18. Mein Handy ist kaputt

19.
ICH MÖCHTE ANZEIGE ERSTATTEN

QUIERO PONER UNA DENUNCIA

ZIELE	KENNTNISSE
- ANZEIGE ERSTATTEN: VERWENDETE WÖRTER	- IMPERFECTO: ANWENDUNG UND REGELMÄSSIGE FORMEN
- EINE PERSON BESCHREIBEN: AUSSEHEN UND KLEIDUNG	- UNREGELMÄSSIGES IMPERFECTO: *SER, IR, VER*
- EIN AUFEINANDERFOLGEN VERGANGENER EREIGNISSE ERZÄHLEN	- INDEFINIDO: ANWENDUNG UND REGELMÄSSIGE FORMEN
- WORTSCHATZ: FARBWÖRTER	- UNREGELMÄSSIGES INDEFINIDO VON *CAER*
	- DAS SIEZEN IM IMPERATIV (ERINNERUNG)
	- ÜBERSETZUNG VON „MAN": 3. PERSON PLURAL
	- ÜBERSETZUNG VON „NICHT MEHR": *YA NO*

MIR WURDE MEIN PORTEMONNAIE GESTOHLEN!

– Ich komme, um Anzeige zu erstatten! Meine Brieftasche wurde gestohlen!

– Beruhigen Sie sich, Señora, und erzählen Sie mir, was passiert ist.

– Ich kehrte in Ruhe vom Markt zurück, als plötzlich ein Junge gegen mich stieß.

– Verstehe…

– Der gesamte Kauf fiel zu Boden. Er entschuldigte sich, fragte mich, ob es mir gut gehe, half mir…

– Und nach einer Weile haben Sie gesehen, dass Sie Ihre Brieftasche nicht mehr hatten, oder?

– Genau… Er bestand sogar darauf, mich zu begleiten und die Tasche selbst zu nehmen. Was für eine unverschämte Person!

– Können Sie sagen, wie der Dieb aussah [war]?

– Er hatte lange schwarze Haare. Er war mittelgroß und ziemlich korpulent. Er konnte ungefähr sechzehn Jahre alt sein.

– Wie war er angezogen?

– Er trug eine lila Sonnenbrille, ein grünes T-Shirt, eine gelbe Jogginghose und rote Turnschuhe.

– Fehlt außer der Brieftasche etwas? Die Schlüssel, Ausweise?

– Nein, er hat nur die Brieftasche genommen.

– Was war drin?

– Geld und meine Kreditkarte.

– Okay, füllen Sie diese Erklärung aus, schreiben Sie das Datum hin und unterschreiben Sie sie.

– Ja, mal sehen, ob ich jetzt einen Stift finde… Nicht in dieser Tasche, nicht in dieser, vielleicht in dieser… Ach komm, es war hier, mein Portemonnaie!

21 ¡ME HAN ROBADO LA CARTERA!

– Vengo a poner una denuncia. ¡Me han robado la cartera!

– Cálmese, señora, y cuénteme qué le ha pasado.

– Volvía tranquilamente del mercado cuando, de pronto, un muchacho chocó conmigo.

– Ya veo…

– Toda la compra cayó al suelo. Se disculpó, me preguntó si estaba bien, me ayudó…

– Y al rato vio usted que ya no tenía la cartera, ¿verdad?

– Así es… Hasta insistió en acompañarme y llevar él la bolsa. ¡Qué sinvergüenza!

– ¿Puede decir cómo era el ladrón?

– Tenía el pelo negro, muy largo. Era de mediana estatura, bastante corpulento. Podía tener unos dieciséis años.

– ¿Cómo iba vestido?

– Llevaba gafas de sol moradas, una camiseta verde, un pantalón de chándal amarillo y deportivas rojas.

– ¿Aparte de la cartera, le falta algo? ¿Las llaves, documentos de identidad?

– No, solo se ha llevado la cartera.

– ¿Qué había dentro?

– Dinero, y la tarjeta de crédito.

– Bien, rellene esta declaración, ponga la fecha y fírmela.

– Sí, a ver si encuentro un bolígrafo ahora… En este bolsillo no, en este tampoco, tal vez en este… ¡Anda, estaba aquí la cartera!

DEN DIALOG VERSTEHEN
ZU MERKEN

→ In der Aussprache der Gruppen **ga**, **go**, **gue** und **gui**, hört man das **-u** nicht: **Miguel** wird [Migäl] ausgesprochen, und nicht [Migüäl]. Damit die Gruppe **gue** als [gue] ausgesprochen wird, braucht man ein Trema auf dem **-u**: **la vergüenza**, *die Scham*; **un sinvergüenza**, *eine unverschämte Person, ein Lümmel*.

→ Um *ja* zu sagen, kennen Sie **sí** und **por supuesto**, *natürlich*. Merken Sie sich auch **así es**, *so ist es*. Diese Formulierung ermöglicht es, das gerade Gesagte zu befürworten oder eine Frage affirmativ zu beantworten: **Le han robado la cartera, ¿verdad?**, *Man hat Ihre Brieftasche gestohlen, oder?*; **Así es**, *Genau/So ist es*.

→ **Más o menos**, *mehr oder weniger*, drückt eine Annäherung aus: **Tenía más o menos dieciséis años**. Sie können auch den unbestimmten Artikel **unos/unas** nehmen: **Tenía unos dieciséis años**, *Er war ungefähr sechzehn Jahre alt*; **Había unas veinte personas**, *Es waren ungefähr zwanzig Leute da*.

→ **Ya** bedeutet *schon*; **ya no**, *nicht mehr*: **La cartera ya no estaba**, *Die Brieftasche war nicht mehr da*.

KULTURELLER HINWEIS

In einer Großstadt oder Provinzhauptstadt ist die **Policía Nacional** für die Sicherheit zuständig. Um einen Diebstahl zu melden, eine Beschwerde einzureichen oder einen administrativen Schritt zu unternehmen, muss man zu **la comisaría**, *das Kommissariat* gehen. In ländlichen Gebieten sorgt die militärische Einrichtung **Guardia Civil** für Ordnung. Man muss sich also **al cuartel de la Guardia Civil**, *an das Hauptquartier der Guardia Civil*, wenden. Die Uniformen von **el/la policía**, *der/die PolizistIn*, sind blau und die von **el/la guardia civil**, *die Zivilgarde*, grün.

GRAMMATIK
DIE ÜBERSETZUNG VON „MAN"

Wenn *man* sich auf eine allgemeine Tatsache bezieht, die möglicherweise die sprechende Person betrifft, wird **se** + 3. Person Singular verwendet: **Aquí se habla español**, *Hier spricht man Spanisch*. Wenn hingegen *man* für „die Leute" steht, also weder SprecherIn noch GesprächspartnerIn bezeichnet, benutzt das Spanische die 3. Person Plural: **Me han robado la cartera**, *Man hat mir mein Portemonnaie gestohlen*.

DAS SIEZEN IM IMPERATIV (ERINNERUNG)

Das Siezen auf Spanisch kann oft ein Problem für deutschsprachige Personen darstellen, insbesondere im Imperativ. Daher eine kleine Rekapitulation:
- der siezende Imperativ funktioniert mit der 3. Person des Subjunktivs,
- wenn es sich um ein reflexives Verb handelt, ist das Pronomen **se**,
- wenn es ein direktes Objektpronomen gibt, hängt es sich an die verbale Form,
- in diesem Fall erscheint häufig der schriftliche Akzent. Sehen Sie sich z. B. die 5 Imperative des Dialogs an und vergleichen Sie sie mit ihrer Form des Duzens.

cálmese, *beruhigen Sie sich*	**cálmate**, *beruhig dich*
cuénteme, *erzählen Sie mir*	**cuéntame**, *erzähl mir*
rellene, *füllen Sie aus*	**rellena**, *füll aus*
ponga, *stellen Sie*	**pon**, *stell*
fírmela, *unterschreiben Sie sie*	**fírmala**, *unterschreib sie*

 ## KONJUGATION
IMPERFECTO DE INDICATIVO

BILDUNG UND GEBRAUCH

Das „Pretérito imperfecto de indicativo" ist leicht zu bilden: Stamm des Infinitivs + zwei Arten von Endungen (**-aba** und **-ía**).
Es gibt nur drei unregelmäßige Verben (siehe nächste Seite). Man verwendet dieses Tempus für vergangene Handlungen, für die man weder Anfang noch Ende angibt: **Volvía del mercado**, *Ich kam vom Markt zurück*. Es ist auch das Tempus zum Beschreiben (**Llevaba gafas**, *Er trug eine Brille*), für gewohnheitsmäßige Handlungen und zum Betonen des Handlungsverlaufs.

DIE REGELMÄSSIGEN MODELLE

Die Verben auf **-ar** haben Endungen auf **-aba**; Verben auf **-er** und **-ir** haben Endungen auf **-ía**. Beachten Sie, dass die schriftlichen Akzente die zu betonende Silbe angeben.

llevar, *tragen*	**tener**, *besitzen*	**vivir**, *leben*
llev**aba**	ten**ía**	viv**ía**
llev**abas**	ten**ías**	viv**ías**
llev**aba**	ten**ía**	viv**ía**
llev**ábamos**	ten**íamos**	viv**íamos**
llev**abais**	ten**íais**	viv**íais**
llev**aban**	ten**ían**	viv**ían**

DIE UNREGELMÄSSIGEN VERBEN

Es sind **ser**, *sein*; **ir**, *gehen*; und **ver**, *sehen*.

ser, *sein*	**ir**, *gehen*	**ver**, *sehen*
era	iba	veía
eras	ibas	veías
era	iba	veía
éramos	íbamos	veíamos
erais	ibais	veíais
eran	iban	veían

DAS INDEFINIDO DE INDICATIVO

BILDUNG

Das „Pretérito indefinido de indicativo" erfordert zwei Arten von Endungen. Für die Verben auf **-ar** sind es: **-é, -aste, -ó, -amos, -asteis, -aron**; für die auf **-er** und **-ir**: **-í, -iste, -ió, -imos, -isteis, -ieron**. Vergessen Sie nicht die Akzente, denn sie zeigen die Aussprache an und vermeiden Verwechslungen mit anderen Tempora.

preguntar, *fragen*	**comer**, *essen*	**insistir**, *beharren*
pregunté	comí	insistí
preguntaste	comiste	insististe
preguntó	comió	insistió
preguntamos	comimos	insistimos
preguntasteis	comisteis	insististeis
preguntaron	comieron	insistieron

ANWENDUNG

Das Indefinido drückt eine vergangene Handlung aus, deren Anfang und Ende wir identifizieren können und deren Auswirkungen auf die Gegenwart nicht erwägt werden; welche einmalig und abgeschlossen ist oder die eine laufende Handlung unterbricht. Es wird alltäglich angewandt: **Insistió en acompañarme**, *Er bestand darauf, mich zu begleiten*; **Nací en Francia**, *Ich wurde in Frankreich geboren*.

AUSNAHMEN

Es gibt viele Ausnahmen im Indefinido. Schauen Sie z. B. hier:

caer, *fallen*
caí
caíste
cayó
caímos
caísteis
cayeron

VOKABULAR

la denuncia *(Straf-)Anzeige*
poner una denuncia *Anzeige erstatten*
robar *klauen, stehlen*
la cartera *Portemonnaie, Brieftasche*
calmarse *sich beruhigen*
tranquilamente *ruhig, in Ruhe*
el mercado *Markt*
de pronto *plötzlich*
el/la muchacho/a *Junge/Mädchen*
chocar *zusammenstoßen*
el suelo *Boden*
disculparse *sich entschuldigen*
al rato *nach einer Weile*
así es… *so ist es…, genau…*
hasta *sogar*
insistir *bestehen*
acompañar *begleiten*
la bolsa *Tüte*
la compra *Kauf, Einkauf*
el/la sinvergüenza *unverschämte Person, Lümmel*
el/la ladrón/ladrona *Dieb/in*
mediano/a *mittelmäßig*
la estatura *Größe*
corpulento/a *korpulent*
el sol *Sonne*
morado/a *violett, lila*
verde *grün*
el pantalón *Hose*
el chándal *Trainings-, Jogginganzug*
amarillo/a *gelb*
rojo/a *rot*
aparte de *außer, abgesehen von*
faltar *fehlen*
llevarse *mitbringen*
dentro *drinnen, innen*
rellenar *ausfüllen*
la declaración *Aussage, Deklaration*
la fecha *Datum*
firmar *unterschreiben*

ÜBUNGEN

1. NUMMERIEREN SIE DIE DEFINITIONEN DER FOLGENDEN WÖRTER IN DER REIHENFOLGE, IN DER SIE SIE HÖREN.

21

a. la bolsa ....

b. el bolsillo ....

c. la denuncia ....

d. la cartera ....

2. VERVOLLSTÄNDIGEN SIE DIE 3 ERSTEN PHRASEN DES ÜBUNGSDIALOGS.

21
a. Buenas, ... una cartera.

b. ¿Una cartera?

c. Sí, me la .... en la ...., y .... la dejo en comisaría.

3. HÖREN IHN NOCH EINMAL AN UND KREUZEN SIE DIE RICHTIGEN AUSSAGEN AN.

21
a. ☐ Al chico nunca le han robado la cartera.

b. ☐ En la cartera hay trescientos euros y una foto.

c. ☐ La dueña de la cartera iba vestida de azul.

d. ☐ La cartera se quedó en un taxi.

e. ☐ La mujer perdió la cartera saliendo de la comisaría.

f. ☐ El chico quiere volver a ver a la mujer.

4. KONJUGIEREN SIE DIE GEGEBENEN VERBEN, IM IMPERFECTO ODER INDEFINIDO.

a. Yo .... por la calle, cuando de pronto unos chicos .... conmigo. [ir/chocar]

b. Un hombre la .... y la .... a comisaría. [encontrar/llevar]

c. Cuando nosotros .... jóvenes, ... todas las noches. [ser/salir].

5. DRÜCKEN SIE DIESE BEFEHLE IM SIEZEN AUS.

a. Ponte gafas de sol. →

b. Discúlpate. →

c. Pregúntale cómo está. →

6. ÜBERSETZEN SIE DIESE SÄTZE.

a. Es waren ungefähr dreihundert Euro im Portemonnaie.

→

b. Einen Moment später fand ich die Schlüssel: Sie waren in der Tasche meines Trainingsanzugs.

→

c. Ich bin auf den Boden gefallen, als ich aus dem Markt herauskam.

→

20.
DOKTOR, MIR TUT ALLES WEH

DOCTOR, ME DUELE TODO

ZIELE

- ZUM ARZT GEHEN: SYMPTOME BESCHREIBEN UND KÖRPERTEILE BENENNEN
- ÜBER EREIGNISSE IM INDEFINIDO BERICHTEN
- EINE SORGE, EINE VERPFLICHTUNG AUSDRÜCKEN
- WORTSCHATZ: SCHWIEGERFAMILIE

KENNTNISSE

- 5 UNREGELMÄSSIGE VERBEN IM INDEFINIDO: *TENER, QUERER, PONER, SER, IR*
- DIE BILDUNG VON *DOLER*
- ZUSAMMENGESETZTE TEMPORA: PERFEKT, PLUSQUAMPERFEKT, VERGANGENHEITSSUBJUNKTIV
- ANWENDUNGEN VON *SER* UND *ESTAR*
- DER AUSRUF: *¡MENUDO/A(S)...!*

WAS FÜR FERIEN!

(Am Schalter)
– Guten Tag, wir wollen einen Arzt aufsuchen. Gestern sind wir den ganzen Tag an den Strand gegangen und sind alle krank geworden.

– Wer sind die Kranken?

– Mein Schwager, meine Schwiegermutter und ich.

– Was ist los?

– Mein Schwager wollte grillen und verbrannte sich die Hand. Meine Schwiegermutter ist gefallen und kann ihren Arm nicht bewegen. Und mir tut alles weh, von Kopf bis Fuß.

– Setzen Sie sich in den Warteraum. Ein Arzt wird gleich zu Ihnen kommen.

(Mit der Ärztin)
– Man sagte mir, dass Sie gestern eine Unannehmlichkeit gehabt hatten…

– Oh (Frau) Doktor, es war schrecklich!

– Ich verstehe… Nun, die Verbrennung ist keine große Sache, keine Sorge. Ich werde eine Creme verschreiben.

– Muss ich einen Verband tragen?

– Nein, das ist nicht nötig. Bei Ihnen hingegen, meine Dame, ist es heikler: ich fürchte, dass Sie sich einen Knochen gebrochen haben.

– Ich war sicher! Mein Schwiegersohn ist schuld, er ist nutzlos!

– Und Sie, mein Herr, erklären Sie mir: was tut Ihnen weh?

– Mein Kopf tut weh, meine Beine tun weh, mein Hals tut weh und die Ohren…

– Und Sie haben auch Fieber. Sie haben eine schlimme Erkältung. Das Meer ist sehr schön, aber Sie müssen vorsichtiger sein!

– Ja, was für ein Urlaub… Nächstes Jahr bleibe ich zu Hause!

¡MENUDAS VACACIONES!

(En ventanilla)
– Buenas, queremos ver a un médico.
Ayer fuimos a la playa el día entero y nos pusimos todos malos.

– ¿Quiénes son los enfermos?

– Mi cuñado, mi suegra y yo.

– ¿Qué les pasa?

– Mi cuñado quiso hacer una barbacoa y se quemó la mano.
Mi suegra se cayó y no puede mover el brazo. Y a mí me duele
todo, desde la cabeza hasta los pies.

– Siéntense en la sala de espera. Enseguida les atiende
un médico.

(Con la médica)
– Me han dicho que tuvieron algún disgusto ayer…

– Ay, doctora, ¡fue horrible!

– Ya veo… Bueno, lo de la quemadura no es gran cosa,
no se preocupe. Le voy a recetar una crema.

– ¿Tengo que ponerme una venda?

– No, no es menester. En cambio lo suyo, señora,
es más delicado: temo que se haya roto un hueso.

– ¡Estaba segura! Mi yerno tiene la culpa, ¡es un inútil!

– Y usted, caballero, explíqueme: ¿qué le duele?

– Me duele la cabeza, me duelen las piernas, me duelen
la garganta y los oídos…

– Y además está con fiebre. Tiene usted un fuerte catarro.
El mar es muy bonito, ¡pero hay que tener más cuidado!

– Sí, menudas vacaciones… ¡El año próximo me quedo en casa!

■ DEN DIALOG VERSTEHEN
ZU MERKEN

→ Für *Ich habe Kopfschmerzen* sagt man auf Spanisch wörtlich *Mich schmerzt der Kopf*: **Me duele la cabeza**. Man benutzt also die indirekten Personalpronomen: **Te duele el brazo**, *Dich schmerzt der Arm, Dir tut der Arm weh*; **Nos duele la garganta**, *Wir haben Halsschmerzen*. Wenn das Subjekt im Plural steht, gleicht man es an: **Le duelen las piernas**, *Seine Beine tun weh*, wörtl. *Ihn schmerzen die Beine*.

→ Man wendet den Subjunktiv nach einem Verb an, das eine Sorge ausdrückt: **Se ha roto el brazo**, *Sie haben sich den Arm gebrochen*; **Temo que se haya roto el brazo**, *Ich fürchte, Sie haben sich den Arm gebrochen*.

→ Beachten Sie diese drei Konstruktionen, um Verpflichtung auszudrücken. Direkt mit einem Infinitiv, ohne „zu" wie im Deutschen: **No hace falta/No es necesario/ No es menester ponerse una venda**, *Es ist nicht nötig, einen Verband anzulegen*.

DIE FAMILIE UND DER KÖRPER

→ Sie haben im Dialog die Begriffe kennengelernt, um *die Schwiegerfamilie*, **la familia política** zu bezeichnen. Es fehlt noch **la nuera**, *die Schwiegertochter* und **el suegro**, *der Schwiegervater*.

→ Vervollständigen wir auch die Liste der Körperteile. Merken Sie sich neben den Nomen aus dem Dialog: **el cuerpo**, *der Körper*; **el hombro**, *die Schulter*; **la espalda**, *der Rücken*; **el dedo**, *der Finger, der Zeh*; **la rodilla**, *das Knie*. Für die Ohren gibt es zwei Begriffe: **oreja** für *das (externe) Ohr* und **oído** für *das innere Ohr*: **Me he hecho un piercing en la oreja**, *Ich habe mir ein Piercing ins Ohr stechen lassen*; **Me duelen los oídos**, *Mir tun die Ohren weh*.

KULTURELLER HINWEIS

Die **Tarjeta sanitaria europea**, *Europäische Krankenversicherungskarte,* bietet Zugang zum spanischen öffentlichen Gesundheitssystem, das kostenlos ist. Das nächste **Centro de salud** kümmert sich um die *medizinische Grundversorgung*, **atención primaria**, womit auch die Pädiatrie abgedeckt wird. Wenn Ihr Zustand dies erfordert, werden Sie an eine/n SpezialistIn im *Krankenhaus*, **el hospital**, überwiesen, der/die auch *Notfälle*, **urgencias**, behandelt. Wenn Sie eine/n private/n Arzt/ Ärztin wählen, geht diese Behandlung vollständig auf Ihre Kosten, wenn Sie keine Versicherung haben, die sie Behandlung abdeckt.

◆ GRAMMATIK
DUZEN UND SIEZEN

Vergleichen Sie die im Dialog angewandten Formen des Siezens mit denen des Duzens.

Siezen	Duzen
Le voy a recetar…	Te voy a recetar…
¿Qué les pasa?	¿Qué os pasa?
No se preocupe.	No te preocupes.
Temo que se haya roto…	Temo que te hayas roto…
Me han dicho que tuvieron…	Me han dicho que tuvisteis…

DER AUSRUF

Neben **¡Qué vacaciones!** oder **¡Vaya vacaciones!**, *Was für Ferien!*, präsentiert der Dialog eine dritte Form der Ausrufs: das angeglichene Adjektiv **menudo/a**: **¡Menudas vacaciones! ¡Menuda playa!**, *Was für ein Strand!*; **¡Menudo hospital!**, *Was für ein Krankenhaus!*; **¡Menudos amigos!**, *Was für Freunde!*. Beachten Sie, dass der Ausruf einen positiven Wert haben kann oder, wie im Dialog, einen sehr negativen!

SER UND *ESTAR*

Aufgrund ihrer Bedeutung können die meisten Adjektive nur mit einem der beiden Verben für *sein* verwendet werden, **ser** oder **estar**: **Es inteligente**, *Er ist intelligent* (es ist eine persönliche Qualität)/**Está solo**, *Er ist allein* (es ist seine aktuelle Situation). Manchmal ist eine doppelte Verwendung möglich, aber die Bedeutung ändert sich dann entsprechend zu **ser** und **estar**: **Soy malo**, *Ich bin schlecht/böse*; **Estoy malo**, *Ich bin krank*; **Eres guapa**, *Du bist schön*; **Estás guapa**, *Du siehst (heute) schön aus*; **Es moreno**, *Er ist braun*; **Está moreno**, *Er ist gebräunt*.

▲ KONJUGATION
SOGENANNTE STARKE UNREGELMÄSSIGE INDEFINIDOS

Viele gängige spanische Verben haben eine sogenannte starke unregelmäßige Indefinido-Vergangenheitsform, die sich auszeichnet durch:
- einen bestimmten Stamm (**tuv-** für **tener; quis-** für **querer**, etc.)
- unbetonte Endungen: **-e**, **-iste**, **-o**, **-imos**, **-isteis**, **-ieron**.

Achten Sie also auf die Platzierung des tonischen Akzents in der Konjugation des Indefinidos: **cant**é, *ich sang* (regelmäßig); **tuve**, *ich hatte* (unregelmäßig). Anbei ein paar der geläufigsten Ausnahmen:

poner, *setzen, stellen, legen*	**querer**, *wollen, mögen*	**tener**, *besitzen, haben*
puse	quise	tuve
pusiste	quisiste	tuviste
puso	quiso	tuvo
pusimos	quisimos	tuvimos
pusisteis	quisisteis	tuvisteis
pusieron	quisieron	tuvieron

GESONDERTER FALL: *SER* UND *IR*

Ser, *sein* und **ir**, *gehen* haben dieselben Formen im Indefinido: **Fuimos a la playa**, *Wir gingen an den Strand*; **Fuimos amigos**, *Wir waren Freunde*. Die Reihe der Endungen unterscheidet sich von der anderer Ausnahmen:
-i, **-iste**, **-e**, **-imos**, **-isteis**, **-eron**.

ser, *sein* und **ir**, *gehen*
fui
fuiste
fue
fuimos
fuisteis
fueron

ZUSAMMENGESETZTE TEMPORA

Sie kennen das Perfekt als eine der zusammengesetzten Vergangenheitsformen: **he comido**, *ich habe gegessen*; **has venido**, *du bist gekommen*, etc. Sie wird mit dem Hilfsverb **haber** gebildet: **he**, **has**, **ha**, **hemos**, **habéis**, **han**. Durch das Ändern des Tempus dieses Auxiliarverbs können wir alle zusammengesetzten Zeiten bilden:
- das Plusquamperfekt: **había comido**, *ich hatte gegessen*;
- Subjunktiv Perfekt: **Temo que se haya roto un hueso**, *Ich fürchte, Sie haben sich einen Knochen gebrochen*.
Behalten Sie sich in dem Kontext auch das unregelmäßige Partizip von **romper**, *brechen*: **roto**, *gebrochen*.

VOKABULAR

el/la doctor/a DoktorIn, Arzt/Ärztin
doler [ue] weh tun, schmerzen
menudo/a klein
¡menudo/a(s)…! Was für…!
la ventanilla Schalter
ayer gestern
entero/a ganz
la playa Strand
ponerse malo/a krank werden
enfermo/a krank
el/la cuñado/a Schwager/Schwägerin
el/la suegro/a Schwiegervater/-mutter
la barbacoa Grill
quemarse sich verbrennen
la mano Hand
mover [ue] bewegen
moverse [ue] sich bewegen
el brazo Arm
la cabeza Kopf
sentarse [ie] sich setzen
la sala Saal, Halle
la espera Erwartung, Warten
enseguida sofort, gleich
atender [ie] sich kümmern um
la quemadura Verbrennung
el/la médico/a Arzt/Ärztin, MedizinerIn
preocuparse sich sorgen
recetar verschreiben
la crema Creme
la venda Verband, Binde
es menester es ist nötig, man muss
en cambio hingegen, wiederum
delicado/a heikel, brenzlig
temer Angst haben, fürchten
romper brechen
roto gebrochen
el hueso Knochen
la culpa Verantwortung, Schuld
inútil nutzlos, unnütz
el caballero Herr
explicar erklären
la garganta Hals
el oído (inneres) Ohr, Gehör
la pierna Bein
la fiebre Fieber
fuerte stark
el catarro Erkältung
el mar Meer
tener cuidado vorsichtig sein

ÜBUNGEN

1. HÖREN SIE UND GEBEN SIE AN, WELCHE/R ANGEHÖRIGE DEFINIERT WIRD.

22
a. Es mi ....
b. Es mi ....
c. Es mi ....
d. Es mi ....
e. Es mi ....

2. VERVOLLSTÄNDIGEN SIE DIE 3 ERSTEN PHRASEN DES ÜBUNGSDIALOGS.

a. Entonces, ¿ .... esas vacaciones?

b. Horribles. El año próximo .... en Madrid solito.

c. ¿Pero ....? ¿No .... buen tiempo?

3. HÖREN SIE IHN ERNEUT AN UND KREUZEN SIE DIE KORREKTEN AUSSAGEN AN.

a. ☐ Esta familia tuvo buen tiempo durante las vacaciones.

b. ☐ El cuñado se quemó haciendo una barbacoa.

c. ☐ El hijo se puso enfermo y lo llevaron a urgencias.

d. ☐ Tuvo fiebre porque había bebido demasiado.

e. ☐ El hombre se rompió la pierna.

f. ☐ La suegra tuvo un fuerte catarro.

4. SCHREIBEN SIE DIESE SÄTZE IM INDEFINIDO.

a. Voy al médico y me receta unas pastillas.
→ Ayer .... al médico y me .... unas pastillas.

b. Bebo demasiada agua y me pongo enfermo.
→ Ayer .... demasiada agua y .... enfermo.

c. Mi suegra va a la playa y se pone muy morena.
→ Este verano mi suegra .... a la playa y .... muy morena.

5. BILDEN SIE SÄTZE ANHAND DER GEGEBENEN ELEMENTE.

a. yo/doler/los ojos →

b. ellas/doler/la espalda →

c. vosotros/doler/los oídos →

6. ÜBERSETZEN SIE DIESE SÄTZE.

a. Setzen Sie sich, Señora, ich kümmere mich gleich um Sie.

→

b. Es ist nicht notwendig, bei einer Erkältung in die Notaufnahme zu gehen.

→

c. Meine Schwiegermutter ist schuld: sie ist nie vorsichtig!

→

21.
WER IST DER LETZTE?
¿QUIÉN ES EL ÚLTIMO?

ZIELE

- EINKAUFEN: WER IST AN DER REIHE, EINEN PREIS ERFRAGEN, FRAGEN ZU EINEM PRODUKT STELLEN (MENGE, QUALITÄT, ZUBEREITUNG)
- SICH EINEM KLEINEN KONFLIKT STELLEN: SICH HÖFLICH VERTEIDIGEN/AUF ETWAS BESTEHEN
- FORMULIERUNGEN DES DANKS UND DER BITTE
- ÜBER VERGANGENE EREIGNISSE BERICHTEN
- KLEINER WORTSCHATZ DES FISCHHANDELS

KENNTNISSE

- DER TEMPORALSATZ: *CUANDO* + KONJUGIERTES VERB, *AL* + INFINITIV
- AUSDRUCK DER DAUER: *LLEVAR* + ZEITANGABE + GERUNDIUM
- ZEITADVERBIEN UND -PRÄPOSITIONEN: *ANTES (DE)/ DESPUÉS (DE)*
- ORTSADVERBIEN UND -PRÄPOSITIONEN: *DELANTE (DE)/DETRÁS DE*
- ORTHOGRAPHISCHE ÄNDERUNGEN: *FRESCO/FRESQUÍSIMO*
- 3 UNREGELMÄSSIGE INDEFINIDOS: *ESTAR, PEDIR, DAR*

ANSTEHEN

– Carmen, Süße, gib mir ein Pfund Muscheln und ein Viertel…

– Verzeihung, Señora, ich war vorher da.

– Das bezweifle ich.

– Ich habe das Mädchen, das gerade gegangen ist, gefragt, wer Letzter ist und diese Frau kam nach mir/hat mich danach gefragt [ich gab sie (die Reihenfolge) dieser Dame].

– Was? Ich warte hier schon eine ganze Weile!

– Wirklich? Als Sie ankamen, fragten Sie, wer der Letzte war?

– Nein. Ich habe es vergessen…

– Dann bin ich der Nächste und Sie sind hinter dieser Frau hier.

– Bitte, ich bin todmüde. Gestern Abend hatte mein Mann einen Herzinfarkt und…

– Ich bin dran, tut mir leid.

– Ich war die ganze Nacht im Krankenhaus, ich will nur ein paar Kleinigkeiten…

– Okay, gehen Sie! Aber beeilen Sie sich.

– Ich weiß das wirklich zu schätzen! Carmen, wie viel kosten die Shrimps?

– 16 Euro, sehr frisch.

– Und wie ist der Preis für die Calamari?

– 18, sehr lecker.

– Ich dachte daran, einen Reis mit Meeresfrüchten zu machen, aber es ist alles sehr teuer… Wie viel machen [sind] die Seebarsche?

– Geschenkt: 8 Euro. Wie willst du sie kochen: frittiert, gegrillt, in der Salzkruste? Soll ich sie für dich ausnehmen?

– Es ist Zuchtfisch, richtig?

– Naja ja, zu diesem Preis…

– Dann vergiss es… Ich werde im Endeffekt Reis mit Hühnchen machen.

HACIENDO COLA

– Carmen, guapa, ponme medio kilo de mejillones y un cuarto de…

– Disculpe, señora, estaba yo antes.

– Lo dudo, caballero.

– Le pedí la vez a la chica que acaba de irse y se la di a esta señora.

– ¿Qué? ¡Yo llevo un buen rato aquí esperando!

– ¿De veras? Al llegar, ¿preguntó usted quién era el último?

– No. Se me olvidó…

– Pues entonces yo soy el siguiente, y usted va detrás de esta señora.

– Por favor, estoy muerta de cansancio. Anoche le dio un ataque al corazón a mi marido y…

– Me toca a mí, lo siento.

– Estuve en el hospital toda la noche. Solo quiero un par de cositas…

– ¡Vale, pase! Pero dese prisa.

– ¡Se lo agradezco muchísimo! A ver, Carmen, ¿a cuánto están las gambas?

– A 16 euros, fresquísimas.

– ¿Y los calamares qué precio tienen?

– Están a 18, riquísimos.

– Pensaba hacer un arroz con marisco, pero está todo carísimo… ¿Las lubinas a cómo están?

– Regaladas: a ocho euros. ¿Cómo las vas a cocinar, fritas, a la plancha, a la sal? ¿Te las limpio?

– Es pescado de crianza, ¿verdad?

– Pues sí, a ese precio…

– Déjalo entonces… Finalmente voy a hacer arroz con pollo.

DEN DIALOG VERSTEHEN
EINEN PREIS ERFRAGEN

→ Um nach einem Preis zu fragen, sind zwei Formulierungen nützlich und überall zu hören – **¿Cuánto cuesta?** oder **¿Qué precio tiene?**: **¿Cuánto cuesta/Qué precio tiene esta botella de vino?**, *Was/Wie viel kostet diese Flasche Wein/Was ist der Preis dieser Weinflasche?*. Um über Lebensmittel zu sprechen, deren Preis Schwankungen unterliegen kann (Obst, Fisch usw.), bevorzugt man eine Formulierung, die **estar** enthält: **¿A cuánto están las gambas?**, *Wie viel kosten die Garnelen?*; **¿A cómo están las naranjas?**, *Wie viel kosten [sind] die Orangen?*

SICH BEDANKEN

→ Mit **Dar las gracias/dar las gracias a/dar las gracias por** bedankt man sich. Man kann auch ohne zu präzisieren **dar las gracias** sagen: **Siempre hay que dar las gracias**, *Man muss sich immer bedanken*. Da das Verb **dar**, *geben*, ist, spielt die Person, die diesen Dank enthält, die Rolle eines indirekten Objektpronomens: **Doy las gracias a mis amigos**, *Ich danke meinen Freunden*; **Os doy las gracias**, *Ich danke euch*. Der Grund wird mit **por** ausgedrückt: **Te doy las gracias por lo que has hecho**, *Ich danke dir für das, was du getan hast*.

→ **Agradecer** ist ein transitives Verb, das nicht alleine angewandt wird. Wenn Sie nur **Agradezco** oder **Te agradezco** sagen, erwartet Ihr/e GesprächspartnerIn die Fortsetzung des Satzes. Es ist unbedingt erforderlich, die bedankte Person (indirektes Objektpronomen) und den Grund für den Dank (direktes Objektpronomen) anzugeben: **Te agradezco lo que has hecho**, *Ich weiß zu schätzen, was du getan hast*; **Te lo agradezco**, *Ich danke dir*; **Le agradezco su ayuda**, *Danke für Ihre Hilfe*.

KULTURELLER HINWEIS

Wenn in einer Warteschlange kein Ticketautomat vorhanden ist, müssen Sie bei Ihrer Ankunft fragen: **¿Quién es el último?**, *Wer ist der Letzte?*, und die Person, die **yo** sagt, wird sozusagen Ihr Beweis, Ihr/e ZeugIn sein. Man nennt diese zwei Operationen **pedir la vez**, *fragen, wer der Letzte in der Warteschlange ist*, und **dar la vez**, *einem/r Hinzukommenden sagen, dass man der Letzte in der Reihe ist*. Im Konfliktfall kann man also sagen: **esta señora me ha dado la vez**. Und wenn der/die HändlerIn fragt **¿Quién va?** oder **¿A quién le toca?**, *Wer ist an der Reihe?*, antworten Sie mit Bestimmtheit: **¡Voy yo!** oder **¡Me toca a mí!**, *Ich bin dran!*.

◆ GRAMMATIK
DER TEMPORALSATZ

CUANDO…
• Der einfachste Weg, eine zeitliche Beziehung auszudrücken, ist die Verwendung der Konjunktion **cuando**: **Cuando llego, siempre pregunto quién es el último**, *Wenn ich ankomme, frage ich immer, wer der Letzte ist.*
• Beachten Sie in der Vergangenheitsform das Vorhandensein des Indefinidos, wo im gesprochenen Deutschen auch das Perfekt stehen könnte: **Cuando llegué, pregunté quién era el último**, *Als ich ankam/angekommen bin, fragte ich/habe ich gefragt, wer der Letzte sei*; **Cuando llegué, no había nadie**, *Als ich ankam, war niemand da.*

AL + INFINITIV
Diese zeitliche Beziehung kann auch von **al** + Infinitiv gegeben werden: **Al llegar, ¿preguntó usted quién era el último?**, *Haben Sie bei Ihrer Ankunft/beim Ankommen gefragt, wer der Letzte ist?*

DER AUSDRUCK DER DAUER
• **Hace** oder **desde hace** drücken die Dauer aus: **Hace una hora que estoy esperando** oder **Estoy esperando desde hace una hora**, *Ich warte seit einer Stunde.*
• Es gibt noch eine andere Formulierung: das konjugierte Verb **llevar** + Zeiteinheit + Gerundium des Verbs: **Llevo un buen rato esperando**, *Ich warte schon eine Weile.*

ZEIT- UND ORTSADVERBIEN UND -PRÄPOSITIONEN

ADVERBIEN
Delante, *(da-)vor*; **detrás**, *(da-)hinter*; **antes**, *vorher*; und **después**, *nachher*, sind Adverbien. Sie sind mit einem Verb verbunden, dessen Bedeutung sie vervollständigen:
Prefiero estar delante, *Ich bin lieber vorne/Ich präferiere es, vorne zu sein*;
Hay un coche detrás, *Es ist ein Auto dahinter*;
Antes todo estaba más barato, *Vorher war alles billiger*;
Vuelvo después, *Ich komme später zurück.*

PRÄPOSITIONEN

Dieselben Wörter können einem Substantiv, einem Pronomen oder einem Infinitiv vorangehen; sie werden sodann Präpositional-Ergänzungen mit **de**: **delante de**, **detrás de**, etc.

Delante de usted, *Vor Ihnen*;
Detrás de esta señora, *Hinter dieser Dame*;
Antes de comer, *Vor dem Essen*;
Después de la siesta, *Nach dem Mittagsschlaf*.

ORTHOGRAPHISCHE ÄNDERUNGEN

- Die Wurzeln von Verben und Substantiven können mit verschiedenen Endungen assoziiert werden, beispielsweise in der Konjugation oder durch Hinzufügen von Suffixen. Die Aussprache des Stamms sollte jedoch nicht variieren; es ist also die Schreibweise, die sich manchmal ändert. Wir haben es zum Beispiel für das Verb **sacar** gesehen, das im Subjunktiv zu **saque** wird.
- Betrachten wir z. B. auch **fresco**, *frisch*, und **rico**, *lecker*. Wenn wir das Suffix der Superlative auf **-ísimo** hinzufügen, wird das **c** zu **qu**, um den gleichen Klang zu haben: **fresquísimo**, **riquísimo**.

▲ KONJUGATION
3 UNREGELMÄSSIGE INDEFINIDOS

Im Dialog finden Sie drei unregelmäßige Indefinidos: ein starkes (**estar**), eins von einem abgeschwächten Verb (**pedir**) und ein unklassifizierbares (**dar**). Merken Sie sich bei den beiden letzteren folgendes:
- die Abschwächung (**ped-/pid-**) findet an der 3. Person Singular und Plural statt,
- **dar** folgt dem Modell der Verben auf **-er**, aber bekommt keinen geschriebenen Akzent, da es einsilbig ist (selbiges gilt für **fui, fue**, *ich war, er war*; **vi, vio**, *ich sah, er sah*).

estar, *sein*	**pedir**, *bitten*	**dar**, *geben*
estuve	pedí	di
estuviste	pediste	diste
estuvo	pidió	dio
estuvimos	pedimos	dimos
estuvisteis	pedisteis	disteis
estuvieron	pidieron	dieron

● VOKABULAR

el/la último/a Letzte/r
la cola (Warte-)Schlange
hacer cola sich anstellen, anstehen
medio kilo Pfund, halbes Kilo
el mejillón Muschel
el cuarto Viertel
antes vorher
dudar (be-)zweifeln
pedir la vez fragen, wer der Letzte in der Warteschlange ist
irse weggehen
dar la vez sagen, dass man der Letzte in der Reihe ist
el rato Weile
de veras wirklich
siguiente nächste/r
detrás (de) hinter
muerto/a tot
el cansancio Ermüdung
anoche gestern Abend
el ataque Anfall, Attacke
me dio un ataque ich hatte einen Anfall

el corazón Herz
tocar anfassen, berühren
me toca ich bin dran
el par Paar, einige
darse prisa sich beeilen
agradecer bedanken, wertschätzen
¿a cuánto están? wie viel kosten sie?
la gamba Garnele
fresco/a frisch
el calamar Kalmar, Tintenfisch
¿qué precio tienen? was kosten sie?
rico/a lecker; reich
el arroz Reis
el marisco Meeresfrucht
la lubina See-, Wolfsbarsch
regalado/a geschenkt, spottbillig
cocinar kochen
frito/a frittiert
a la plancha gegrillt
la sal Salz
limpiar säubern, (Fisch) ausnehmen
la crianza Aufzucht
el pollo Hühnchen, Hähnchen

● ÜBUNGEN

1. VERKNÜPFEN SIE JEDEN DIESER 4 AUSDRÜCKE ANHAND EINES PFEILS MIT DER AUFGEZEICHNETEN DEFINITION, DIE IHM ENTSPRICHT.

a. Hago cola.
b. Pido la vez.
c. Doy la vez.
d. Me doy prisa.

A. Definition 1
B. Definition 2
C. Definition 3
D. Definition 4

2. VERVOLLSTÄNDIGEN SIE DIE 3 ERSTEN PHRASEN DES DIALOGS.

a. Antonio, guapo, ... de gambas.

b. Lo siento, señora, pero ....

c. ¡Lo dudo mucho! ....

3. HÖREN SIE IHN NOCH EINMAL AN UND KREUZEN SIE DIE RICHTIGEN AUSSAGEN AN.

a. ☐ La mujer dice que cuando se pone nerviosa le dan ataques.

b. ☐ Las gambas están a 21 euros y los calamares a 10.

c. ☐ Para hacer la dorada a la sal, hay que limpiarla.

d. ☐ La mujer prefiere hacer la dorada a la plancha.

e. ☐ Finalmente compra calamares y gambas.

f. ☐ El pescadero aconseja hacer las gambas a la plancha.

4. ERSETZEN SIE *AL* + INFINITIV MIT *CUANDO* + VERB IM PASSENDEN TEMPUS.

a. Al llegar a casa, le dio un ataque. → Cuando ....

b. Al entrar, pidieron la vez. → Cuando ....

c. Al ver el precio de las gambas, te pusiste nervioso. → Cuando ....

5. DRÜCKEN SIE DIE DAUER IN DIESEN SÄTZEN MIT *LLEVAR* + GERUNDIUM AUS.

a. ¿Cuánto tiempo hace que estás limpiando pescado?

→

b. Está comiendo desde hace dos horas.

→

c. Cuando llegaste, estaba esperándote desde hace una hora.

→

6. ÜBERSETZEN SIE DIESE SÄTZE.

a. Danke für deinen Brief. (zwei Übersetzungen)

→

b. Er dankt der Dame.

→

22. ICH GEHE ZUM SUPERMARKT

VOY AL SÚPER

ZIELE

- EINKAUFEN: BEZEICHNUNG DER HÄNDLER UND BERUFE; BEZEICHNUNG DER GRUNDNAHRUNGSMITTEL; GEWICHT, VERPACKUNGEN
- ÜBER VERGANGENE EREIGNISSE BERICHTEN
- GESCHMÄCKER AUSDRÜCKEN: GUT UND SCHLECHT; GESUND UND UNGESUND

KENNTNISSE

- DIE BEDEUTUNGEN DER PRÄPOSITION *DE*
- *SER* UND *ESTAR* + *BUENO/MALO*
- *TRAER*: KONTRAST ZWISCHEN *TRAER* UND *LLEVAR*; KONJUGATION IM PRÄSENS INDIKATIV UND SUBJUNKTIV
- 3 UNREGELMÄSSIGE VERBEN IM INDEFINIDO: *HACER, DECIR, TRAER*

DIE EINKAUFSLISTE

– Die Butter ist ausgegangen, Marmelade fehlt zum Frühstück… Der Kühlschrank ist leer!

– Du hast Recht. Komm, ich nehme das Auto und gehe zum Supermarkt.

– [Lauf] Nicht so schnell: das letzte Mal, als du ins Einkaufszentrum gegangen bist, war es eine Katastrophe.

– Hat dir mein [der] Einkauf [den ich machte] nicht gefallen?

– Naja nein, du hast tausend nutzlose Dinge mitgebracht.

– Es ist nicht meine Schuld, du hast mir nicht gesagt, was wir brauchten!

– Also mache ich dir dieses Mal die Einkaufsliste. Schreib auf: Waschmittel, Zahnpasta, Baumwolle, Shampoo, Klopapier…

– He, langsam!

– Es sind fast keine Getränke mehr übrig: bring Bierdosen, sechs Liter Milch und auch Wein mit.

– Fruchtsaft?

– Ja, Orangensaft [von Orange]. Aber in einer Glasflasche, nicht im Tetrapak, ja? Ah, und Joghurt.

– Und zu essen?

– Kauf Nudeln, ja, und Chipstüten für den Aperitif.

– Nichts anderes? Soll ich keinen Fisch, Aufschnitt, Fleisch mitbringen?

– Nein, ich kenne dich und du wirst eine Menge von diesen ekligen Fertiggerichten kaufen, die dich verrückt machen.

– Sie sind lecker!

– Außerdem sind sie schlecht für die Gesundheit. Du gehst zum Supermarkt für die grundlegenden Dinge. Für den Rest gehe ich zum Fischmarkt, zum Metzger und zum Gemüsehändler in der Nachbarschaft.

– Wie snobistisch du bist…

LA LISTA DE LA COMPRA

– Se ha acabado la mantequilla, falta mermelada para el desayuno… ¡Está la nevera vacía!

– Tienes razón. Venga, cojo el coche y voy al súper.

– No corras tanto: la última vez que fuiste al centro comercial fue un desastre.

– ¿No te gustó la compra que hice?

– Pues no, trajiste mil cosas inútiles.

– No es culpa mía: ¡tú no me dijiste lo que hacía falta!

– Pues esta vez te hago la lista. Apunta: detergente, pasta de dientes, algodón, champú, papel higiénico…

– Eh, ¡despacito!

– Casi no quedan bebidas: trae latas de cerveza, seis litros de leche, y también vino.

– ¿Zumos de fruta?

– Sí, de naranja. Pero en botella de cristal, no en cartón, ¿eh? Ah, y yogures.

– ¿Y de comida?

– Compra pasta, sí, y bolsas de patatas fritas para el aperitivo.

– ¿Nada más? ¿No traigo pescado, charcutería, carne?

– No. Te conozco y vas a comprar un montón de esos precocinados asquerosos que te vuelven loco.

– ¡Están buenísimos!

– Además son muy malos para la salud. Tú ve al súper para lo básico. Para lo demás voy yo a la pescadería, a la carnicería y a la verdulería del barrio.

– Qué pija eres…

■ DEN DIALOG VERSTEHEN
FORMULIERUNGEN UND AUSDRÜCKE

→ Verschiedene Formulierungen werden verwendet, um einen Mangel auszudrücken: **Se ha acabado la mantequilla**, *es gibt keine Butter mehr*, wörtl. *Die Butter ist sich ausgegangen*; **Falta mermelada**, *Marmelade fehlt*; **No quedan bebidas**, *Es sind keine Getränke mehr da*; **Hace falta cerveza**, *Es wird Bier benötigt*.

→ Wie **bici** für **bicicleta**, *Fahrrad* oder **boli** für **bolígrafo**, *Stift*, ist die Verniedlichung manchmal eine verkürzte Form des Wortes. Im Dialog z. B. steht **súper** für **supermercado**. Man kann auch das Suffix **-ito/-ita** nehmen: **una botellita**, *ein Fläschchen*. Im Spanischen wird der Diminutiv – mit affektiver Bedeutung – auch für Adverbien gebraucht: **despacio**, *langsam* / **despacito**, *ganz langsam*.

GEWICHT UND VERPACKUNGEN

→ **Litro**, **kilo**, **medio kilo** und **cuarto de kilo** erlauben die Angabe grundlegender Maßeinheiten. Bezüglich der Verpackungen gibt es z. B. **botella**, *Flasche*, wie in **una botella de vino**. **Paquete** wird z. B. in **un paquete de arroz**, *ein Paket Reis* angewandt; **una bolsa de patatas fritas** wenn es sich um eine *Tüte* o. ä. handelt. **Lata** bezeichnet *Dose*: **una lata de cerveza**, **una lata de sardinas**. **Un cartón**, **un brik** und **un tetrabrik** stehen für *Tetrapak*: **un brik de leche**. Um bei den Produkten aus dem Dialog zu bleiben: **un bote de detergente/champú**, *eine Flasche/„Gefäß" Waschmittel/Shampoo*; **un tarro de mermelada**, *ein Glas Marmelade*; **un tubo de pasta de dientes**, *eine Tube Zahnpasta* und **un rollo de papel higiénico**, *eine Rolle Klopapier*.

HANDEL UND BERUFE

Die Suffixe **-ería** und **-ero/a** erlauben es, einige Handels- und Berufsbezeichnungen aus dem Namen des Produkts zu erstellen.

Produkt	Beruf	Handel
el pescado, *Fisch*	pescadero/a	pescadería
la carne, *Fleisch*	carnicero/a	carnicería
la verdura, *Gemüse*	verdulero/a	verdulería
la fruta, *Frucht*	frutero/a	frutería
el libro, *Buch*	librero/a	librería

KULTURELLER HINWEIS

Um auf den spanischen Markt zu gehen, gibt es den traditionellen **mercado**, der sich in einer Markthalle befindet (einige sind echte Denkmäler) – sie garantiert Vielfalt, Frische und Qualität in einer lebendigen Atmosphäre. In den großen Städten stellt man jedoch fest, dass die breite Kundschaft allmählich durch „gentrifizierte" KäuferInnen ersetzt wird. Die Preise sind daher nicht immer niedrig und die Leute gehen dort mehr auf der Suche nach Entdeckungen hin – zu den Degustationsständen mit hochwertigen Lebensmitteln – als um ihre wöchentliche Einkaufstasche zu füllen.

◆ GRAMMATIK
DIE PRÄPOSITION *DE*

• Die spanische Präposition **de** hat mehr Bedeutungen als nur *von*.
• Sie kann für *als* oder *zu* stehen in Wendungen wie **de primero**, *als Vorspeise*; **de comida**, *zu essen*; **de bebida**, *zu trinken*, etc.
• **De** kann auch Materie ausdrücken: **une botella de cristal**, *eine Glasflasche*; **una camiseta de algodón**, *ein T-Shirt aus Baumwolle*.

SER UND *ESTAR* + *BUENO* UND *MALO*

Wie in Modul 20 gesehen, ändern einige Adjektive ihre Bedeutung, je nachdem, ob sie mit **ser** oder **estar** verwendet werden.
• **Rico**, z. B. kann *reich* bedeuten (**Soy rico**, *Ich bin reich*) oder *lecker* (**Estas patatas están ricas**, *Diese Chips sind köstlich*).
• **Bueno** und **malo** erlauben es, eine Reihe von Nuancen auszudrücken:
- Charakter: **Este perro es bueno**, *Dieser Hund ist brav*; **Este gato es malo**, *Diese Katze ist fies*;
- Qualität: **Este médico es bueno**, *Dieser Arzt ist gut*; **Este profesor es malo**, *Dieser Dozent ist schlecht*;
- Vorteile für die Gesundheit: **El aceite de oliva es bueno para el corazón**, *Olivenöl ist gut für das Herz*; **Los precocinados son malos para la salud**, *Fertiggerichte sind gesundheitsschädlich/schlecht für die Gesundheit*;
- Geschmack: **Estos yogures están buenos**, *Diese Joghurts sind gut/lecker*; **Esta leche está mala**, *Diese Milch ist schlecht/abgelaufen*;
- Gesundheitszustand: **Está malo**, *Er ist krank*; **Ya estoy bueno**, *Mir geht es wieder gut*.

▲ KONJUGATION
DIE STARKEN INDEFINIDOS (FORTSETZUNG)

Die Verben **hacer**, **decir** und **traer** stehen im Dialog im Indefinido. Alle drei gehören zu der Kategorie der „starken" Indefinidos, auch wenn **decir** und **traer** eine kleine Besonderheit haben: die Endung der 3. Person Plural ist **-eron** und nicht **-ieron**.

hacer, machen	traer, bringen	decir, sagen
hice	traje	dije
hiciste	trajiste	dijiste
hizo	trajo	dijo
hicimos	trajimos	dijimos
hicisteis	trajisteis	dijisteis
hicieron	trajeron	dijeron

TRAER IM PRÄSENS (INDIKATIV UND SUBJUNKTIV)

• **Traer** gehört zu den Verben auf **-go** in der 1. Person des Indikativ Präsens. Diese Ausnahme findet sich in allen Formen des Subjunktivs Präsens wieder.

Indikativ Präsens	Subjunktiv Präsens
traigo	traiga
traes	traigas
trae	traiga
traemos	traigamos
traéis	traigáis
traen	traigan

• **Traer** zeigt Bewegung zu einem Ort an, an dem sich das sprechende Subjekt befindet: **Trae cervezas**, *Bring Bier mit* (nach Hause, hier, wo ich wohne).
• **Llevar** drückt das Gegenteil aus, eine Bewegung von dem Ort weg, an dem sich das sprechende Subjekt befindet: **Llévale el desayuno a la cama**, *Bring ihm sein Frühstück ans Bett*.

⬢ ÜBUNGEN

1. HÖREN SIE DIE 8 LEBENSMITTEL AN UND KREUZEN SIE DAS PASSENDE KÄSTCHEN AN.

	a	b	c	d	e	f	g	h
bebida								
comida								

22. Ich gehe zum Supermarkt

● VOKABULAR

el súper (Abkürzung von **supermercado**) *Supermarkt*
vacío/a *leer*
la mantequilla *Butter*
la mermelada *Marmelade, Konfitüre*
el desayuno *Frühstück*
correr *laufen, rennen*
comercial *kommerziell, Handel-*
el desastre *Katastrophe, Desaster*
la compra *(Ein-)Kauf/Käufe*
la lista *Liste*
apuntar *aufschreiben*
el detergente *Waschmittel*
la pasta de dientes *Zahnpasta*
el algodón *Baumwolle, Watte*
el champú *Shampoo*
higiénico/a *hygienisch*
casi *fast*
la bebida *Getränk*
la lata *(Blech-)Dose, Büchse*
la cerveza *Bier*
el litro *Liter*
el vino *Wein*
el zumo *Saft*
la fruta *Frucht*
la naranja *Orange*
la botella *Flasche*
el cristal *Glas*
el cartón *Karton, Tetrapak*
el yogur *Joghurt*
la comida *Nahrung, Essen*
la pasta *Nudeln*
la bolsa *Packung, Tüte, Beutel*
la patata *Kartoffel*
la patata frita *Chips, Pommes*
el aperitivo *Aperitif*
nada más *nichts anderes*
el pescado *Fisch*
la charcutería *Aufschnitt, Wurstware*
la carne *Fleisch*
el montón *Menge, Haufen*
precocinado/a *vorgekocht*
asqueroso/a *eklig*
me vuelve loco/a *macht mich verrückt*
la salud *Gesundheit*
básico/a *grundlegend, basisch*
la pescadería *Fischgeschäft*
la carnicería *Metzgerei*
la verdulería *Gemüseladen*
el barrio *Viertel, Nachbarschaft, Gegend, Stadtteil*

🔊 2. VERVOLLSTÄNDIGEN SIE DIE 3 ERSTEN PHRASEN DES ÜBUNGSDIALOGS.

24 a. ¿Pero qué ....? .... desastre de compra.

b. ¿..........................?

c. ¡Falta todo! No .... nada de lo que te ....

🔊 3. HÖREN SIE IHN ERNEUT AN UND VERVOLLSTÄNDIGEN SIE DIESE AUSSAGEN.

24
a. De bebidas, el hombre ha traído ....

b. La mujer le había pedido ....

c. La mujer piensa que el zumo de cartón ....

d. Al hombre también se le ha olvidado comprar ....

e. En cambio ha encontrado ....

f. Y también se le ha ocurrido ....

g. La mujer considera que están .... y que son ....

4. FÜGEN SIE DIE GEGEBENEN VERBEN IM INDEFINIDO UND IN DER ANGEGEBENEN PERSON EIN.

a. Ayer .... [nosotros/ir] al súper y .... [nosotros/volver] con un montón de bebidas.

b. La última vez .... [ellos/hacer] una compra horrible: .... [ellos/comprar] solo precocinados.

c. Anoche .... [yo/comer] demasiado y .... [yo/ponerse] enfermo.

d. ¡Qué malo .... [tú/ser]! Te .... [yo/pedir] yogures y solo .... [tú/traer] lo que te gusta a ti.

5. STREICHEN SIE DIE FALSCHE FORM DURCH.

a. Estoy cansado: tráeme/llévame una cerveza.

b. ¿Qué quieres que te traiga/lleve de París?

c. Se le había olvidado el móvil: se lo traje/llevé a la oficina.

6. ÜBERSETZEN SIE DIESE SÄTZE.

a. Im Kühlschrank ist nichts mehr: wir brauchen Bierdosen!!

→

b. Geh in den Obstladen und hol Orangen.

→

c. Ich bin verrückt nach Fisch, aber mir graut es vor Fleisch.

→

IV
DIE
HOBBYS

23.
FROHES NEUES JAHR!
¡FELIZ AÑO!

ZIELE

- EIN DATUM NENNEN: TAG, MONAT UND VOLLSTÄNDIGES DATUM SAGEN
- POLITISCHE MEINUNGEN ÄUSSERN: ICH BIN LINKS, RECHTS; ICH BIN DAFÜR, ICH BIN DAGEGEN
- ERNÄHRUNG: FLEISCH-, OBST- UND GEMÜSEBEZEICHNUNGEN
- WORTSCHATZ: RUND UM DIE WEIHNACHTSFEIERTAGE

KENNTNISSE

- ÜBERSETZUNG VON „WERDEN": *HACERSE*
- *RECORDAR/ACORDARSE DE*
- *DECIR QUE* + INDIKATIV ODER SUBJUNKTIV
- ORTHOGRAPHISCHE VERÄNDERUNGEN: DIE GRUPPEN *CE* UND *CI*
- STARKE INDEFINIDO-VERBEN: *PODER, VENIR, HABER*
- VERB AUF *-ZCO*: *DESAPARECER*

SCHÖNE FEIERTAGE!

– Worauf hast du Lust an Silvester?

– Eine Brühe und früh ins Bett. Ich habe in letzter Zeit richtig zugenommen.

– Und unsere Gäste?

– [Vielleicht] Weißt du etwa nicht, dass ich es hasse, den 31. Dezember zu feiern?

– Wie unfreundlich du geworden bist! Es wird nur meine Familie (da) sein.

– Erinnerst du dich nicht an das letzte Mal, als sie alle kamen?

– Es gab einen Streit, ja…

– Die einen sind rechts und [sind] für die Regierung, die anderen sind links und [sind] dagegen.

– Das Schlimmste ist nicht die Politik, sondern das Essen: meine Mutter verträgt Lamm und Kalbfleisch nicht.

– Und dein Schwager ist gegen Geflügel allergisch, also… adieu, gefüllter Truthahn!

– Außerdem ist meine Schwester vegan geworden und kann nicht einmal Eier essen [probieren].

– Das hat (uns) noch gefehlt [Das, was gefehlt hat].

– Wir stellen Karotten, Lauch, Tomaten hin und jeder würzt auf seine Weise.

– Was für ein Abendessen…

– Ich habe vergessen dir zu sagen, dass meine [die] Bürokollegen zum Nachtisch kommen. Keine Sorge: Ich sage ihnen, sie sollen den Nougat, den Champagner und die Trauben mitbringen.

– Ich verschwinde, ich gehe in ein Hotel! Sag ihnen, dass ich einen Termin [Verpflichtung] im Ausland hatte und nicht zurückkehren konnte.

– Hey, welcher Tag ist heute?

– Es ist der [Wir sind am] 28., warum? Ah, aber was für ein Idiot ich bin!

– Du hast es geglaubt!

– Gut, dass es ein Witz war…

¡FELICES FIESTAS!

– ¿Qué te apetece para la cena de Nochevieja?

– Un caldito y a la cama temprano. Me he puesto muy gordo últimamente.

– ¿Y nuestros invitados?

– ¿Acaso no sabes que detesto celebrar el 31 de diciembre?

– ¡Qué antipático te has vuelto! Solo va a estar mi familia.

– ¿No recuerdas la última vez que vinieron todos?

– Hubo una discusión, sí…

– Unos son de derechas y están a favor del Gobierno, otros son de izquierdas y están en contra.

– Lo peor no es la política, es la comida: a mi madre le sientan mal el cordero y la ternera.

– Y tu cuñado es alérgico a las aves, o sea, que… ¡adiós pavo relleno!

– Encima mi hermana se ha hecho vegana y no puede probar ni los huevos.

– Lo que faltaba.

– Ponemos zanahorias, puerros, tomates, y que cada cual se los aliñe a su manera.

– Menuda cena…

– Se me olvidó decirte que para el postre vienen los compañeros de la oficina. No te preocupes: les digo que traigan ellos los turrones, el champán y las uvas.

– ¡Yo desaparezco, me voy a un hotel! Diles que tuve un compromiso en el extranjero y que no pude volver.

– Oye, ¿qué día es hoy?

– Estamos a 28, ¿por qué? Ah, ¡pero qué tonto soy!

– ¡Te lo has creído!

– Menos mal que era una broma…

■ DEN DIALOG VERSTEHEN
EIN DATUM SAGEN

• Um den Tag zu sagen, gibt es zwei mögliche Formulierungen, mit **ser** oder **estar a**: **¿Qué día es hoy?**, *Welcher Tag ist heute?*; **¿A qué día estamos?**, *Welchen Tag haben wir heute?*; **Hoy es lunes**, *Heute ist Montag*; **Estamos a lunes**, *Es ist [Wir sind] Montag*.
• Um ein vollständiges Datum zu sagen, setzt man **de** vor den Monat und das Jahr: **el 12 de octubre de 1492**, *der 12. Oktober 1492*. Hier sind die Monate:

enero, *Januar*	**abril**, *April*	**julio**, *Juli*	**octubre**, *Oktober*
febrero, *Februar*	**mayo**, *Mai*	**agosto**, *August*	**noviembre**, *November*
marzo, *März*	**junio**, *Juni*	**septiembre**, *September*	**diciembre**, *Dezember*

PERSÖNLICHE MEINUNGEN

• Die Linke, die Rechte und die Mitte heißen **la izquierda**, **la derecha** und **el centro**. Die ersten beiden Begriffe werden in den Plural gesetzt, wenn sie mit dem Verb **ser** verwendet werden: **Soy de izquierdas**, *Ich bin links*; **Soy de derechas**, *Ich bin rechts*. Um *dafür* und *dagegen sein* auszudrücken, nimmt man **estar a favor de/en contra de**: **¿Estás a favor de las corridas?**, *Bist du für Stierkämpfe?*; **Estoy en contra de las corridas**, *Ich bin gegen Stierkämpfe*.

FLEISCHBEZEICHNUNGEN

• **el pavo** steht für *der Truthahn* oder *die Pute*.
• **la ternera** wird für *das Kalbs-* oder *Rindfleisch* verwendet: **Quisiera un filete de ternera**, *Ich hätte gerne ein Rinderfilet*.

KULTURELLER HINWEIS

Im Dezember gibt es in Spanien einige Feiertage: natürlich die unvermeidlichen Feierlichkeiten zum Jahresende, aber auch den 8.12. zu Ehren der Verfassung. **Nochebuena** steht für *Heiligabend* und **Nochevieja** für *Silvesterabend*, an dem um Mitternacht zwölf Trauben gegessen werden, was Glück bringen soll. Darüber hinaus ist es Tradition, dass Kinder ihre Geschenke erst am 6. Januar erhalten, an **Reyes**, *Heilige Drei Könige*. Der 28. Dezember ist ein gefährliches Datum, es ist die Feier der **Inocentes**, *Unschuldige*. Dieses Wort bedeutet auf Spanisch aber auch *naiv*… und es ist daher der Anlass für alle Arten von Witzen – das Äquivalent unserer Aprilscherze. Wenn die Farce erfolgreich ist, ruft man zum Opfer: **„¡Inocente, inocente!"**.

◆ GRAMMATIK
ÜBERSETZUNG VON „WERDEN"

Sie kennen den Unterschied zwischen **volverse** (langfristige Änderung) und **ponerse** (temporäre Änderung), der sich mit dem von **ser** und **estar** überschneidet. Wir finden sie im Dialog: **Me he puesto gordo**, *Ich bin dick geworden* (= **estoy gordo**); **Te has vuelto antipático**, *Du bist unfreundlich geworden* (= **eres antipático**); **Hacerse** kann manchmal **volverse** ersetzen, wenn die geplante Transformation freiwillig ist (z. B. eine Lebenswahl, beruflich/ideologisch): **Se ha hecho vegana**, *Sie ist Veganerin geworden*.

„ICH ERINNERE MICH"

- Sie kennen **acordarse**, *sich erinnern*. Sie können es alleinstehend oder mit der Präposition **de**, hier *an*, verwenden: **¿Te acuerdas?**, *Erinnerst du dich?*; **Sí, me acuerdo**, *Ja, ich erinnere mich*; **¿Te acuerdas de mí?**, *Erinnerst du dich an mich?*; **Claro que me acuerdo de ti**, *Natürlich erinnere ich mich an dich*.
- Ein Verb mit der gleichen Bedeutung ist **recordar**, was aber nicht reflexiv ist und ohne **de** steht: **¿Recuerdas la vez que vinieron todos?**, *Weißt du noch, als alle hier waren?*. Man kann es auch mit einem Pronomen verwenden: **Me recuerda a alguien**, *Er erinnert mich an jemanden*; **Recuérdame que tengo que llamarlo**, *Erinnere mich daran, dass ich ihn anrufen muss*.

„SAGEN, DASS"

DECIR QUE + INDIKATIV
Wenn der Indikativ nach **decir que** benutzt wird, impliziert dies eine Tatsache, einen Fakt: **Diles que tuve un compromiso**, *Sag ihnen, dass ich eine Verpflichtung hatte*.

DECIR QUE + SUBJUNKTIV
Wenn es sich um einen Befehl handelt, wird nach **decir que** der Subjunktiv angewandt: **Les digo que traigan los turrones**, *Ich sage ihnen, dass sie Nougat mitbringen sollen*.

ORTHOGRAPHISCHE VERÄNDERUNGEN

- Hier die Änderungen bzgl. der Buchstaben **-g** und **c-**: **sacar**, *holen*/**saqué**, *ich habe geholt*; **elegir**, *wählen*/**elijo**, *ich wähle*; **pagar**, *zahlen*/**pagué**, *ich habe gezahlt*.
- Die Schreibweisen **ze**/**zi** existieren auf Spanisch kaum: *Zebra* z. B. wird **cebra** geschrieben. Da **z** und **c** (vor **e** oder **i**) wie das englische [th] wie in *think* ausgesprochen werden, wird ein mögliches **ze**/**zi** zu **ce**/**ci**: **Feliz año**, aber **Felices fiestas**.

▲ KONJUGATION
WEITERE STARKE INDEFINIDO-VERBEN (FORTSETZUNG)

Der Dialog vervollständigt fast die Liste der starken Indefinidos: hier **poder** und **venir** sowie das Hilfsverb **haber**.

haber, *haben*	**poder**, *können*	**venir**, *kommen*
hube	pude	vine
hubiste	pudiste	viniste
hubo	pudo	vino
hubimos	pudimos	vinimos
hubisteis	pudisteis	vinisteis
hubieron	pudieron	vinieron

EIN VERB AUF *-ZCO*

Sie wissen, dass die Verben auf **-acer, -ecer, -ocer, -ucir** ihre erste Person im Präsens auf **-zco** bilden: **nazco**, *ich werde geboren*; **parezco**, *ich scheine*; **conozco**, *ich kenne*; **conduzco**, *ich fahre*. Hier sehen Sie **desaparecer**, *verschwinden*:

desaparecer
desaparezco
desapareces
desaparece
desaparecemos
desaparecéis
desaparecen

⬢ ÜBUNGEN

🔊 1. HÖREN SIE SICH DIE DATEN AN, TRANSKRIBIEREN SIE AUF SPANISCH UND GEBEN SIE IHR ÄQUIVALENT IN ZAHLEN AN (Z. B.: *EL 1 DE ENERO DE 2017* = 01/01/2017).

a.

b.

c.

d.

🔊 2. VERVOLLSTÄNDIGEN SIE DIE 3 ERSTEN PHRASEN DES ÜBUNGSDIALOGS.

a. Dime, Luis: ¿tenéis ……………………… para ……………………… ?

b. No, ……………………… quedarnos en casa. Estamos ………………………

c. ¿Por qué no ……………………… y lo ……………………… juntos?

VOKABULAR

feliz *fröhlich, glücklich*
la Nochevieja *Silvester(-nacht, -abend)*
la cena *Abendessen*
el caldo *Brühe*
temprano *früh*
ponerse gordo/a *zunehmen*
últimamente *kürzlich, zuletzt*
el/la invitado/a *Gast*
celebrar *feiern*
diciembre *Dezember*
antipático/a *unsympathisch, unfreundlich*
recordar [ue] *sich erinnern (an)*
la discusión *Streit*
ser de derechas *rechts sein/stehen*
ser de izquierdas *links sein/stehen*
estar a favor de *dafür sein*
el gobierno *Regierung*
estar en contra de *dagegen sein*
la política *Politik*
me sienta mal el/la ... *ich vertrage... nicht*
el cordero *Lamm(-fleisch)*
la ternera *Rind-, Kalbsfleisch*
alérgico/a *allergisch*
el ave (fem.) *Vogel*
las aves *Geflügel*
el pavo *Truthahn, Pute*
relleno/a *gefüllt*
encima *obendrein, nicht nur das*
vegano/a *vegan*
probar [ue] *probieren*
el huevo *Ei*
lo que faltaba *auch das noch, das hat noch gefehlt*
la zanahoria *Karotte*
el puerro *Lauch, Porree*
el tomate *Tomate*
cada cual *jede/r/s*
aliñar *würzen*
la manera *Weise, Art*
el postre *Dessert, Nachtisch*
el turrón *Nougat*
el champán *Champagner*
la uva *Weintraube*
desaparecer *verschwinden*
el hotel *Hotel*
el compromiso *Engagement, Verpflichtung*
menos mal que *zum Glück, Gott sei Dank*

3. HÖREN SIE NOCH EINMAL ZU UND KREUZEN SIE DIE RICHTIGEN AUSSAGEN AN.

25 a. ☐ Carmen y Luis se van a acostar sin tomar las uvas.

b. ☐ Piensan que se han puesto gordos con las fiestas.

c. ☐ A Carmen le sienta mal el cordero.

d. ☐ Carmen no come pavo porque se ha hecho vegana.

e. ☐ Carmen puede comer carne picada.

f. ☐ A Carmen los compañeros de la oficina le caen mal.

4. KONJUGIEREN SIE DIE VERBEN IN DEN INDIKATIV ODER SUBJUNKTIV.

a. Dice que ……………………………… demasiado gordo. [estar]

b. ¡Luis nos ha invitado, dice que ……………………………… a cenar con él! [ir]

c. Luis dice que su mujer ……………………………… vegana. [ser]

d. Le dice a su amigo que no ……………………………… carne para ella. [comprar]

5. WÄHLEN SIE EINES DER VERBEN UND KONJUGIEREN SIE ES IM GEGEBENEN TEMPUS.

a. Mi cuñado [ponerse/volverse] ……………………………… de izquierdas. (Perfekt)

b. ¿No comes pavo? ¿[hacerse/volverse] ……………………………… alérgica a las aves? (Perfekt)

c. Pon el champán en el frigorífico para que [ponerse/volverse] ……………………………… frío. (Subjunktiv Präsens)

d. Mi vecina [hacerse/ponerse] ……………………………… librera porque le gustaban los libros. (Indefinido)

6. ÜBERSETZEN SIE DIESE SÄTZE.

a. Erinnerst du dich nicht an das letzte Mal, als wir zusammen zu Abend gegessen haben? (zwei Formulierungen)

→

b. Ich habe Lust auf eine Brühe mit Karotten und Lauch.

→

c. Ich mag kein Kalbssteak und ich vertrage Lamm nicht gut.

→

d. Gott sei Dank gab es Nougat und Trauben zum Nachtisch!

→

24.
GUTEN APPETIT!
¡QUE APROVECHE!

ZIELE

- IM RESTAURANT: UM EMPFEHLUNGEN UND ERKLÄRUNGEN BITTEN; AUSWÄHLEN UND BESTELLEN
- WORTSCHATZ DER SPEISEKARTE: FLEISCHARTEN UND -ZUBEREITUNG; FISCHBEZEICHNUNGEN; GETRÄNKE

KENNTNISSE

- DIE UMSCHREIBUNG *IR* + GERUNDIUM
- DIE ENKLISE IM GERUNDIUM
- DER ARTIKEL *EL* VOR EINEM FEMININEN NOMEN
- DOPPELTE BEDEUTUNG: *SER/ESTAR DELICADO*
- CHARAKTERISIERUNGSWERT DER PRÄPOSITION *DE*
- REGELMÄSSIGES FUTUR; EINE AUSNAHME (*HACER*)

IM RESTAURANT

– Ich habe einen Tisch auf den Namen Pedro Angulo reserviert.

– Ja, folgen Sie mir bitte.

– Ich habe die Reservierung für sechs Personen gemacht und im Endeffekt werde ich alleine sein.

– Wir sind hier, um die [den] Kunden zufrieden zu stellen. Ich gebe Ihnen diesen Tisch, passt er Ihnen?

– Er ist ein bisschen nah an der Toilettentür… Gibt es nicht einen draußen, auf der Terrasse, im Freien?

– Dieser dort ist für drei vorgesehen, aber wir werden uns bemühen… Werden Sie einen Aperitif nehmen, während Sie sich die Speisekarte anschauen [lesen]?

– Nein, ich habe es ziemlich eilig. Ich hätte gerne Fisch, was empfehlen Sie mir?

– Ich kann Ihnen Seehecht, Seezunge und Meerbarbe anbieten.

– Ah, ich hatte mehr Lust auf gegrillte Sardinen… dann werde ich Fleisch nehmen.

– Es gibt galizisches Ochsensteak, großartig. Möchten Sie es gar? Blutig?

– Welche Beilage hat es?

– Ofenkartoffeln, aber wir können es ändern.

– Wenn ich es mir recht überlege, bevorzuge ich etwas Leichtes. Können Sie mir eine gegrillte Hühnerbrust mit einem gemischten Salat machen?

– Ähm, das ist keine Strandbar, der Herr.

– Na dann werde ich direkt das Dessert bestellen.

– Es gibt einen Hauskuchen: Erdbeere oder Himbeere?

– Mein Favorit ist [der] Apfelkuchen, aber ich werde nicht wählerisch sein: Erdbeere.

– Möchten Sie etwas trinken? Einen süßen Wein?

– Nur Wasser, danke.

– Mit Kohlensäure? Ohne Kohlensäure?

– Eine Karaffe und bei Zimmertemperatur. Ich ertrage kaltes Wasser sehr schlecht.

EN EL RESTAURANTE

– He reservado una mesa a nombre de Pedro Angulo.

– Sí, sígame, por favor.

– Hice la reserva para seis personas y al final estaré solo.

– Estamos aquí para satisfacer al cliente. Le daré esta mesa, ¿le va bien?

– Está un poco cerca de la puerta del servicio… ¿No hay una fuera, en la terraza, al fresco?

– Aquella está prevista para tres, pero haremos un esfuerzo… ¿Tomará usted un aperitivo mientras va leyendo la carta?

– No, tengo bastante prisa. Quisiera algo de pescado, ¿qué me recomienda?

– Le puedo ofrecer merluza, lenguado y salmonetes.

– Ah, me apetecían más bien sardinas asadas… Tomaré carne entonces.

– Hay chuletón de buey gallego, espléndido. ¿Lo quiere al punto? ¿Poco hecho?

– ¿Qué guarnición tiene?

– Patatas al horno, pero se la podemos cambiar.

– Pensándolo bien, prefiero algo ligero. ¿Me puede hacer una pechuga a la plancha, con una ensalada mixta?

– Ejem, esto no es un chiringuito de playa, caballero.

– Bueno, pues entonces pediré directamente el postre.

– Hay tarta de la casa: ¿de fresa o de frambuesa?

– Mi preferida es la tarta de manzana, pero no seremos delicados: de fresa.

– ¿Beberá usted algo? ¿Un vino dulce?

– Solo agua, gracias.

– ¿Con gas? ¿Sin gas?

– Una jarra, y del tiempo. Me sienta fatal el agua fría.

DEN DIALOG VERSTEHEN
ZU TISCH!

→ Fleischstücke nennen und die Zubereitung angeben:
  - **un chuletón**, *(T-Bone) Steak*
  - **una chuleta de cerdo**, *Schweinekotelett*, oder **de cordero**, *Lammkotelett*
  - **una pechuga**, *Hähnchenbrust* oder **muslo**, *Hähnchenkeule*
  - **al punto**, *gar*
  - **poco hecho**, *blutig*
  - **muy hecho**, *gut durchgebraten*
→ Ein Getränk kann **frío/a**, *kalt*, oder **del tiempo**, *ungekühlt, bei Zimmertemperatur* sein.
→ Vorsicht vor Fallen! **Ensalada (mixta)** heißt *(gemischter) Salat*, aber dieses Wort hat zwei Diminutive: **ensaladita**, einfach *kleiner Salat*, und **ensaladilla**, was *russischer Salat* heißt. Was **tarta** betrifft, kann es für *Kuchen* stehen (**tarta de manzanas**, *Apfeltarte, -kuchen*), aber auch für *Torte*.
→ Schließlich noch zwei Formulierungen, um *guten Appetit* zu wünschen: **Que aproveche** oder **Buen provecho**.

KULTURELLER HINWEIS

In Spanien gibt es fast 270000 Bars und Gastronomiebetriebe – das heißt 1 pro 175 EinwohnerIn, ein Weltrekord: wenn man ein wenig zusammenrückt, würde die nationale Bevölkerung in ihre Bars passen… Ganz zu schweigen von der Spitzenklasse, reicht das Angebot vom traditionellen **casa de comidas**, *Gaststätte*, zur modernen Gastro-Bar mit grauer Dekoration und Fusionsküche, ohne **el chiringuito**, *Imbissstand, Strandcafé* zu vergessen, wo alles möglich ist: von köstlichem, erschwinglichem frischem Fisch bis hin zu grober Paella zu Preisen, die jede Art von Kundschaft… herausfordert! **Ir de copas**, *etwas trinken gehen*, wird in Spanien häufig gemacht und manchmal gibt es *etwas zum Knabbern*, **algo para picar**, kaum vorstellbar: hier betreten wir das riesige Universum von **la tapa**. Eine plausible Legende besagt, dass der Begriff von **tapar**, *bedecken*, kommt und dass **la tapa** früher eine Scheibe Aufschnitt bezeichnet hat, die auf das Glas gelegt wurde, um es vor Fliegen zu schützen. Die Zeiten haben sich geändert und **la tapa** ist manchmal eine interessante Weise, die Gastronomie der Orte zu erkunden: im Norden, unter dem Namen **pintxos**, handelt es sich um echte Mini-Gerichte, abwechslungsreich und lecker. Mit mehreren Personen können Sie auch größere Portionen anfordern, **medias raciones** und **raciones**.

◆ GRAMMATIK
ANWENDUNGEN DES GERUNDIUMS

***IR* + GERUNDIUM**

Sie kennen die Verlaufsform: **estoy comiendo**, *ich bin dabei, zu essen*. Es gibt eine andere Modalität dieser Periphrase, wo das Gerundium **ir** folgt: **mientras va leyendo la carta**, *beim Lesen der Speisekarte, während Sie die Speisekarte lesen*. Hier wird betont, dass die Handlung ihr Ende nicht erreicht hat oder gerade erst beginnt. Man sagt z. B. **Voy mejorando en español**, *Ich werde nach und nach besser in Spanisch* oder im Herbst **Va haciendo frío**, *Es wird langsam kalt*.

DIE ENKLISE IM GERUNDIUM

Wie beim Imperativ und im Infinitiv hängt sich das Personalpronomen an die verbale Form: **Pensándolo bien**, *Bei näherem Nachdenken*; **Estoy hablándote**, *Ich rede gerade mit dir*. Beachten Sie den schriftlichen Akzent, der erscheint, da sich das Wort aufgrund der Enklise um eine Silbe verlängert.

DER ARTIKEL *EL* VOR EINEM FEMININEN NOMEN

Wenn ein weibliches Substantiv mit betontem **a-** beginnt, ist der definite Artikel nicht **la**, sondern **el**: **el agua**. Es geht lediglich darum, das Aufeinandertreffen von zwei **a**'s in einer starken Position zu vermeiden. Achten Sie also darauf, diese Regel nicht falsch und durchgehend anzuwenden! Sie gilt nicht für Wörter, bei denen das initiale **a-** keinen tonischen Akzent hat: **la amiga** (es ist die Silbe **-mi**, die betont ist). Im Plural tritt das Problem auch nicht auf und wir sehen daher den weiblichen Artikel: **las aguas termales**, *die Thermalquellen*. Das betreffende Wort wird nicht maskulin – wenn es von einem Adjektiv begleitet wird, wird dieses an das Femininum angeglichen: **el agua fresca**, *das frische Wasser*; **el ave blanca**, *der weiße Vogel*.

ZUM EINPRÄGEN

DOPPELDEUTIGKEIT MIT *SER* UND *ESTAR*

Sie haben beim Reden über Geschmäcker und Ansprüche **ser delicado**, *wählerisch /schwierig sein*, gesehen: **Este niño es delicado, no le gusta nada**, *Dieses Kind ist schwierig, es mag nichts*. Man kann dieses Adjektiv auch im Sinne von *zart* benutzen: **Esta flor es delicada**, *Diese Blume ist zart*. Aber zusammen mit **estar**, bezieht es sich auf die Gesundheit: **Mi abuela está delicada**, *Meine Großmutter ist geschwächt*.

DIE PRÄPOSITION *DE*

Merken Sie sich die Verwendung der „Charakterisierung" der Präposition **de**: **una tarta de manzana**, *ein Apfelkuchen*. Es gibt keine konkrete Entsprechung auf Deutsch, da unsere Sprache die Bildung von Komposita erlaubt: **helado de vainilla**, *Vanilleeis*.

▲ KONJUGATION
DAS FUTUR

Die spanische Zukunftsform besteht aus einem einzelnen Verb: es wird mit dem Infinitiv des Verbs konstruiert, an das man je nach Person Endungen hinzufügt: **cantaré, cantarás:...**, *ich werde singen, du wirst singen,* etc. Achten Sie genau auf den Akzent in Rechtschreibung und Aussprache. Es gibt ein paar Ausnahmen, aber sie beziehen sich nur auf den Stamm: Sie haben z. B. **haremos**, *wir werden machen*, kennengelernt, Futur des Verbs **hacer**. In Bezug auf die Verwendung vermittelt es etwas weniger Sicherheit oder „Absicht" als die Konstruktion **ir a** + Infinitiv (Modul 26).

hacer, *machen*	**tomar**, *nehmen*	**beber**, *trinken*
haré	tomaré	beberé
harás	tomarás	beberás
hará	tomará	beberá
haremos	tomaremos	beberemos
haréis	tomaréis	beberéis
harán	tomarán	beberán

⬢ ÜBUNGEN

🔊 1. HÖREN SIE DIESE 8 LEBENSMITTEL AN UND KREUZEN SIE DAS ENTSPRECHENDE KÄSTCHEN AN.
26

	a	b	c	d	e	f	g	h
carne								
pescado								

🔊 2. VERVOLLSTÄNDIGEN SIE DIE 3 ERSTEN PHRASEN DES ÜBUNGSDIALOGS.
26
a. Hola, buenos días, ¿ ....?

b. Si no ...., hay un poquito de espera.

c. ¿ ...., más o menos?

VOKABULAR

que aproveche *guten Appetit*
el restaurante *Restaurant*
reservar *reservieren*
a nombre de *im Namen von, auf den Namen*
la reserva *Reservierung*
satisfacer *zufrieden stellen, befriedigen*
la puerta *Tür*
el servicio *Toilette*
fuera *draußen*
la terraza *Terrasse*
fresco/a *frisch, kühl*
previsto/a *geplant, vorgesehen*
el esfuerzo *Mühe*
la carta *Speisekarte, Brief, Karte*
recomendar [ie] *empfehlen*
ofrecer *anbieten*
la merluza *Seehecht*
el lenguado *Seezunge*
el salmonete *Meeräsche, Meerbarbe*
la sardina *Sardine*
asado/a *gegrillt, gebraten*
el chuletón *(T-Bone-) Steak*
el buey *Ochse*
gallego/a *galizisch, aus Galizien*
espléndido/a *großartig, hervorragend*
al punto *gar*
poco hecho/a *blutig*
la guarnición *Beilage*
cambiar *ändern*
bien pensado *gut durchdacht*
ligero/a *leicht*
la pechuga *Hähnchenbrust*
la ensalada mixta *gemischter Salat*
el chiringuito *Strandbar, -café*
la tarta *Tarte, Kuchen, Torte*
la fresa *Erdbeere*
la frambuesa *Himbeere*
la manzana *Apfel*
delicado/a *schwierig, wählerisch, zart, kränklich*
dulce *süß*
con gas *mit Kohlensäure, sprudelig*
sin gas *ohne Kohlensäure, still*
la jarra *Karaffe*
del tiempo *ungekühlt, bei Zimmertemperatur*
frío/a *kalt*

3. HÖREN SIE NOCH EINMAL ZU UND KREUZEN SIE DIE RICHTIGEN AUSSAGEN AN.

a. ☐ El camarero y los clientes se tratan de usted.

b. ☐ Hay un cuarto de hora de espera para la terraza.

c. ☐ Todos beberán cerveza.

d. ☐ Media ración está bien para tres.

e. ☐ El niño come pechuga.

f. ☐ De tapa van a pedir gambas, sardinas y calamares.

g. ☐ Tomarán también ensaladilla.

4. SCHREIBEN SIE DIESE SÄTZE IM FUTUR.

a. ¿Reservas una mesa para estar seguros o vamos así?

→

b. ¿Tomáis vino o preferís cerveza?

→

c. Vale, no soy delicado: me siento dentro si no hay sitio fuera.

→

d. ¿Me hace usted una pechuga a la plancha?

→

5. WANDELN SIE DIESE SÄTZE MITHILFE DER PERIPHRASE *IR* + GERUNDIUM UM (BEISPIEL: A. ER WIRD ALT → ER WIRD LANGSAM ÄLTER).

a. Se hace viejo. →

b. ¿Ponemos la mesa? →

c. Aso las sardinas, ¿vale? →

d. El tiempo cambia. →

6. ÜBERSETZEN SIE DIESE SÄTZE.

a. Ich werde gut durchgebratene Lammkoteletts nehmen und einen Erdbeerkuchen.

→

b. Ich bat um ungekühltes stilles Wasser und Sie brachten mir kalten Sprudel.

→

c. Können Sie die Beilage des Ochsensteaks ändern?

→

25.
DAS STEHT MIR ÜBERHAUPT NICHT

ME QUEDA FATAL

ZIELE	KENNTNISSE

- KLEIDUNG KAUFEN: SIE BENENNEN; UM EINE GRÖSSE BITTEN; SAGEN, WIE EIN KLEIDUNGSSTÜCK STEHT
- ÜBER MODE SPRECHEN
- EINEN UMTAUSCH VERHANDELN
- WORTSCHATZ: JAHRESZEITEN

- DER SUBJEKT-INFINITIV: *ES DIFÍCIL ACERTAR*
- DER BEDINGUNGSNEBENSATZ IM SUBJUNKTIV: *CON TAL DE QUE*
- DIE NEGIERENDE PHRASE: *NI SIQUIERA*
- UNREGELMÄSSIGE FUTUR-VERBEN: *PODER, PONER, TENER, QUERER, VALER*

IN EINEM BEKLEIDUNGSSGESCHÄFT

– Guten Tag, wirst du bedient?

– Hallo, man hat mir einige hier gekaufte Artikel geschenkt…

– Und du willst sie zurückgeben, ist es das? Das tritt oft auf. Mit Kleidung ist es schwirig, ins Schwarze zu treffen.

– Es ist nicht (so), dass sie hässlich sind, aber Sie passen mir nicht gut.

– Wenn du die Quittung nicht weggeworfen hast, kannst du sie umtauschen, solange sich die Artikel in einem guten Zustand befinden.

– Den Minirock habe ich nicht mal anprobiert: ich weiß, dass er mir steht wie einem Heiligem zwei Pistolen.

– Diese Saison trägt man nichts Langes, weißt du?

– Selbst wenn es in Mode ist, ich werde nichts tragen, das nicht bis übers Knie geht, es steht mir nicht.

– Und das Kleid?

– Es ist breit an der Taille, schmal an den Schultern und kurz an den Ärmeln.

– Wenn du möchtest, nehmen wir Änderungen vor.

– Die Farbe überzeugt mich auch nicht. Um Braun zu tragen, muss ich warten, bis es Herbst wird.

– Es ist nicht sehr frühlingshaft, das stimmt.

– Dafür muss ich einem Jungen ein Geschenk machen. Habt ihr eine Herren-Abteilung?

– Ja. Suchst du etwas Konkretes?

– Ein blaues Jackett.

– Welche Größe trägt er?

– Er hat [eine] 42.

– Schau, das, wonach du suchtest! Und reduziert, du hast Glück: 60 Euro, nicht mehr.

– Ein Schnäppchen, ich nehme es.

– Dann schuldest du mir nur 20.

– Das heißt, meine beste Freundin gab nur 40 Euro für meinen Geburtstag aus… Ich werde mich daran erinnern!

EN UNA TIENDA DE ROPA

– Buenas, ¿te atienden?

– Hola, me han regalado unos artículos comprados aquí…

– Y deseas devolverlos, ¿es eso? Suele ocurrir. Con la ropa es difícil acertar.

– No es que sean feos, pero no me quedan bien.

– Si no has tirado el tique podrás cambiarlos, con tal de que el artículo esté en buen estado.

– La minifalda ni me la he probado: sé que me sientan como a un santo dos pistolas.

– Esta temporada no se llevará lo largo, ¿sabes?

– Aunque esté de moda nunca me pondré nada por encima de la rodilla, no me favorece.

– ¿Y el vestido?

– Me queda ancho de cintura, estrecho de hombros y corto de mangas.

– Si quieres, hacemos arreglos.

– Tampoco me convence el color. Para ir de marrón tendré que esperar a que sea otoño.

– No es muy primaveral, desde luego.

– En cambio, tengo que hacer un regalo a un chico. ¿Tenéis sección de caballero?

– Sí. ¿Buscas algo en concreto?

– Una americana azul.

– ¿Qué talla usa?

– Gasta una 42.

– Mira, ¡lo que buscabas! Y rebajada, tienes suerte: 60 euros nada más.

– Una ganga, me la quedo.

– Pues solo me debes 20.

– O sea, que mi mejor amiga solo se gastó 40 euros por mi cumpleaños… ¡Me acordaré!

DEN DIALOG VERSTEHEN
NAMEN DER KLEIDUNGSSTÜCKE

→ Wie im Deutschen gibt es ein kollektives Singular-Nomen, um *Kleidung* zu bezeichnen: **la ropa**. Man spricht daher von **la tienda de ropa**, *Bekleidungsgeschäft*; **ropa de caballero**, *Männerbekleidung*, und **ropa interior** für *Unterwäsche*. Wenn Sie ein bestimmtes *Kleidungsstück* hervorheben möchten, verwenden Sie das Wort **prenda**: **No me gusta el color de esta prenda**, *Ich mag die Farbe dieses Kleidungsstücks nicht*.

→ In den vorherigen Dialogen haben Sie bereits einen kleinen Wortschatz der häufigsten Kleidungsstücke erworben. Mit diesen Begriffen vertiefen wir ihn: **la americana**, *Sakko, Jackett*; **la chaqueta**, *Jacke*; **el traje**, *Anzug*; **el traje de chaqueta**, *Hosenanzug, Kostüm*.

DIE GRÖSSEN

→ **¿Cuál es su talla?**, **¿Qué talla usa?**, **¿Qué talla gasta?** sind drei äquivalente Fragen für *Welche Größe haben Sie?*. Wenn es sich um Schuhe handelt, fragt man **¿Qué pie gasta?**.

DAS STEHT/PASST MIR, DAS NICHT

→ **Quedar** ist das gängige Verb, um zu sagen, ob Ihnen ein Kleidungsstück passt/steht: **Me queda bien, mal, fatal**, *Es steht/passt mir gut, schlecht, überhaupt nicht*.

→ Ihr Urteil kann präziser sein (**Me queda corto, largo, ancho, estrecho…**, *Es ist (zu) kurz, lang, breit, schmal…*) und sich an einen Teil des Kleidungsstücks anhängen (**de hombros**, *an den Schultern*; **de mangas**, *an den Ärmeln…*). Achtung vor diesen ähnlichen Wörtern: **la cintura**, *die Taille*, und **el cinturón**, *der Gürtel*.

→ Mit **sentar** lässt sich auch ausdrücken, dass Ihnen etwas „steht", aber es handelt sich eher um die allgemeine Wirkung, die eine solche Art von Produkt auf Sie hat: **Me sienta fatal el verde**, *Grün steht mir überhaupt nicht*.

MODE, SAISONS, JAHRESZEITEN

→ Sie haben im Dialog Vokabeln zur Mode kennengelernt: **estar de moda**, *in/in Mode sein*; **temporada**, *Saison* (**Esta temporada no se llevará lo largo**, *Diese Saison trägt man nichts Langes*); **ropa de temporada**, *Kleidung der Saison*.

→ *Die vier Jahreszeiten*, **las cuatro estaciones**, lauten: **el invierno**, *Winter*; **la primavera**, *Frühling*; **el verano**, *Sommer* und **el otoño**, *Herbst*.

KULTURELLER HINWEIS

Umgangssprachliche Ausdrücke können Ihre Unterhaltungen ausschmücken. Um zu sagen, wie wenig Sie von dem Outfit eines Mitmenschen halten, haben Sie kennengelernt: **Te sienta como a un santo dos pistolas**, wörtl. *Es steht dir wie einem Heiligem zwei Pistolen*. Merken Sie sich auch **Va vestido por su enemigo**, wörtl. *Er wird von seinem Feind gekleidet*.

◆ GRAMMATIK
DER SUBJEKT-INFINITIV

In vielen gebräuchlichen Ausdrücken ist der Infinitiv das eigentliche Subjekt eines Verbs: *Es ist schwierig zu wählen = wählen ist schwierig*. Im Spanischen stehen dabei nicht die Infinitivkonstruktion *zu* und auch keine Präpositionen oder Personalpronomen dazwischen: **Es difícil elegir**. Man sagt daher: **Es inútil insistir**, *Es ist sinnlos (darauf) zu bestehen*; **No es fácil acertar**, *Es ist nicht einfach richtig auszuwählen*; **Es interesante viajar**, *Es ist interessant zu reisen*; **No es necesario reservar**, *Es ist nicht nötig zu reservieren*; **Está prohibido fumar**, *Es ist verboten zu rauchen*, etc.

DER BEDINGUNGSNEBENSATZ IM SUBJUNKTIV

Wie im Deutschen kann die Bedingung einfach mit **si**, *wenn* + Verb im Indikativ ausgedrückt werden, aber bestimmte bedingte Konjunktionen erfordern den Subjunktiv: **Podrás cambiarlo si está en buen estado**, *Du wirst es umtauschen können, wenn es in gutem Zustand ist*; **Podrás cambiarlo con tal de que esté en buen estado**, *Du wirst es umtauschen können, unter der Bedingung, dass es in gutem Zustand ist*.

DIE NEGIERENDE PHRASE

Es gibt zwei Konstruktionen der Negation: **Nunca me pondré una minifalda** oder **No me pondré nunca una minifalda**, *Ich werde niemals einen Minirock tragen*; **Tampoco me convence el color** oder **No me convence tampoco el color**, *Auch die Farbe überzeugt mich nicht*. Der Dialog beinhaltet eine neue negative Phrase: **ni siquiera**, *nicht mal*, normalerweise vor dem Verb platziert: **Ni siquiera me la he probado**, *Ich habe es noch nicht einmal anprobiert*. Oft nimmt diese Äußerung eine verkürzte Form an – einfach **ni**: **Ni me la he probado**, *Ich habe es nicht mal anprobiert*.

▲ KONJUGATION
DIE UNREGELMÄSSIGEN FUTUR-VERBEN

Es gibt insgesamt 12 davon. Sie haben schon **hacer**, *machen* gesehen: **haré, harás…**, *ich werde/du wirst… machen*; hier sind 3 weitere aus dem Dialog: **poder**, **poner**, **tener**.

poder, *können*	**poner**, *setzen, stellen, legen*	**tener**, *haben*
podré	pondré	tendré
podrás	pondrás	tendrás
podrá	pondrá	tendrá
podremos	pondremos	tendremos
podréis	pondréis	tendréis
podrán	pondrán	tendrán

In den nächsten Modulen werden Sie 6 weitere unregelmäßige Verben entdecken. Um die Liste zu vervollständigen, behalten Sie sich daher auch schon die unregelmäßigen Futur-Formen von **querer** und **valer**.

querer, *wollen, lieben*	**valer**, *kosten*
querré	valdré
querrás	valdrás
querrá	valdrá
querremos	valdremos
querréis	valdréis
querrán	valdrán

⬢ ÜBUNGEN

🔊 1. SCHREIBEN SIE DAS WORT AUF, DAS DER DEFINITION ENTSPRICHT, DIE SIE HÖREN.

27 a. Es ....

b. Es ....

c. Es ....

d. Es ....

🔊 2. VERVOLLSTÄNDIGEN SIE DIE 3 ERSTEN PHRASEN DES ÜBUNGSDIALOGS.

27 a. Buenos días, ... ¿le ....?

b. Hola, buenas. Mire, quisiera .... que me acaba de regalar mi mujer.

c. ¿No le gusta o no ....?

VOKABULAR

el artículo *Artikel, Stück*
desear *wünschen*
acertar [ie] *(ins Schwarze) treffen, finden, gut auswählen*
tirar *(weg-)werfen*
el tique *Ticket*
con tal de que *vorausgesetzt, dass; wenn; unter der Bedingung, dass*
el estado *Zustand, Stand, Lage*
la minifalda *Mini-Rock*
probar [ue] *anprobieren*
el/la santo/a *Heiliger, Sankt*
la pistola *Pistole*
la temporada *Saison*
de moda *in Mode, trendy, „in" sein*
favorecer *gut stehen, schmeicheln*
el vestido *Kleid*
ancho/a *breit*
la cintura *Taille*
estrecho/a *schmal, eng*
la manga *Ärmel*
el arreglo *Ausbesserung, Änderung*
marrón *(kastanien-)braun*
el otoño *Herbst*
primaveral *frühlingshaft*
el regalo *Geschenk*
la sección *Abteilung, Sektion*
en concreto *konkret*
la americana *Jackett*
la talla *Größe*
usar *tragen (Größe)*
gastar *haben, tragen (Größe)*
rebajado/a *reduziert, ermäßigt*
la suerte *Glück*
la ganga *Schnäppchen*
quedarse *nehmen, behalten*

3. HÖREN SIE NOCH EINMAL ZU UND KREUZEN SIE DIE RICHTIGEN AUSSAGEN AN.

27
a. ☐ El hombre suele llevar colores claros.

b. ☐ Gasta una talla 44.

c. ☐ La americana está bien de hombros pero corta de mangas.

d. ☐ Necesita un cinturón para que le quede bien el pantalón.

e. ☐ La política de la tienda es cambiar una prenda por otra.

f. ☐ Al cliente se le ha perdido el tique.

g. ☐ Su mujer quiere comprarle una americana.

4. SETZEN SIE DAS HAUPTVERB INS FUTUR UND ERSETZEN SIE *SI* MIT *CON TAL DE QUE*. (BEISPIEL: A. ICH WERDE MEIN KLEID TRAGEN, UNTER DER BEDINGUNG, DASS DU DEIN JACKETT TRÄGST)

a. Me pongo el vestido si te pones la americana.

→

b. Le queda perfecta si le hacemos unos arreglos.

→

c. Te puedes poner este pantalón si pierdes unos kilos.

→

5. VERWANDELN SIE DIE SÄTZE NACH DIESEM MUSTER IN ZUGESTÄNDNISSE: SELBST WENN ICH ES IHM GEBE, WIRD ER ES NICHT WOLLEN.

a. Se lo regalo, pero no lo quiere.

→

b. Gastan mucho en lotería, pero nunca tienen suerte.

→

c. Este artículo está rebajado, pero vale demasiado.

→

6. ÜBERSETZEN SIE DIESE SÄTZE.

a. Diese Farbe sieht schrecklich an dir aus und es ist nicht einmal deine Größe.

→

b. In dieser Saison werden lange Röcke nicht in Mode sein.

→

c. Herbst-Winter-Kleidung schmeichelt mir nicht.

→

26.
WOZU NÜTZT ES?

¿PARA QUÉ SIRVE?

ZIELE

- BEIM KAUF UM HILFE UND ERKLÄRUNGEN BITTEN
- ÜBER ZUKÜNFTIGE EREIGNISSE SPRECHEN
- WORTSCHATZ DER INFORMATIK: GRUNDLEGENDE UND UMGANGSSPRACHLICHE BEGRIFFE
- DEZIMALSTELLEN, PROZENTSÄTZE UND SEHR GROSSE ZAHLEN AUSDRÜCKEN

KENNTNISSE

- PRÄPOSITIONEN: *INTERESARSE POR, INTERESADO EN, ENTENDER DE, SERVIR PARA*
- DIE NAHE ZUKUNFT: *IR A* + INFINITIV
- TEMPORALSATZ: *CUANDO/ EL DÍA EN QUE/ EN CUANTO*; ZUKUNFT DURCH (VERGANGENEN) SUBJUNKTIV AUSDRÜCKEN
- UNREGELMÄSSIGE FUTUR-VERBEN: *DECIR, HABER, VENIR, SABER*

IN DER IT-ABTEILUNG

– Kann ich Ihnen helfen [eine Hand geben]?

– Ja, ich bin etwas älter und ich gestehe, dass ich mich nicht auskenne.

– Sind Sie am Kauf eines elektronischen Geräts interessiert?

– Das ist es, eines dieser Geräte. Mir wurde gesagt, dass sich mein Leben komplett ändern wird, sobald ich eines habe.

– Man hat Sie nicht angelogen. Es wird sehr bald einen Tag geben, an dem ein Computer für jede Aufgabe des alltäglichen Lebens unverzichtbar ist.

– Ja, aber werde ich wissen, wie man ihn benutzt?

– Wir bieten Ihnen Online-Unterstützung bei jeglichen Fragen [Zweifeln] an.

– Sehr gut, aber erklären Sie mir: Wofür dient er?

– Nun… was weiß ich, zum Beispiel um Ihre persönlichen Daten zu verwalten, Filme herunterladen, im Internet Recherchen zu machen…

– Okay… wie viel ist dieser wert?

– 599 Euro. 15,6-Zoll-Bildschirm, 4 Gigabyte RAM-Speicher und eine Festplatte mit einem Tera(byte).

– Uff, das ist viel!

– Nicht wirklich [so viel]. Wenn Sie mehrere hundert Filme gespeichert haben, werden Sie sagen, dass es wenig ist.

– Nein, ich meine den Preis. Es ist viel.

– Man muss (noch) die drahtlose Maus, die Tastatur und das Ladegerät hinzufügen.

– Das Ladegerät…

– Wir garantieren eine Autonomie von ungefähr fünf Stunden, aber wenn der Akku [sich] entladen ist, muss es eingesteckt werden, ja. Ah, und Sie brauchen ein gutes Antiviren(-Programm).

– Weil er Viren hat?

– Trojaner, Spyware… Man muss vorsichtig sein.

– Danke für alles, Señorita. Ich werde meinen Arzt konsultieren und an einem anderen Tag zurückkehren.

28 EN LA SECCIÓN DE INFORMÁTICA

– ¿Le puedo echar una mano?

– Sí, soy un poco mayor y confieso que no entiendo de esto.

– ¿Está interesado en adquirir un dispositivo electrónico?

– Eso, un aparato de estos. Me han dicho que en cuanto tenga uno mi vida cambiará por completo.

– No le han mentido. Habrá un día, muy pronto, en que sea imprescindible un ordenador para cualquier tarea de la vida cotidiana.

– Ya, pero ¿sabré utilizarlo?

– Le ofrecemos asistencia en línea para cualquier duda.

– Muy bien, pero explíqueme: ¿para qué sirve?

– Pues… yo qué sé, por ejemplo para gestionar sus datos personales, bajarse películas, hacer búsquedas en Internet…

– Ya… ¿Este cuánto vale?

– 599 euros. Pantalla de 15,6 pulgadas, 4 gigas de memoria RAM y disco duro de un tera.

– Uf, ¡es mucho!

– No tanto. Cuando haya almacenado varios centenares de películas, dirá que es poco.

– No, digo el precio. Es mucho.

– Hay que añadir el ratón inalámbrico, el teclado y el cargador.

– El cargador…

– Garantizamos una autonomía de unas cinco horas, pero cuando se descargue la batería habrá que enchufarlo, sí. Ah, y le hará falta un buen antivirus.

– ¿Porque tiene virus?

– Troyanos, programas espías… Hay que tener cuidado.

– Gracias por todo, señorita. Lo voy a consultar con mi médico y volveré otro día.

■ DEN DIALOG VERSTEHEN
DER INFORMATIK-WORTSCHATZ

→ Sie haben in Modul 18 einige Begriffe aus der Informatik gesehen, hauptsächlich in Bezug auf **el móvil**, *das Handy*, nicht zu verwechseln mit **el portátil**, *der Laptop*. In diesem Dialog finden Sie mehrere zusätzliche nützliche Begriffe und einiges, um das „Vokabular des Überlebens" zu vervollständigen: **el archivo**, *das Archiv*, *die Datei*; **la carpeta**, *der Ordner* und **el escritorio**, *der Schreibtisch, der Desktop*.

DEZIMALZAHLEN, PROZENTE UND GROSSE ZAHLEN

→ **La coma,** *das Komma* ist wie auf Deutsch vorhanden, um die Dezimalstellen einer Zahl zu schreiben: 15,6 = **quince coma seis**. **Por ciento** heißt *Prozent*: 10%, **diez por ciento**; 50,5%, **cincuenta coma cinco por ciento**.
→ Für einen Anteil verwendet man die Formulierung **de cada**: **uno de cada cuatro españoles**, *einer von vier Spaniern*; **dos de cada tres franceses**, *zwei von drei Franzosen*.
→ *Eine Million* heißt **un millón** und *eine Milliarde* **mil millones**. Man sagt also: **En 2016, la Tierra tenía siete mil cuatrocientos treinta millones de habitantes**, *2016 hatte die Erde 7,4 Milliarden Einwohner*.

KULTURELLER HINWEIS

Das Vokabular der Informatik ist teilweise „anglisiert". Wörter wie **chat**, **blog** oder **hacker** haben sich durchgesetzt, auch wenn sie oft spanische Endungen nehmen: **bloguero/-a**, *BloggerIn*; **chatear**, *chatten*; **hackear**, *hacken* (beachten Sie, dass die SpanierInnen das englische **h** wie ein **jota** = jackear aussprechen).
Das Spanische widersetzt sich jedoch den Anglizismen: **navegar**, z. B. steht für *surfen*. In anderen Fällen kann es zu einem Wettbewerb zwischen mehreren Begriffen kommen: *USB-Stick* kann **un pen** oder **un pendrive** sein, aber auch **un pincho** oder **un lápiz de memoria**.
Schließlich behält die spanische Sprache für das, was umgangssprachlich ist, oft ihren eigenen Jargon made in Spain: **He colgado un vídeo**, *Ich habe ein Video gepostet*; **Mi ordenador se ha quedado colgado**, *Mein Computer hat sich aufgehängt*; **Pincha en este enlace**, *Klicken Sie auf diesen Link*.

GRAMMATIK
DER TEMPORALSATZ

EINIGE KONJUNKTIONEN

Cuando, *wenn, wann*, ist die einfachste Temporalsatz-Konjunktion. Hier sind weitere Optionen: **en cuanto**, *sobald* (**En cuanto me levanté, puse la radio**, *Sobald ich aufgestanden war, schaltete ich das Radio ein*); **el día (en) que**, *der Tag, an dem* (**el día en que nací**, *der Tag, an dem ich geboren wurde*); **hasta que**, *bis*; **siempre que**, *immer wenn*; **después de que**, *nachdem*; **antes de que**, *bevor*; **mientras que**, *während*, etc.

DAS FUTUR IM NEBENSATZ

Wenn eine Zeitklausel die Zukunft betrifft, wird auf Spanisch in der Regel der Subjunktiv verwendet (wegen der „Unsicherheit", ob etwas passieren wird): **cuando sea rico** für *wenn ich reich sein werde*. Im Hauptsatz wird jedoch das Futur verwendet: **Cuando se descargue la batería, habrá que enchufarlo**, *Wenn der Akku entladen ist [Subjunktiv], wird man ihn anschließen müssen [Futur]*; **En cuanto tenga uno, mi vida cambiará**, *Sobald ich einen habe [Subjunktiv], wird sich mein Leben ändern [Futur]*; **Habrá un día en que sea imprescindible**, *Es wird einen Tag geben [Futur], an dem er unverzichtbar ist [Subjunktiv]*. Wenn die Zeitklausel etwas beschreibt, was in Zukunft getan worden sein wird, nimmt man den Subjunktiv Perfekt: **Cuando haya almacenado centenares de películas**, *Wenn Sie Hunderte von Filmen gespeichert haben werden [Subjunktiv Perfekt]*. Wenn jedoch **cuándo** als Fragewort oder in einer indirekten Frage steht (Achtung Akzent), wird der Subjunktiv nicht verwendet: **No sé cuándo vendré**, *Ich weiß nicht, wann ich kommen werde*.

ZU MERKEN

DIE NAHE ZUKUNFT

Sie wird mit **ir**, *gehen* gebildet, ähnlich wie im Deutschen mit *werden*. Aber im Spanischen ist **ir** ein Verb der Bewegung, das daher untrennbar mit der Präposition **a** verbunden ist: **Voy a consultar a mi médico**, *Ich werde meinen Arzt konsultieren*.

CUALQUIERA/CUALQUIER

Cualquiera als Pronomen steht für *irgend*-: **¿Qué ordenador prefiere?/Cualquiera de los dos**, *Welchen Computer bevorzugen Sie?/Irgendeinen der beiden*. Als Adjektiv, wenn es einem Singular-Nomen vorausgeht, wird es zu **cualquier**: **cualquier duda**, *irgendwelche Zweifel*; **cualquier tarea**, *irgendeine Aufgabe*.

PRÄPOSITIONEN

Der Dialog enthält mehrere Beispiele für Verben, die mit anderen Präpositionen als im Deutschen gebildet werden. Es hilft beim Vokabellernen direkt auch die Präposition mit zu lernen, die dem Verb folgt:

- **Entender de**, *verstehen von, sich auskennen*: **No entiendo de informática**, *Ich verstehe nichts von Informatik*;
- **servir para**, *taugen für/zu, nützlich sein für/zu*: **¿Para qué sirve?**, *Wozu nützt es?*;
- **Interesarse**, *sich interessieren für* wird wie auf Deutsch mit **por** gebildet: **Me intereso por la informática**, *Ich interessiere mich für Computer*;
- **Estar interesado en**, *interessiert sein an*, wird wie auf Deutsch vom Infinitiv gefolgt: **¿Está interesado en comprar un ordenador?**, *Sind Sie daran interessiert, einen Computer zu kaufen?*.

▲ KONJUGATION
UNREGELMÄSSIGE FUTUR-FORMEN (FORTSETZUNG)

Der Dialog zeigt vier unregelmäßige Future auf: **decir**, **haber**, **venir** und **saber**. Erinnern Sie sich, dass das Hilfsverb **haber** genutzt wird, um die Perfekt-Tempora – in diesem Fall Futur Perfekt (*Ich werde gelernt haben*) – zu bilden. Es dient auch dazu, *es gibt, es sind* zu sagen; also heißt **habrá** *es wird geben*.

decir, sagen	haber, haben	venir, kommen	saber, wissen
diré	habré	vendré	sabré
dirás	habrás	vendrás	sabrás
dirá	habrá	vendrá	sabrá
diremos	habremos	vendremos	sabremos
diréis	habréis	vendréis	sabréis
dirán	habrán	vendrán	sabrán

● ÜBUNGEN

1. HÖREN SIE UND NOTIEREN SIE DAS WORT, DAS DER DEFINITION ENTSPRICHT.
28 a.

b.

c.

d.

● VOKABULAR

echar una mano *zur Hand gehen, helfen*
mayor *alt*
confesar [ie] *zugeben, gestehen*
entender [ie] de *sich auskennen, verstehen von*
el dispositivo *Gerät*
electrónico/a *elektronisch*
por completo *absolut, komplett*
mentir [ie] *lügen*
pronto *bald*
imprescindible *unverzichtbar*
el ordenador *Computer*
la tarea *Aufgabe*
cotidiano/a *alltäglich*
la asistencia *Betreuung, Assistenz*
la duda *Zweifel*
yo qué sé *was weiß ich*
el ejemplo *Beispiel*
gestionar *verwalten*
el dato *Datei*
personal *persönlich*
bajarse *herunterladen*
la búsqueda *Recherche*
la pantalla *Bildschirm*
la pulgada *Zoll (Messeinheit)*
el giga *Giga*
la memoria *Speicher*
el disco *(Fest-)Platte*
duro/a *hart*
almacenar *speichern*
el centenar *hundert*
añadir *hinzufügen*
el ratón *Maus*
inalámbrico/a *kabellos*
el teclado *Tastatur*
el cargador *Ladekabel*
garantizar *garantieren*
la autonomía *Autonomie*
descargar *entladen*
la batería *Akku*
enchufar *anschließen, einstecken*
el antivirus *Antivirus*
el troyano *Trojaner*
el programa *Programm*
el/la espía *SpionIn*
consultar *konsultieren, um Rat fragen*

🔊 2. VERVOLLSTÄNDIGEN SIE DIE 3 ERSTEN PHRASEN DES ÜBUNGSDIALOGS.

28 a. Bienvenido a nuestra asistencia en línea. ¿ ....?

b. Buenos días, joven, ... un ordenador últimamente y ....

c. Dígame qué dispositivo ....

🔊 3. HÖREN SIE NOCH EINMAL ZU UND KREUZEN SIE DIE RICHTIGEN AUSSAGEN AN.

28
a. ☐ El ordenador es negro.

b. ☐ Cuesta 233,10 euros.

c. ☐ El aparato no ha funcionado bien ni un minuto.

d. ☐ Cayó al suelo y la pantalla se quedó negra.

e. ☐ La batería está descargada.

f. ☐ Al cliente se le ha olvidado enchufar el cargador.

g. ☐ Se queja de que, a su edad, la informática no es fácil.

4. KOMBINIEREN SIE DIE BEIDEN KLAUSELN ZU EINEM SATZ IM FUTUR. BEISPIEL, A. SOBALD DU MIR DEINE DATEI SENDEST, WERDE ICH SIE LESEN.

a. Me mandas tu archivo/lo leo.
En cuanto ....

b. Llamamos a la asistencia en línea/se lo decimos.
Cuando ....

c. Usted se ha bajado mil películas/no sabe dónde almacenarlas.
El día en que ....

5. WANDELN SIE DIESE SÄTZE IN DIE NAHE ZUKUNFT ANSTELLE DES FUTURS UM.

a. ¿Vendrás a mi fiesta de cumpleaños? →

b. ¿Habrá mucha gente? →

c. Dicen que no podrán venir. →

6. ÜBERSETZEN SIE DIESE SÄTZE.

a. Mein Laptop dient mir hauptsächlich dazu, Internetrecherchen zu machen.

→

b. Ich interessiere mich nicht für Politik: ich kenne mich damit nicht aus.

→

c. Der Computer hat sich aufgehängt, die Maus reagiert nicht mehr und der Bildschirm ist schwarz geworden: hilf mir!

→

27.
ICH MÖCHTE EIN TICKET NACH…

QUISIERA UN BILLETE PARA…

ZIELE	KENNTNISSE
• EIN TICKET KAUFEN: PLATZ WÄHLEN, PREISE UND KONDITIONEN BESPRECHEN • HYPOTHETISCHE EREIGNISSE IN BETRACHT ZIEHEN • EINE ORGANISIERTE ABFOLGE VON EREIGNISSEN DARLEGEN • WORTSCHATZ: TRANSPORT UND REISEN • UMGANGSSPRACHLICHES SPANISCH: EINIGE AUSDRÜCKE	• REGELMÄSSIGES KONDITIONAL • UNREGELMÄSSIGES KONDITIONAL: *HACER, PODER, SALIR* • WUNSCH ÄUSSERN: *OJALÁ* • NEBENSATZ UND ADVERBIALER ZEITAUSDRUCK: *MIENTRAS, CUANTO ANTES, PRIMERO, LUEGO, POR FIN* • RELATIVPRONOMEN (SUBJEKT, OBJEKT UND MIT PRÄPOSITION) • DIE PRÄPOSITIONEN *POR* UND *PARA*

GUTE REISE!

– Was für einen Tarif ich gefunden habe! Hin- und Rückflug Barcelona-Teneriffa, mit Abfahrt am 31. Juli und Rückfahrt am 15. August.

– Wie viel kostet es?

– 53,20 €! Ich konnte sogar den Sitzplatz wählen: Fenster, um den Start [Abflug] zu sehen.

– Wenn du dein Gepäck aufgibst, wird es dich teuer zu stehen kommen.

– Ich werde nur Handgepäck mitnehmen.

– Diese Billigflüge sind immer voll. Solange du deine Bordkarte nicht in der Tasche hast, bist du nicht ruhig.

– Du bist neidisch, gib es zu.

– Mit 15 Tagen Urlaub würde ich nicht das Flugzeug nehmen.

– Und was würdest du machen?

– Ich würde zuerst nach Madrid gehen.

– Um auf die Kanarischen Inseln zu gehen, würdest du über Madrid fahren?

– Ja, mit [in] einer Fahrgemeinschaft, aber ohne Eile. Ich würde z. B. ein paar Tage in Saragossa bleiben.

– Und von Madrid aus, mit dem Pferd wie Don Quixote?

– Ich wünschte, ich könnte es eines Tages.

– Du bist verrückt [wie eine Ziege].

– Ich würde mit dem Zug bis nach Huelva fahren, (in) Etappen [machend].

– Das heißt, dass du nicht buchen würdest.

– Nein, auf diese Weise, nehme ich den nächsten Zug, wenn ich einen verpasse. Ich könnte auch mit dem Bus fahren oder ein Fahrrad mieten… Und dann mit dem Schiff auf die Kanaren!

– Du hättest kaum Zeit, ein Bier zu trinken, bevor du zurückkommst!

– Welchen Unterschied macht es. Ich mag die Bahnhöfe, die Docks, die Häfen. Das Wichtige ist nicht, so schnell wie möglich anzukommen, sondern den Weg zu genießen. Weißt du, von welcher Reise ich träume?

– Ich fürchte das Schlimmste.

– An dem Tag, an dem ich in Rente gehe, werde ich im Frachter um die Welt fahren.

¡BUEN VIAJE!

— ¡Menuda tarifa he encontrado! Un vuelo de ida y vuelta Barcelona-Tenerife, con salida el 31 de julio y vuelta el 15 de agosto.

— ¿Cuánto cuesta?

— ¡53 con 20! Hasta he podido elegir asiento: ventanilla, para ver el despegue.

— Si facturas maletas, te saldrá más caro.

— Solo llevaré equipaje de mano.

— Esos vuelos de bajo coste van siempre llenos. Mientras no tienes la tarjeta de embarque en el bolsillo, no estás tranquilo.

— Tienes envidia, confiésalo.

— Con quince días de vacaciones, yo no cogería el avión.

— ¿Y qué harías?

— Primero iría hasta Madrid.

— ¿Para ir a Canarias pasarías por Madrid?

— Sí, en coche compartido, pero sin prisa. Me quedaría unos días en Zaragoza, por ejemplo.

— Y desde Madrid, ¿a caballo como don Quijote?

— Ojalá pueda hacerlo un día.

— Estás como una cabra.

— Viajaría en tren hasta Huelva, haciendo etapas.

— O sea, que no reservarías.

— No, así si pierdo un tren cojo el siguiente. También podría ir en autobús, o alquilar una bici… Y luego, ¡en barco a Canarias!

— ¡Apenas te daría tiempo a tomarte una cerveza antes de volver!

— Qué más da. Me gustan las estaciones, las dársenas, los puertos. Lo importante no es llegar cuanto antes, sino disfrutar del camino. ¿Sabes el viaje con el que sueño?

— Me temo lo peor.

— El día que me jubile, daré la vuelta al mundo en un carguero.

DEN DIALOG VERSTEHEN
REISEN, AUSFLÜGE

→ **El avión**, *das Flugzeug*; **el tren**, *der Zug*; **el autobús**, *der (Fern-)Bus* und **el barco**, *das Schiff*, sind die wichtigsten öffentlichen Verkehrsmittel. Um sie zu nehmen, geht man jeweils **al aeropuerto**, *zum Flughafen*; **a la estación**, *zum Bahnhof*; **a la estación de autobuses**, *zum Busbahnhof* und **al puerto**, *zum Hafen*. Beim Kauf des Tickets müssen Sie möglicherweise zwischen **el pasillo**, *Gang* und **la ventanilla**, *Fenster* wählen und für den Zug auch zwischen **preferente**, *erste Klasse*, und **turista**, *zweite Klasse*.

→ **El equipaje** bezeichnet *das Gepäck*; **la tripulación** steht für *die Crew, die Besatzung*. **Facturar** ist *einchecken, (Gepäck) aufgeben*: **¿Va a facturar equipaje?**, *Werden Sie Gepäck aufgeben?* und zuletzt, steht **el andén** für *Bahnsteig, Gleis*, und **la dársena** für *Dock, Hafenbecken, Bussteig*.

KULTURELLER HINWEIS

Tiernamen sind in der Umgangssprache sehr präsent: **estar como una cabra**, *verrückt sein*, wörtl. *wie eine Ziege sein*. Hier sind einige andere Tiere, um Gespräche zu beleben. **La ostra**, *Auster*: **aburrirse como una ostra**, *sich zu Tode langweilen*; **la pulga**, *der Floh*: **tener malas pulgas**, *sich ärgern*; **el gato**, *die Katze*: **hay gato encerrado**, *da ist etwas faul/im Busch*; **el pato**, *die Ente*: **pagar el pato**, *den Kopf hinhalten*; **la mona**, *die Äffin*: **dormir la mona**, *(den Rausch) ausschlafen*; **la mosca**, *die Fliege*: **ser una mosquita muerta**, *eine graue Maus sein*.

GRAMMATIK
POR UND PARA

Diese zwei Präpositionen können ein wenig Schwierigkeiten bereiten, daher hier ein erneuter Überblick:

GEBRAUCH VON POR
- zeitlicher Wert: **Por la mañana, por la tarde**, *Morgens, abends.*
- räumlicher Wert: **Paso por Madrid**, *Ich fahre über Madrid.*
- kausaler oder erklärender Wert: **Por eso**, *Aus diesem Grund, deshalb.*

GEBRAUCH VON *PARA*

- zeitlicher Wert: **Quiero un billete para el sábado**, *Ich möchte ein Ticket für Samstag.*
- Blickwinkel: **Para mí, lo mejor es el tren**, *Das Beste für mich ist der Zug.*
- Ziel: **¿Cómo haces para ir a Canarias?**, *Wie fährst du auf die Kanarischen Inseln?*
- Zuweisung, EmpfängerIn: **Tengo una sorpresa para ti**, *Ich habe eine Überraschung für dich.*

DAS RELATIVPRONOMEN

Wir haben das Relativpronomen **que**, *der, die, das (dekliniert)* bereits gesehen: **El viaje que me gusta**, *Die Reise, die ich mag*; **El vuelo que prefiero**, *Der Flug, den ich bevorzuge.* Wenn eine Präposition vorangestellt ist, wird normalerweise noch ein (angeglichener) Artikel dazwischen geschoben: **La tarifa de la que te hablo**, *Der Tarif, über den ich spreche*; **Las maletas con las que viajo**, *Die Koffer, mit denen ich reise.* Im Dialog wird das Verb **soñar** mit **con** (**soñar con**, *träumen von*) gebildet, woraus sich ergibt: **El viaje con el que sueño**, *Die Reise, von der ich träume.*

Merken Sie sich, dass es im Spanischen oft kein Komma zwischen Hauptsatz und Relativsatz gibt. Nur wenn Letzterer lediglich Zusatzinformationen gibt, die nicht zur Identifikation des näher Beschriebenen notwendig sind, wird er durch ein Komma getrennt: **Tu hermana, que es muy divertida, está en mi clase**, *Deine Schwester, die sehr lustig ist, ist in meiner Klasse.*

ZU MERKEN

EINEN WUNSCH AUSDRÜCKEN

Ojalá, aus dem hispanischen Arabisch *law šá lláh (so Gott will)*, ist eine Interjektion, die den Wunsch zum Ausdruck bringt, dass etwas passiert: **Dicen que va a hacer buen tiempo**, *Man sagt, dass das Wetter gut sein wird*; **Ojalá**, *Hoffentlich.*
Wenn es einem Verb vorangeht, steht es im Subjunktiv: **Ojalá pueda hacerlo un día**, *Hoffentlich kann ich es eines Tages machen.*

DIE ZEIT AUSDRÜCKEN

Hier sind Adverbien und Phrasen, um eine Abfolge von Ereignissen auszudrücken: **primero/al principio**, *zuerst/am Anfang*; **luego/después**, *danach/später*; **por fin/finalmente**, *am Ende/schließlich.*

Merken Sie sich die Konjunktion **mientras**, *solange*: **Mientras no tienes la tarjeta de embarque…**, *Solange du keine Bordkarte hast…* Sie kann auch *während* bedeuten: **Mientras tú viajas, yo sigo trabajando**, *Während du reist, arbeite ich weiter.*

▲ KONJUGATION
REGELMÄSSIGES KONDITIONAL

Man wendet es an, wenn man sich vorstellt, was man in einer bestimmten Situation tun würde oder um zu sagen, was unter bestimmten Bedingungen passieren würde. Es ist das Äquivalent von *würde* + Verb, aber auf Spanisch wird es durch das Hinzufügen einer Endung an den Infinitiv gebildet: **ía, ías, ía, íamos, íais, ían**.

viajar, *reisen*	**ir**, *gehen*	**coger**, *holen*
viajaría	iría	cogería
viajarías	irías	cogerías
viajaría	iría	cogería
viajaríamos	iríamos	cogeríamos
viajaríais	iríais	cogeríais
viajarían	irían	cogerían

AUSNAHMEN IM FUTUR UND KONDITIONAL

Sie beziehen sich nur auf den Stamm, der im Konditional die gleichen Veränderungen erfährt, wie im Futur: **hacer**, *machen*; **haré**, *ich werde machen*; **haría**, *ich würde machen*. Im Dialog steht eine neue unregelmäßige Futur-Form und zwar von **salir**: **Te saldrá más caro**, *Das wird teurer für dich werden*. Und auch die Konditionale von **hacer** und **poder** werden dort aufgezeigt.

FUTUR

salir, *ausgehen*
saldré
saldrás
saldrá
saldremos
saldréis
saldrán

UNREGELMÄSSIGE KONDITIONALE

salir, *ausgehen*	**hacer**, *machen*	**poder**, *können*
saldría	haría	podría
saldrías	harías	podrías
saldría	haría	podría
saldríamos	haríamos	podríamos
saldríais	haríais	podríais
saldrían	harían	podrían

⬢ ÜBUNGEN

🔊 1. HÖREN SIE UND NOTIEREN SIE DAS WORT, DAS DER DEFINITION ENTSPRICHT.

29 a.   c.

    b.   d.

27. Ich möchte ein Ticket nach…

● VOKABULAR

la tarifa *Tarif, Rate*
el vuelo *Flug*
la ida *Hinfahrt, -flug, -reise*
la vuelta *Rückfahrt, -flug, -reise*
la salida *Abfahrt*
el asiento *Sitz, Platz*
la ventanilla *Fenster*
el despegue *Abflug, Start*
facturar *einchecken, aufgeben*
la maleta *Koffer*
salir caro *was kosten, teuer zu stehen kommen, teuer werden*
el equipaje *Gepäck*
mientras *derweil, währenddessen, solange*
el embarque *Boarding, Zustieg*
viajar *reisen*
el coche compartido *Fahrgemeinschaft*
la etapa *Etappe*
el caballo *Pferd*
ojalá *hoffentlich*
la cabra *Ziege*
el autobús *(Fern-)Bus*
pararse *stehen bleiben, stoppen, aussetzen*
el trayecto *Weg, Route, Strecke*
perder [ie] *verpassen, verlieren*
qué más da *Welchen Unterschied macht es*
la estación *Bahnhof*
la dársena *Hafenbecken, Dock, Bussteig*
el puerto *Hafen*
disfrutar de *auskosten, genießen*
cuanto antes *so bald/schnell wie möglich*
el camino *Weg, Pfad*
soñar [ue] con *fantasieren von, träumen von*
el viaje *Reise*
jubilarse *in Rente gehen, sich zur Ruhe setzen*
dar la vuelta a *umfahren, -drehen, eine ...-Tour machen*
el carguero *Frachter, Containerschiff*

🔊 2. VERVOLLSTÄNDIGEN SIE DIE 3 ERSTEN PHRASEN DES ÜBUNGSDIALOGS.

29
a. Buenas tardes, ... de Madrid a Barcelona, con .... el 25 de julio.

b. ¿Lo quiere ....?

c. Solo la ida. Todavía no sé en qué fecha .... , ni si ....

3. HÖREN SIE DEN DIALOG NOCHMALS AN UND ANTWORTEN SIE AUF DIE FRAGEN.

a. ¿Cuánto cuesta el billete simple en turista? →

b. ¿A qué hora llega el tren? →

c. ¿Por qué prefiere pasillo? →

d. ¿Cuánto cuesta el billete para el perro en turista? →

e. ¿Cuánto cuesta el billete para el perro en preferente? →

4. FORMULIEREN SIE DIESE SÄTZE MIT HÖFLICHEM KONDITIONAL UM. BEISPIEL, A. WÜRDEST DU MIR EINEN GEFALLEN TUN?

a. ¿Me haces un favor? →

b. ¿Me podéis echar una mano? →

c. ¿Sales a pasear conmigo? →

d. ¿Venís a visitarme a España? →

5. SETZEN SIE *POR* ODER *PARA* IN DIESE SÄTZE EIN.

a. Siempre viajo en turista, ………… el precio.

b. Gira a la izquierda: es más corto ………… ahí.

c. ¿………… cuándo quiere la vuelta?

d. ………… viajar más cómodo, es mejor preferente.

6. ÜBERSETZEN SIE DIESE SÄTZE.

a. Ich hoffe alle Länder besichtigen zu können, von denen ich träume.

→

b. Welchen Unterschied macht es: Wenn wir diesen Zug verpassen, werden wir den nächsten nehmen.

→

c. Ich möchte so schnell wie möglich in den Ruhestand gehen, um das Leben zu genießen.

→

d. Solange ich kann, werde ich reisen.

→

28.
ICH MÖCHTE EIN ZIMMER RESERVIEREN

QUISIERA RESERVAR UNA HABITACIÓN

ZIELE	KENNTNISSE

- IM HOTEL: EIN ZIMMER BUCHEN (ANGEBOT UND PREIS), VOR- UND NACHTEILE BESPRECHEN, PROBLEME MELDEN

- VERSCHIEDENE HILFSMITTEL, UM EINE MEINUNG ZU ÄUSSERN

- WORTSCHATZ: ZEITMARKIERUNGEN IN DER VERGANGENHEIT UND IM FUTUR

- DER KONDITIONAL: ZUM ABSCHWÄCHEN VON AUSSAGEN; AUSNAHMEN: *VENIR*, *TENER*

- KONJUGATION VON *OLER*

- DAS ZWEIFELHAFTE UND HYPOTHETISCHE FUTUR

- DAS PASSIV: BILDUNG; VERMEIDUNG DES PASSIVS

- ZWEI BEDEUTUNGEN VON *PUES*

REZEPTION, GUTEN TAG!

– Hotel Costasol, ich höre [sagen Sie es mir].

– Wir möchten ein Zimmer für übermorgen reservieren. Wir wären drei, für eine Nacht.

– In Einzelbetten?

– Uns würde ein Doppelbett und eins für ein Kind entgegenkommen.

– Ein Zustellbett also, mit dem wir einen Preis von 74 Euro hätten.

– Zeigen [Sind] die Zimmer zur Straße [außen] oder zum Innenhof [innen]?

– Es gibt Zimmer mit Blick auf das Meer, aber sie sind nicht mehr verfügbar. Der Vorteil ist, dass es leiser sein wird. Indem Sie online buchen, erhalten Sie 10% Rabatt.

– Ah, übrigens haben uns einige negative Bewertungen überrascht, die wir gelesen haben.

– Es dürften [werden] nicht viele sein.

– In den Kommentaren, von denen ich spreche, hat man sich beschwert, dass es im ersten Stock nach Müll roch.

– Ich glaube nicht, Señor. Jedenfalls gibt es Zimmer im Obergeschoss, wobei die Internet-Verbindung im Erdgeschoss besser ist.

– Manche erzählen, dass ihnen zu heiß war, anderen war kalt.

– Die Heizung war einmal kaputt, ja, und die Klimaanlage auch.

– Laut einem Kunden waren die Laken benutzt, die Glühbirnen im Flur sind ausgefallen, das Waschbecken war verstopft, es gab einen zerbrochenen Spiegel und die Wasserhähne waren undicht.

– Das wundert mich sehr.

– Einem Gast wurde gesagt, es gäbe einen Pool und im Endeffekt war er nicht offen.

– Ah ja, ein Kunde ist ertrunken und er ist eine Zeit lang geschlossen geblieben. Aber ich habe eine gute Nachricht: Er öffnet übermorgen wieder!

¡RECEPCIÓN, BUENOS DÍAS!

— Hotel Costasol, dígame.

— Quisiéramos reservar una habitación para pasado mañana. Seríamos tres, por una noche.

— ¿En camas individuales?

— Nos vendría bien una cama matrimonial y una para un niño.

— Una cama supletoria, pues, con lo cual tendríamos un precio de 74 euros.

— ¿Las habitaciones son exteriores o interiores?

— Las hay con vistas al mar, pero ya no quedan. La ventaja es que será menos ruidosa. Reservando en línea tiene un descuento del 10%.

— Ah, por cierto, nos han sorprendido algunas valoraciones negativas que hemos leído.

— No serán muchas.

— En los comentarios de los que hablo se quejaban de que en la primera planta olía a basura.

— No creo, señor. De todas formas, hay habitaciones arriba, aunque la cobertura de internet es mejor abajo.

— Unos cuentan que tuvieron demasiado calor, otros demasiado frío.

— Se averió una vez la calefacción, sí, y el aire acondicionado también.

— Según un cliente, las sábanas estaban gastadas, las bombillas del pasillo fundidas, el lavabo atascado, había un espejo roto y los grifos goteaban.

— Me extraña mucho.

— A un huésped le dijeron que había piscina y al final no estaba abierta…

— Ah sí, un cliente se ahogó y ha permanecido cerrada un tiempo. Pero tengo una buena noticia: ¡vuelve a abrir pasado mañana!

■ DEN DIALOG VERSTEHEN
EINE MEINUNG AUSDRÜCKEN

→ Sie verfügen bereits über mehrere Meinungsverben: **creo que**, *ich glaube, dass*; **pienso que**, *ich denke, dass*; **me parece que**, *mir scheint, dass*. Mann kann auch mit folgenden Formulierungen den Satz beginnen: **en mi opinión**, *meiner Meinung nach*; **tengo la sensación de que**, *ich habe das Gefühl, dass*.

→ Mit einer Präposition können Sie auch einen Standpunkt einführen: **para mí/ti**, *für mich/dich*. In diesem Zusammenhang präsentiert der Dialog die Präposition **según**, *gemäß, laut, nach, zufolge*, die eine Besonderheit hat. Wenn sie einem Personalpronomen vorausgeht, ist dieses das Subjektpronomen: man sagt nicht **según „mí"/„ti"**, sondern **según yo**, *nach mir*, und **según tú**, *laut dir*.

ZEITLICHE BEZUGSPUNKTE

→ Jetzt, wo Sie die gesamte Bandbreite des verbalen Systems beherrschen, müssen Sie möglicherweise Ereignisse in der Vergangenheit und in der Zukunft genau bestimmen. Denken Sie daran, dass bei der Verwendung eines Tagesnamens auf Spanisch als Markierung der definierte Artikel vorangestellt wird: **el martes próximo** oder **el próximo martes**, *nächsten („der nächste") Dienstag*.
Um eine Periodizität auszudrücken, wird der bestimmte Plural-Artikel verwendet: **Los martes voy a la piscina**, *Dienstags gehe ich ins Schwimmbad*.

→ Hier finden Sie eine kleine Liste von Adverbien und Redewendungen:
- Vergangenheit: **hace tiempo**, *seit langem*; **el año pasado**, *letztes Jahr*; **la semana pasada**, *letzte Woche*; **anteayer**, *vorgestern*; **anoche**, *letzte Nacht*; **ayer**, *gestern*.
- Futur: **enseguida**, *sofort*; **pronto**, *bald*; **dentro de una hora**, *in einer Stunde*; **mañana**, *morgen*; **pasado mañana**, *übermorgen*; **el próximo jueves**, *nächsten Donnerstag*; **la semana próxima**, *nächste Woche*; **el sábado siguiente**, *nächsten Samstag*; **el año que viene**, *nächstes Jahr*.

◆ GRAMMATIK
EINE BEDEUTUNG DES FUTURS

Zusätzlich zu der klassischen Bedeutung, kann das spanische Futur eine Vermutung oder eine zweifelhafte Aussage ausdrücken: **No serán muchas**, *Es dürften/werden nicht viele sein*; **Habrá salido**, *Er ist vielleicht rausgegangen*; **¿Qué hora será?**, *Wie viel Uhr könnte es sein?*; **¿Qué edad tendrá?**, *Wie alt wird er (wohl) sein?*

EINE BEDEUTUNG DES KONDITIONALS

Wie im Deutschen hat das spanische Konditional manchmal einen mildernden Wert, um eine Aussage weniger direkt zu machen. Es gibt mehrere Beispiele im Dialog: **Seríamos tres**, *Wir wären drei* (anstatt **Somos tres**, *Wir sind drei*); **Tendríamos un precio de 74 euros**, *Wir hätten einen Preis von 74 Euro* (und nicht **tenemos**, *wir haben*). Man benutzt ebenso **quisiera**, *ich würde gerne*, anstatt **quiero**, *ich will*. Dies ist jedoch ein Sonderfall: **quisiera** steht im Subjunktiv Präteritum mit der Bedeutung des Konditionals. Im Plural lautet es **quisiéramos**, *wir würden gerne*.

DIE PASSIV-FORM

Hier die Regel:
- es wird mit dem Hilfsverb **ser**, *sein* + Partizip Perfekt gebildet,
- das Partizip Perfekt stimmt mit dem Subjekt überein,
- mit der Präposition **por** kann man den Agens angeben.

Daher finden Sie manchmal diese Art von Konstruktion: **El hotel es valorado por los clientes**, *Das Hotel wird von den Kunden geschätzt*; **La puerta es abierta por el viento**, *Die Tür wird vom Wind geöffnet*. Beachten Sie jedoch, dass das Spanische das Passiv so weit wie möglich vermeidet und dass manche deutschen Passiv-Sätze auf Spanisch eher im Aktiv gesagt werden: **A un huésped le dijeron que había piscina**, *Einem Gast wurde gesagt [sagten sie], es gäbe einen Pool*.

DIE KONJUNKTION *PUES*

Sie ist sehr frequentiert, kann aber je nach Platz im Satz unterschiedliche Bedeutungen annehmen:
- Am Anfang eines Satzes, besonders in einem Dialog, steht sie für *nun*: **Pues no sé qué decirte**, *Nun, ich weiß nicht, was ich dir sagen soll*.
- Wenn es nach dem Schlüsselwort des Satzes platziert ist (Subjekt oder Verb), hat **pues** eine konsekutive Bedeutung und übersetzt sich mit *also*: **Una cama supletoria, pues, con lo cual tendríamos…**, *Ein Zustellbett also, mit dem wir…hätten*.

▲ KONJUGATION
ZWEI UNREGELMÄSSIGE KONDITIONALE

Das Konditional zeigt die gleichen Unregelmäßigkeiten im Stamm auf, wie im Futur: das ist z. B. der Fall für **tener** und **venir** in diesem Dialog.

tener, haben	venir, kommen
tendría	vendría
tendrías	vendrías
tendría	vendría
tendríamos	vendríamos
tendríais	vendríais
tendrían	vendrían

DAS VERB *OLER*

Es steht für *riechen* und zeigt viele Kuriositäten auf.

• Zunächst seine Konjugation im Präsens: vor die Diphthongierung **-ue** wird ein **-h** gehängt. Diese Besonderheit findet sich natürlich auch im Subjunktiv Präsens. Die anderen Tempora sind regelmäßig: **olía/olí**, *ich roch*, etc.

• Wie im Deutschen, kann es subjektiv oder objektiv gebraucht werden: **hueles mal**, *du riechst schlecht*/**no huelo nada**, *ich rieche nichts*.

• Es wird mit **a** gebildet, um zu präzisieren, um welchen Geruch es sich handelt: **Huele a basura**, *Es riecht nach Müll*; **Oléis a colonia**, *Ihr riecht nach Kölnischwasser*; **Huelo a sardina**, *Ich rieche nach Sardine*.

Indikativ	Subjunktiv
huelo	huela
hueles	huelas
huele	huela
olemos	olamos
oléis	oláis
huelen	huelan

⬢ ÜBUNGEN

1. HÖREN SIE UND NOTIEREN SIE DAS WORT, DAS DER DEFINITION ENTSPRICHT.

30 a.

b.

c.

d.

VOKABULAR

la habitación *Zimmer*
la recepción *Rezeption*
pasado mañana *übermorgen*
individual *individuell, Einzel-*
venir bien *entgegen/gelegen kommen*
matrimonial *Doppel-(Bett), ehelich*
supletorio/a *zusätzlich*
exterior *außen, zur Straße*
interior *innen, zum Hof*
la vista *Blick*
la ventaja *Vorteil*
ruidoso/a *laut*
el descuento *Rabatt*
por cierto *übrigens*
sorprendido/a *erstaunt, überrascht*
la valoración *Bewertung*
negativo/a *negativ*
el comentario *Kommentar*
la planta *Etage, Stockwerk*
oler [ue] *riechen*
la basura *Müll*
de todas formas *jedenfalls*
arriba *oben*
la cobertura *Verbindung, Netz*
abajo *unten*
el calor *Wärme, Hitze*
tener calor *warm sein*
averiarse *ausfallen, kaputt gehen*
la calefacción *Heizung*
el aire *Luft*
el aire acondicionado *Klimaanlage*
la sábana *(Bett-)Laken*
gastado/a *benutzt, gebraucht*
la bombilla *Glühbirne*
fundido/a *durchgebrannt, geschmolzen, kaputt sein*
el lavabo *Waschbecken*
atascado/a *verstopft*
el espejo *Spiegel*
el grifo *Wasserhahn*
gotear *tropfen, lecken (Wasserhahn)*
extrañar *staunen, wundern*
el/la huésped *Gast*
la piscina *Schwimmbad, Pool*
al final *im Endeffekt, am Ende*
abierto/a *offen, geöffnet*
ahogarse *ertrinken*
permanecer *(ver-)bleiben*
cerrado/a *zu, geschlossen*
la noticia *Neuigkeit*

2. VERVOLLSTÄNDIGEN SIE DIE 3 ERSTEN PHRASEN DES ÜBUNGSDIALOGS.

a. .... hablar con ...., por favor.

b. Sí, ..., ¿en qué puedo ....?

c. Hace .... en la habitación. Creo que .... el aire acondicionado.

🔊 3. HÖREN SIE IHN NOCHMAL AN UND KREUZEN SIE DIE RICHTIGE ANTWORT AN.

30 a. En recepción ofrecen al cliente…
☐ cambiar de habitación
☐ mandar a un técnico

b. El problema del cuarto de baño es que…
☐ no hay bombillas
☐ el lavabo no funciona bien

c. El cliente se queja…
☐ del ruido
☐ de las vistas

d. Va a cambiar por…
☐ una habitación interior silenciosa
☐ una habitación exterior más cara
☐ una habitación exterior por el mismo precio

4. STREICHEN SIE DIE FORM DURCH, DIE NICHT DEM SINN DES SATZES ENTSPRICHT.

a. Anoche olía/olerá a basura.

b. Pasado mañana había/habrá un descuento del 10%.

c. Anteayer se ahogó/se ahogará alguien en la piscina.

d. Los huéspedes llegaron/llegarán dentro de una hora.

5. VERÄNDERN SIE DIE UNTERSTRICHENE FORM IN EINE ZWEIFELHAFTE AUSSAGE.

a. Este hotel tiene […………………….] malas valoraciones pero está muy bien.

b. ¿Por qué vienen […………………….] tantos turistas a España?

c. No hay luz: se ha […………………….] fundido la bombilla.

6. ÜBERSETZEN SIE DIESE SÄTZE.

a. Nun, meiner Meinung nach ist die Verbindung unten besser als oben, in der letzten Etage.

→

b. Laut mir ist die Heizung ausgefallen.

→

c. Die Laken waren benutzt, der Spiegel war zerbrochen, die Wasserhähne tropften und sie gaben uns nicht einmal einen Rabatt.

→

29.
WELCHE FILME LAUFEN?

¿QUÉ PELÍCULAS DAN?

ZIELE	KENNTNISSE
- **KONTROVERSER AUSTAUSCH: KRITISIEREN, VORWERFEN; EINE EINIGUNG SUCHEN** - **EMPFINDUNGEN AUSDRÜCKEN** - **WORTSCHATZ: UNTERHALTUNG, VERANSTALTUNG** - **MUSIK IN SPANIEN**	- **SUBJUNKTIV PRÄTERITUM (BILDUNG)** - **SUBJUNKTIV PRÄTERITUM (ANWENDUNG): ZEITENFOLGE** - **INDIREKTE REDE** - **SUBJUNKTIV IN KONDITIONAL-KLAUSELN:** *SIEMPRE Y CUANDO*; *A CONDICIÓN DE QUE*; *COMO NO*

VON GESCHMACK UND FARBEN…

– Weißt du, was du tun würdest, wenn du mich lieben würdest?

– Ich würde mit dem Rauchen aufhören? Ich würde mir den Bart abrasieren?

– Nein, einfacher… Du würdest zur Premiere des Stücks von Raúl kommen.

– Du weißt, dass ich kein großer Fan von Avantgarde-Theater bin.

– Er lud uns vor langem ein, bevor die Proben beendet waren. Er sagte uns, dass er uns den Eintritt schenkt und (zwar) im Parkett, in der ersten Reihe, vor der Bühne.

– Wenn ich wählen könnte, würde ich dich sogar lieber in die Oper begleiten.

– Das eine Mal als wir gingen, sagtest du, dass du dich zu Tode gelangweilt hast.

– Es ist immer das gleiche Skript, oder? Der Tenor ermordet den Bariton, weil er in die Sopranistin verliebt ist.

– Schämst du dich nicht, solchen Unsinn zu sagen?

– Mein Ding sind eher Konzerte.

– Solange es natürlich keine klassische Musik ist. Und wenn ich dir zuhören würde, würden wir auch keinen Fuß in eine Ausstellung setzen.

– Das, was deine Künstlerfreunde tun, ist eine Sprengfalle.

– Halt die Klappe, komm schon.

– Ok, ich gehe ins Theater unter der Bedingung, dass du mit mir ins Kino kommst.

– Oh, es gibt nämlich ein Festival, das meinem japanischen Lieblingsregisseur gewidmet ist!

– Auf keinen Fall. Er ist vielleicht sehr berühmt, aber diese langweiligen Filme zermatern mir das Hirn.

– Dich berührt kein Film, außer wenn es ein lustiger mit Popcorn ist.

– Schau, es läuft ein Western, ein alter, in dem Clint Eastwood spielt!

– Was für eine Bürde, um Gottes Willen…

DE GUSTOS Y COLORES...

– ¿Sabes lo que harías si me quisieras?

– ¿Dejaría de fumar? ¿Me afeitaría la barba?

– No, más fácil… Vendrías al estreno de la obra de Raúl.

– Ya sabes que no soy muy aficionado al teatro de vanguardia…

– Nos invitó hace tiempo, antes de que terminaran los ensayos. Nos dijo que nos regalaría las entradas, y en el patio de butacas, en primera fila, frente al escenario.

– Si pudiera elegir, hasta preferiría acompañarte a la ópera.

– La vez que fuimos dijiste que te habías aburrido como una ostra.

– Siempre es el mismo guion, ¿no? El tenor asesina al barítono porque está enamorado de la soprano.

– ¿No te da vergüenza decir esas tonterías?

– Lo mío son más bien los conciertos.

– Siempre y cuando no sea música clásica, claro. Y si te escuchara, tampoco pondríamos los pies en una exposición.

– Lo que hacen tus amigos los artistas es un engañabobos.

– Cállate, anda.

– Vale, voy al teatro a condición de que vengas conmigo al cine.

– ¡Oh, precisamente hay un festival dedicado a mi director japonés preferido!

– Ni hablar. Será muy famoso, pero a mí esos rollos me comen el coco.

– A ti no hay peli que te emocione, como no sea de risa y con palomitas.

– Mira, echan una del oeste, ¡una antigua donde actúa Clint Eastwood!

– Qué cruz, por Dios…

■ DEN DIALOG VERSTEHEN
GEFÜHLE AUSDRÜCKEN

Im Laufe dieses Buches sind Sie oft auf das Verb **dar** gestoßen, in einer indirekten Struktur verwendet, um eine Empfindung zu äußern: **Me da igual**, *Es ist mir egal*; **Te da asco**, *Es ekelt dich an*. Hier ist ein neues Beispiel aus dem Dialog: **¿No te da vergüenza?**, *Schämst du dich nicht?*. Sie könnten auf die gleiche Weise Angst, Faulheit, etc. ausdrücken: **Me dan miedo los perros**, *Hunde machen mir Angst*; **Les da pereza salir**, *Sie sind zu faul, rauszugehen*.

KULTURELLER HINWEIS

Spanien ist bei schönem Wetter das gesegnete Land der Open-Air-Musikfestivals. Um bei den wichtigsten zu bleiben: Barcelona widmet Sónar (elektronische Musik und Multimedia-Kunst) ein langes Wochenende im Juni; Benicassim stellt im Juli seine Strände der FIB (Independent Rock) zur Verfügung; Vitoria und San Sebastián heißen Jazz-Begeisterte willkommen, und die Alhambra, als Teil des Festival Internacional de Granada, wiederum klassische Musik und Tanz. Was die Tradition betrifft, hat Flamenco viele Gesichter: die Tablaos für den Tourismus, aber auch Großveranstaltungen wie die Biennale von Sevilla, wo das Beste vom Besten stattfindet. Aber es kann sein, dass man für diese Musik den intimeren und spontanen Rahmen kleiner lokaler Festivals bevorzugt, oder noch besser: private **peñas flamencas**, in etwa *Flamenco-Vereine*.

◆ GRAMMATIK
ANWENDUNG DES SUBJUNKTIVS PRÄTERITUM

Der Subjunktiv Imperfekt ist die Vergangenheitsform des Subjunktivs und da es kein Äquivalent im Deutschen gibt, kann es schwerfallen, ihn zu benutzen. Die grundlegende Regel ist, dass er zum Ausdruck von unsicheren Dingen benutzt wird. Wie wir gesehen haben, erscheint er oft in Phrasen, die auf **que**, *dass* folgen. Es folgen die Gebräuche des Subjunktivs Imperfekt.

EINE UNWIRKLICHE HYPOTHETISCHE SITUATION

Es geht um Aussagen, bei denen ein Vorschlag an die Realisierung einer Bedingung geknüpft ist: „Wenn ich reich wäre, würde ich dieses oder jenes tun". Wo das Deutsche den Konditional I/II (*wenn ich wäre*) verwendet, benutzt das Spanische den Subjunktiv Imperfekt (**si fuera**). Im Hauptsatz nehmen beide Sprachen den Konditional (**haría**, *ich würde machen*). Der Dialog gibt uns drei Beispiele: **¿Sabes lo que** harías si me quisieras?, *Weißt du, was du tätest, wenn du mich liebtest?*; **Si pudiera elegir, preferiría ir a la ópera**, *Wenn ich wählen könnte, würde ich lieber in die Oper gehen*; **Si te escuchara, no pondríamos los pies en una exposición**, *Wenn ich auf dich hören würde, würden wir unsere Füße nicht in eine Ausstellung setzen.*

DIE ÜBEREINSTIMMUNG DER ZEITEN

Im Spanischen ist sie obligatorisch; wenn das Hauptverb in der Vergangenheit steht, dann auch das Verb des Nebensatzes: **Quiero que vengas conmigo**. → **Quería que vinieras conmigo**. Die Konkordanz gilt z. B. auch im temporalen Nebensatz: **Nos invita antes de que terminen los ensayos**. (Präsens) → **Nos invitó antes de que terminaran los ensayos**. (Vergangenheit).

DIE INDIREKTE REDE

Sie folgt grob den gleichen Regeln wie im Deutschen. Z. B. wird eine Zukunfts-Zeitform zum Konditional, wenn das Hauptverb in der Vergangenheit steht: **Nos dice que nos regalará las entradas**, *Er sagt uns, dass er uns den Eintritt ausgeben wird* → **Nos dijo que nos regalaría las entradas**, *Er sagte uns, er würde uns die Tickets ausgeben.*

SUBJUNKTIV IM KONDITIONAL-SATZ

Wir haben es bereits im Modul 25 behandelt, anhand der Konjunktion **con tal de que**, *unter der Voraussetzung, dass*: **con tal de que esté en buen estado**, *solange es in gutem Zustand ist*. In diesem Dialog finden Sie zwei weitere Konjunktionen dieses Typs: **Siempre y cuando no sea música clásica**, *Vorausgesetzt, es ist keine klassische Musik*; **A condición de que vengas conmigo**, *Unter der Bedingung, dass du mit mir kommst*. Man kann auch eine „eingeschränkte Bedingung" in Betracht ziehen, was auf Deutsch *außer wenn* wäre: **como no** + Subjunktiv: **Como no sea una peli de risa**, *Außer wenn es ein lustiger Film ist*.

▲ KONJUGATION
SUBJUNKTIV PRÄTERITUM

DER SUBJUNKTIV AUF -RA

Um ihn zu bilden, nimmt man die 3. Person Plural des Indefinido-Tempus, dessen Endungen durch **-ra, -ras, -ra, -ramos, -rais, -ran** modifiziert werden. Wir haben im Dialog 4 Beispiele gesehen: 2 regelmäßige Verben im Indefinido (**terminar, escuchar**) und 2 mit starkem Indefinido (**querer, poder**). Die Regel zur Bildung des Subjunktivs Imperfekt ist in allen Fällen dieselbe.

terminar → termin**aron** → termin**ara**
querer → quis**ieron** → quis**iera**
poder → pud**ieron** → pud**iera**

cantar, singen	comer, essen	poder, essen	querer, wollen, lieben
cantara	comiera	pudiera	quisiera
cantaras	comieras	pudieras	quisieras
cantara	comiera	pudiera	quisiera
cantáramos	comiéramos	pudiéramos	quisiéramos
cantarais	comierais	pudierais	quisierais
cantaran	comieran	pudieran	quisieran

DER SUBJUNKTIV AUF -SE

Es gibt eine zweite Form des Subjunktivs Präteritum, dessen Endung nicht **-ra**, sondern **-se** ist. Sie hat die gleiche Bedeutung und ihre Verwendung ist je nach Land und Region mehr oder weniger verbreitet. Es ist manchmal sogar eine Frage des persönlichen Geschmacks.

cantar, singen	comer, essen	poder, können	querer, wollen, lieben
cantase	comiese	pudiese	quisiese
cantases	comieses	pudieses	quisieses
cantase	comiese	pudiese	quisiese
cantásemos	comiésemos	pudiésemos	quisiésemos
cantaseis	comieseis	pudieseis	quisieseis
cantasen	comiesen	pudiesen	quisiesen

⬢ ÜBUNGEN

1. HÖREN SIE UND NOTIEREN SIE DAS WORT, DAS DER DEFINITION ENTSPRICHT.

a.

b.

c.

d.

2. VERVOLLSTÄNDIGEN SIE DIE 3 ERSTEN PHRASEN DES ÜBUNGSDIALOGS.

a. Buenas tardes, quisiera .... para la ópera Carmen, ...
....

b. Ah, es el día ...., caballero, y ya ....

c. ¿No hay de .... en el ....?

29. Welche Filme laufen?

VOKABULAR

dejar de (+ Inf.) *aufhören, aufgeben, abgewöhnen*
afeitarse *sich rasieren*
la barba *Bart*
el estreno *Premiere*
el/la aficionado/a *Fan*
el teatro *Theater*
la vanguardia *Avantgarde*
terminar *beenden*
el ensayo *Probe*
la entrada *Eintritt(-skarte), Platz*
el patio de butacas *Parkett*
la fila *Reihe*
frente a *gegenüber, vor*
el escenario *Bühne*
la ópera *Oper*
la ostra *Auster*
el guion *Drehbuch, Skript*
el tenor *Tenor*
el barítono *Bariton*
asesinar *ermorden*
enamorado/a *verliebt*
el/la soprano *Sopran*
la vergüenza *Scham*
la tontería *Dummheit*
el concierto *Konzert*
siempre y cuando *vorausgesetzt*
la exposición *Ausstellung*
el/la artista *KünstlerIn*
el engañabobos *Trick, Täuschung, List, Sprengfalle*
a condición de que *unter der Bedingung, dass*
el cine *Kino*
el festival *Festival*
el/la director/a *RegisseurIn*
japonés/esa *japanisch*
ni hablar *auf keinen Fall*
el rollo *langweilige Sache*
comerse el coco *Hirn zermartern, Kopf zerbrechen*
emocionar *(be-)rühren, bewegen*
como no sea *höchstens, außer*
la risa *Lachen*
las palomitas *Popcorn*
echar *laufen, bringen, zeigen (Film)*
el oeste *Osten*
la película del oeste *Western(-Film)*
actuar *schauspielern*
qué cruz *was für eine Last/Bürde*

🔴 3. HÖREN SIE IHN ERNEUT AN UND KREUZEN *VERDAD* ODER *MENTIRA* AN.

31

	VERDAD	MENTIRA
a. Quedan algunas entradas caras cerca del escenario.		
b. Quedan entradas que permiten oír bien la música.		
c. A la amiga del chico no le gusta mucho la ópera.		
d. Su cumpleaños es el mismo día que el estreno.		
e. A veces alguien revende una entrada el mismo día.		
f. Le aconseja invitar a su amiga al restaurante el sábado siguiente.		

4. KONJUGIEREN SIE DIE VERBEN, UM UNWIRKLICHE SÄTZE ZU BILDEN.

a. Si .... tiempo, ... al cine contigo. [yo-tener/yo-ir]

b. Si .... un buen amigo, ... conmigo a la ópera. [tú-ser/tú-venir]

c. Si .... alguna buena peli, ... salir. [haber/nosotros-poder]

d. Si .... de salir, ... mucho. [vosotros-dejar/vosotros-ahorrar]

5. FORMULIEREN SIE DIESE SÄTZE IM RICHTIGEN TEMPUS UM.

a. Nos recomienda que vayamos a esa exposición.

→ Nos recomendó ....

b. Dice que no irá al estreno aunque le paguen.

→ Dijo ....

c. Sé lo que vas a decir antes de que hables.

→ Sabía ....

6. ÜBERSETZEN SIE DIESE SÄTZE.

a. Ich schäme mich nicht zu sagen, dass mir Avantgarde-Kunst das Hirn zermartert.

→

b. Ich werde mit dir eine Komödie anschauen, vorausgesetzt, du rasierst dir den Bart.

→

c. Dieser Film ist langweilig, aber es ist mir egal, solange du mir den Eintritt schenkst.

→

30.
ES LEBE DER URLAUB!

¡VIVAN LAS VACACIONES!

ZIELE	KENNTNISSE
• VERGANGENE EREIGNISSE: BEDAUERN AUSDRÜCKEN; VORWÜRFE MACHEN; SICH BESCHWEREN • ÜBER DAS WETTER SPRECHEN • WORTSCHATZ: NATUR UND URLAUB • ANWEISUNGEN UND BILDSPRACHE IN DER UMGANGSSPRACHE • PILGERFAHRT AUF DEM JAKOBSWEG	• DAS VERB *CABER* (GEBRAUCH UND KONJUGATION) • SUBJUNKTIV PLUSQUAMPERFEKT; KONDITIONAL DER VERGANGENHEIT • RELATIVSÄTZE IM INDIKATIV UND SUBJUNKTIV • KONZESSIVSATZ: *HAGAS LO QUE HAGAS* • *COMO SI* + SUBJUNKTIV DER VERGANGENHEIT

DER JAKOSBWEG

– Man musste beim Verlassen der Stadt links abbiegen. Wenn du auf mich gehört hättest… Jetzt dreh um!

– Als ob du dich nie geirrt hättest. Und als du sagtest, fahr geradeaus und wir uns im Wald verirrten?

– Wenigstens war es schönes Wetter, eine Vollmondnacht. Nicht wie jetzt, wo es in Strömen regnet.

– So ist das (mit dem) Wandern: Man weiß nie, ob der Himmel bewölkt oder klar sein wird, ob es Regen oder Wind geben wird, besonders im Norden.

– Ich vermisse den Süden… Wenn wir den Sommer am Meer verbracht hätten, wäre ich jetzt in Badehose und würde auf einem Handtuch unter dem Sonnenschirm liegen.

– Wolltest du nicht, dass wir an einen Ort gehen, an dem es Natur, Vögel in den Bäumen und Kühe auf den Feldern gibt?

– Das einzige Tier, das ich bisher gesehen habe, war die Wespe, die mich gestochen hat.

– Du hast nicht aufgehört zu sagen, dass du abnehmen, Sport treiben müsstest und nicht den ganzen Tag damit zubringen solltest, Fußball und Basketball im Fernsehen zu schauen.

– Und wenn wir uns einen Moment ausruhen würden?

– Okay, aber wir müssen vor Einbruch der Dunkelheit in der Herberge sein. Hey, was machst du da mit den Streichhölzern?

– Ein Feuer. Mir ist eiskalt [Ich sterbe von Kälte].

– Merkst du nicht, dass du einen Brand entfachen könntest? Mach das aus!

– Was ich auch tue, immer ist es falsch…

– Schau, ein Adler!!

– Oh! Ich habe noch nie einen in freier Wildbahn [Freiheit] gesehen…

– Komm, du wirst sehen, dass wenn du in Santiago ankommst, du voller Freude sein [nicht in dich vor Freude passen] wirst…

EL CAMINO DE SANTIAGO

– Había que tomar a la izquierda al salir del pueblo. Si me hubieras hecho caso… Ahora, ¡a dar media vuelta!

– Como si tú nunca te equivocaras. ¿Y cuando dijiste que siguiéramos todo recto y nos perdimos en aquel bosque?

– Por lo menos hizo buen tiempo, una noche de luna llena. No como ahora, que está lloviendo a mares.

– Así es el senderismo: nunca sabes si el cielo estará nublado o despejado, si habrá lluvia o viento, sobre todo en el norte.

– Echo de menos el sur… Si hubiéramos veraneado a la orilla del mar, ahora estaría en bañador, tumbado sobre una toalla debajo de la sombrilla.

– ¿No querías que fuéramos a un sitio donde hubiera naturaleza, pájaros en los árboles y vacas en los campos?

– El único bicho que he visto hasta ahora ha sido la avispa que me picó.

– No parabas de decir que tenías que adelgazar, hacer deporte y no pasarte el día viendo fútbol y baloncesto en la tele.

– ¿Y si descansáramos un rato?

– Vale, pero hay que llegar al albergue antes de que anochezca. Oye, ¿qué haces con esas cerillas?

– Un fuego. Estoy muerto de frío.

– ¿No te das cuenta de que puedes provocar un incendio? ¡Apaga eso!

– Haga lo que haga, siempre está mal…

– Mira, ¡¡un águila!!

– ¡Oh! Nunca había visto una en libertad…

– Anda, ya verás que cuando llegues a Santiago no cabrás en ti de contento…

■ DEN DIALOG VERSTEHEN
UMGANGSSPRACHLICHE ANWEISUNGEN

→ Neben den Feinheiten des Imperativ-Modus sollten Sie wissen, dass es eine mündliche Weise für umgangssprachliche Anweisungen gibt, die im Alltag sehr nützlich ist: sie besteht aus **a**, gefolgt vom Infinitiv. Im Dialog stand z. B.: **¡A dar media vuelta!**, *Los, dreh um!*.

→ Nach dem gleichen Prinzip können Sie ausrufen: **¡A comer!**, *Essen kommen!*; **¡A dormir!**, *Ins Bett!*; **¡A trabajar!**, *An die Arbeit!*.

BILDHAFTE SPRACHE

→ **El mar**, *das Meer*, tritt in vielen umgangssprachlichen Ausdrücken auf, die eine Quantität ausdrücken. Man sagt daher, wie im Dialog, **llover a mares**, *in Strömen regnen, in Eimern gießen*. Und auch **llorar a mares**, *wie ein Schlosshund weinen, in Tränen aufgelöst sein*. **La mar de**, vor einem Nomen oder Adjektiv, wird eine Art Adverb der Quantität: **Estoy la mar de contento**, *Ich bin sehr glücklich*; **Hay la mar de gente**, *Es ist ein Meer an Menschen*.

KULTURELLER HINWEIS

Der Legende nach liegen die sterblichen Überreste von Jakobus dem Großen, Gefährte Christi und Schutzpatron Spaniens, in Compostela in Galizien, wo sie im Jahr 813, mitten im Vormarsch der Muslime, zufällig entdeckt wurden. Zumindest ist dies der Ursprung der größten europäischen Pilgerroute, die ab dem 19. Jahrhundert Hunderttausende von Menschen auf die Straßen Nordspaniens bringen sollte. Als Kombination aus dem Anreiz der spirituellen Suche und der Wanderung, erlebt der **Camino de Santiago** in den letzten Jahren enorme Erfolge. Von Roncesvalles aus führen zwei Hauptrouten in etwa dreißig Wandertagen durch das Landesinnere oder entlang der Küste. Wenn Sie Ihren Pilgerpass ordnungsgemäß abstempeln lassen, wenn Sie 100 km (200 km mit dem Fahrrad) zurückgelegt haben, erhalten Sie die berühmte **compostelana**, die Ihr Wohnzimmer schmücken wird und Ihre Leistung bescheinigt.

◆ GRAMMATIK
HYPOTHETISCHE EREIGNISSE DER VERGANGENHEIT

• Um über Ereignisse zu sprechen, die in der Vergangenheit stattgefunden haben könnten („wenn ich dies getan hätte…"), nimmt man im Spanischen im Nebensatz den

Subjunktiv Plusquamperfekt (**haber** im Subjunktiv Präteritum + Partizip Perfekt): **Si hubiéramos girado a la izquierda…**, *Wenn wir links abgebogen wären…*
• Der Hauptsatz steht im Konditional oder im Konditional der Vergangenheit (**haber** im Konditional + Partizip Perfekt; was unserem Konjunktiv II entspricht): **…ya estaríamos en el albergue**, *…wären wir schon in der Jugendherberge*; **…ya habríamos llegado**, *…wären wir schon angekommen*.

COMO SI + SUBJUNKTIV DER VERGANGENHEIT

„Als ob", mit dem man ein fiktives Ereignis bezeichnet, wird auf Spanisch mit dem Subjunktiv der Vergangenheit ausgedrückt: **Como si nunca te equivocaras**, *Als ob du dich nie irrtest*; **Como si nunca te hubieras equivocado**, *Als ob du dich nie geirrt hättest*.

„WAS IMMER DU TUST"

Sie haben im Dialog die konzessive Subjunktiv-Phrase **Haga lo que haga**, *Was immer ich tue, Egal was ich mache* kennengelernt. Das Spanische verwendet sehr oft diese symmetrischen Strukturen, die für alle Umstände gelten:
- Identität: **seas quien seas**, *wer (auch) immer du (auch) bist*
- Ort: **estés donde estés**, *wo (auch) immer du (auch) bist*
- Art und Weise: **se vista como se vista**, *wie (auch) immer er sich anzieht*
- Zeit: **vengas cuando vengas**, *wann (auch) immer du (auch) kommst*.

RELATIVSÄTZE IM INDIKATIV UND SUBJUNKTIV

Wie im Deutschen kann der Relativsatz eine reale Tatsache oder eine Hypothese ausdrücken. Ersteres wird im Indikativ und Zweiteres im Subjunktiv ausgedrückt; Achtung bei der Übereinstimmung der Zeiten, die auf Spanisch obligatorisch ist.
Voy a un sitio donde hay animales, *Ich gehe an einen Ort, wo/an dem es Tiere gibt*.
Quiero ir a un sitio donde haya animales, *Ich möchte irgendwo hin, wo es Tiere gibt*.
Quería ir a un sitio donde hubiera animales, *Ich wollte irgendwohin, wo es Tiere gegeben hätte/„gab"*.

▲ KONJUGATION
SUBJUNKTIV PLUSQUAMPERFEKT

Wie alle zusammengesetzten Tempora wird er mit dem Hilfsverb **haber**, *haben* gebildet – man konjugiert ihn mit dem Subjunktiv Präteritum + Partizip Perfekt: **hubiera hecho**, *ich hätte gemacht*. Es entspricht oft unserem Konjunktiv II Plusquamperfekt.

| hubiera cantado, *ich hätte gesungen* |
| hubieras cantado |
| hubiera cantado |
| hubiéramos cantado |
| hubierais cantado |
| hubieran cantado |

DAS VERB *CABER*

Es ist ein eigenartiges Verb, sowohl in seiner Bedeutung als auch in seiner Konjugation – die Ausnahmen sind zahlreich. Es bedeutet im Wesentlichen, im Sinne der räumlichen Kapazität *halten, passen*: **En este coche caben cuatro personas**, *In dieses Auto passen 4 Personen*. Es erscheint in Ausdrücken wie **no caber en sí de contento**, *voller Freude,* wörtl. *nicht in sich passen vor Freude* (wie im Dialog) oder auch: **no cabe duda**, *es besteht kein Zweifel*; **dentro de lo que cabe**, *soweit es möglich ist, den Verhältnissen/Umständen entsprechend*.

Indikativ Präsens	Subjunktiv Präsens	Futur	Indefinido
quepo	**quepa**	**cabré**	**cupe**
cabes	**quepas**	**cabrás**	**cupiste**
cabe	**quepa**	**cabrá**	**cupo**
cabemos	**quepamos**	**cabremos**	**cupimos**
cabéis	**quepáis**	**cabréis**	**cupisteis**
caben	**quepan**	**cabrán**	**cupieron**

⬢ ÜBUNGEN

🔴 1. NUMMERIEREN SIE DIE SÄTZE IN DER REIHENFOLGE, IN DER SIE SIE HÖREN

a. Dreh um!/Wende!
b. Bieg rechts ab!
c. Bieg links ab!
d. Fahr geradeaus weiter!

🔴 2. VERVOLLSTÄNDIGEN SIE DIE 3 ERSTEN PHRASEN DES ÜBUNGSDIALOGS.

a. Menudo ……………………………… está haciendo.

b. Sí, si me ……………………………… que en la Costa del Sol iba a hacer este tiempo, no me lo ………………………………

c. ¡Llevamos aquí una semana y no ………………………………!

VOKABULAR

¡Viva...!/¡Vivan...! *Es lebe...!, Auf...!, Lang lebe...!, Hoch lebe...!*
hacer caso *zuhören, aufpassen*
dar media vuelta *umdrehen*
el bosque *Wald*
la luna *Mond*
lleno/a *voll, gefüllt*
llover [ue] *regnen*
el senderismo *Wandern*
el cielo *Himmel*
nublado/a *bewölkt*
despejado/a *klar, frei*
la lluvia *Regen*
el viento *Wind*
el norte *Nord*
echar de menos *vermissen*
el sur *Süden*
veranear *Sommer verbringen*
la orilla *Ufer*
el bañador *Badeanzug, -hose*
tumbado/a *liegend*
la toalla *(Bade-)Handtuch*
la sombrilla *Sonnenschirm*
debajo *unter*
la naturaleza *Natur*
el pájaro *Vogel*
el árbol *Baum*
la vaca *Kuh*
el campo *Feld, Land*
el bicho *Tier, Viech*
único/a *einzigartig, einzig*
la avispa *Wespe*
picar *stechen, piksen*
parar *aufhören, stoppen*
el deporte *Sport*
el fútbol *Fußball*
el baloncesto *Basketball*
descansar *sich ausruhen*
el albergue *Herberge*
anochecer *dunkel werden*
la cerilla *Streichholz*
el fuego *Feuer*
provocar *entfachen, auslösen*
el incendio *Brand, Feuer*
apagar *ausschalten, ausmachen*
el águila (fem.) *Adler*
la libertad *Freiheit*

3. HÖREN SIE IHN ERNEUT AN UND KREUZEN SIE *VERDAD* ODER *MENTIRA* AN.

	VERDAD	MENTIRA
a. En el norte está lloviendo.		
b. La amiga de la mujer va a Santiago en bici.		
c. El hombre le tiene envidia a esa amiga.		
d. Se queja de los bichos que le pican.		
e. La pareja decide ir a Santiago a pie el año que viene.		
f. De momento van a cortar la calefacción.		

4. VERWANDELN SIE DIESE SÄTZE IN DIE HYPOTHETISCHE VERGANGENHEIT.

a. Si viéramos un camino más corto, lo tomaríamos.

→

b. Si siguierais recto, llegaríais antes.

→

c. Si hiciera buen tiempo, saldría contigo.

→

d. Si veranearas en el norte, disfrutarías más de la naturaleza.

→

5. ERGÄNZEN SIE: A. ER IST NICHT TOT. → ER TUT SO, ALS OB ER TOT SEI.

a. No está muerto. Hace como si ....

b. No me haces caso. Haces como si ....

c. No os gusta el mar. Hacéis como si ....

6. ÜBERSETZEN SIE DIESE SÄTZE.

a. Was immer ihr tut, ihr werdet nicht ins Auto passen.

→

b. Ich würde gerne an einem Ort leben, an dem ich Kühe und Vögel sehen könnte.

→

c. Es regnet in Strömen im Norden: ich vermisse unseren Urlaub im Süden, im Badeanzug am Meeresufer!

→

DIE LÖSUNGEN DER ÜBUNGEN

HINWEIS

Sie werden auf den folgenden Seiten alle Lösungen zu den Übungen der vorausgegangenen Module finden. Die aufgenommenen Übungen sind durch das Piktogramm 🔊 signalisiert, was jeweils vor der Streaming-Titelnummer steht. Die Übungsaufzeichnungen werden nach dem Dialog des Moduls abgespielt, auf der gleichen Spur; sie tragen also dieselbe Titelnummer.

🔊 02 AUSSPRACHE
Wortakzent
a. Canadá – **b.** Ecuador – **c.** fútbol – **d.** café – **e.** Cádiz – **f.** Barcelona – **g.** jamón – **h.** México – **i.** Ibiza

Das Trema auf dem -u
a. Vergüenza – **b.** Antiguo – **c.** Cigüeña – **d.** Agüero – **e.** Pingüino – **f.** Guerra – **g.** Antigüedad – **h.** Guitarra – **i.** Miguel

1. GUTEN TAG
🔊 **03 1. a.** *¿Es española?* Ist sie Spanierin? – **b.** *Eres alemana.* Du bist Deutsche. – **c.** *Soy francesa.* Ich bin Französin. – **d.** *No hablas inglés.* Du sprichst nicht Englisch. – **e.** *Habla italiano.* Er spricht Italienisch.

🔊 **03** Dialog:
– *Buenas tardes, guapa. ¿Cómo te llamas?*
– *Hola, yo soy Lola. ¿Y tú?*
– *Me llamo Peter.*
– *¿Peter? ¿Eres inglés?*
– *Estadounidense, nací en Nueva York.*
– *¡Pero hablas muy bien español!*
– *Sí, mi madre es profesora de español.*
– *Ah, qué bonita profesión, ¿verdad?*
– *Sí, y yo también estudio idiomas: hablo francés, italiano, alemán y chino.*
– *¿Ah sí?... Dime "buenas noches" en chino.*
– *Buenas noches en chino.*
– *Ja ja ja. ¡No hablas chino, es mentira!*
– *Bueno, de acuerdo. Me llamo Pedro y soy de Ibiza.*

🔊 **03 2. a.** V – **b.** M – **c.** M – **d.** V – **e.** M – **f.** M – **g.** V – **h.** M – **i.** M
3. a. La profesora es guapa. – **b.** Es alemana. – **c.** No soy estadounidense. – **d.** ¿Eres china o belga?
4. a. ¿De dónde eres? – **b.** ¿Cómo te llamas? – **c.** ¿Hablas español? – **d.** ¿Trabajas en España?
5. a. Buenos días, me llamo Pedro y soy profesor de español. – **b.** Buenas noches, guapa. – **c.** Nací en París, pero soy española. – **d.** Hablo muy bien francés y también alemán. – **e.** Yo soy Lola, ¿y tú?

2. WER BIN ICH?
🔊 **04 1. a.** 33 – **b.** 10 – **c.** 61 – **d.** 12 – **e.** 80

🔊 **04** Dialog:
– *¿Carmen?... ¡¡Carmen!!*
– *Sí... Bu... buenos días...*
– *¡Carmen! ¿Pero cuántos años hace que no te veo? ¿Veinte? ¿Treinta?*
– *A ver, es que no... Eres... ¿Eres Paco Ruiz, verdad?*
– *¡No, no soy Paco! Soy Antonio, ¡Antonio Fernández Ortiz!*
– *Ah sí, claro, Antonio...*
– *Ay Carmen, Carmen... ¡Cuántos años! Pero dime, ¿a qué te dedicas? ¿Estás casada?*
– *Estoy casada, sí, tengo tres hijos y trabajo en la enseñanza.*
– *¿Eres profesora?*
– *Soy profesora de inglés, como mi marido. Bueno... ¿y tú, Antonio, en qué trabajas?*
– *No tengo trabajo, estoy desempleado...*
– *Ah, qué lástima... Y... ¿tienes hijos?*
– *Sí, tengo una hija. Se llama Carmen, como tú, y tiene 24 años. Ella tiene un buen empleo, es periodista y vive en París.*
– *¡Enhorabuena!*

2. a. Antonio. – **b.** Fernández Ortiz. – **c.** tres hijos. – **d.** es profesor de inglés.
3. a. Se llama Carmen. – **b.** Tiene veinticuatro años. – **c.** Es periodista. – **d.** Vive en París.
4. a. Brasil – **b.** Ecuador – **c.** Cuba – **d.** Buenos Aires – **e.** voleibol – **f.** Beatriz
5. a. café – **b.** fútbol – **c.** menú – **d.** dólar – **e.** balón – **f.** Perú
6. a. Madrid es una ciudad muy bonita. – **b.** Felipe VI está casado con Letizia Ortiz. – **c.** No tengo trabajo: estoy desempleado. – **d.** No soy funcionario: trabajo en el comercio. – **e.** Dime, Laura, ¿eres de Sevilla?
7. a. ¿A qué se dedica tu mujer? – **b.** ¿Qué edad tiene la reina de España? – **c.** Vive en Madrid pero tiene varias casas. – **d.** A ver... ¿A cuántas preguntas tengo derecho? – **e.** Adivina quién es mi marido.

3. WIE GEHT'S?

🔊 **05** **1. a.** *Buenas, soy tu profesora de matemáticas.* de tú. – **b.** *Trátame de usted, ¿vale?* de tú. – **c.** *¿Tienes un móvil?* de tú. – **d.** *¿Cómo está, don Manuel?* de usted.

🔊 **05** Dialog:
– Hola, ¿eres nueva en el instituto?
– Sí, soy nueva, me llamo Ángela.
– Encantado, Ángela. Yo soy Pedro, bienvenida.
– Mucho gusto, Pedro.
– ¿Todo bien?
– Sí, estoy estupendamente, gracias.
– Me alegro. ¿De qué eres profesora, Ángela?
– De alemán, ¿y usted?
– Yo de matemáticas, pero ¡trátame de tú!
– Vale, es que soy alemana y los alemanes se tratan mucho de usted…
– Todos se tratan de tú en el instituto.
– ¿Los alumnos también tratan de tú a los profesores?
– Sí, los alumnos españoles te tratan de tú, pero no son maleducados.
– No, claro… Pero dime, ¿no están prohibidos los móviles entonces?
– Los chicles sí, pero los móviles no. Ah, una cosa, en el instituto tenemos una enfermera a la antigua: a los demás tratalos de tú, pero a ella trátala de usted, ¿de acuerdo?

2. a. dos profesores – **b.** la enfermera – **c.** solo los chicles

3. a. V – **b.** V – **c.** M – **d.** M – **e.** M – **f.** M

4. a. Estamos muy bien, gracias. – **b.** Sí, estoy de muy mal humor. – **c.** No, soy la enfermera. – **d.** Somos los alumnos de la señora del Pino.

5. a. El delegado no está de buen humor. – **b.** Las ciudades son bonitas. – **c.** Las mujeres no son solo amas de casa. – **d.** Es la casa del nuevo profesor.

6. a. ¿Cómo se llama usted? – **b.** ¿Dónde vive usted? – **c.** ¿A qué se dedica usted? – **d.** ¿De dónde es usted?

7. a. ¿Es usted la nueva enfermera del instituto? – **b.** Trátame de usted, y los demás también, ¿entendido? – **c.** ¿Quién es vuestro delegado? – **d.** Lo siento, está prohibido.

4. BITTE…

🔊 **06** **1. a.** *Perdona, ¿me puedes ayudar?* de tú. **b.** *Disculpe, ¿tiene azúcar?* de usted. – **c.** *Aquí tiene su café.* de usted. – **d.** *¿Puedo invitarte a un café?* de tú.

🔊 **06** Dialog:
– Te presento a Antonio, es nuestro nuevo vecino. Él es Pepe, mi marido.
– ¿Qué tal, Antonio?
– Muy bien, gracias.
– ¿Le invitamos a un café, cariño?
– Por supuesto.
– No quiero molestar…
– Por favor, pasa, Antonio.
– Muchas gracias. Son ustedes muy amables.
– No hay de qué, y vamos a tutearnos, ¿no? ¡Somos vecinos!
– ¡Sí, claro!
– Aquí tenéis el café.
– ¿Tienes un poco de leche, por favor?
– Oh, lo siento, no tenemos…
– ¿Y azúcar?
– Sí, azúcar sí. ¿Cuánto quieres?
– Solo un poco, gracias.
– ¿Y a qué te dedicas, Antonio?
– Soy enfermero, es un trabajo pesado, pero muy bonito.
– Exactamente como el nuestro… ¡Somos profesores!

2. a. Antonio – **b.** primero de usted y después de tú – **c.** leche – **d.** quiere un poco de azúcar

3. Siehe Dialog.

4. a. ¿Va usted a casa del vecino? – **b.** ¿Antonio es su marido? – **c.** Te presento a mi mujer. – **d.** Perdona, ¿me prestas tu móvil? – **e.** Disculpe, ¿puede presentarse? – **f.** Lo siento, no puedo invitarte.

5. a. No te quiero prestar café. – **b.** No puedo servirle. – **c.** ¿Lo puedo tutear? – **d.** No le voy a perdonar.

6. a. No quiero leche, quiero otra cosa. – **b.** Perdone, señora, es la tercera vez que la molesto. – **c.** Vas a pensar que soy una vecina pesada. – **d.** Sois muy amables, tú y tu marido.

5. HALLO?

🔊 07 **1. a.** 091 – **b.** 080 – **c.** 901 22 12 32 – **d.** 654 35 13 67

🔊 07 Dialog:
– ¿Sí, diga?
– Buenas tardes, ¿es usted la esposa de don Rafael?
– Sí, soy yo, ¿con quién estoy hablando?
– Mi nombre es Laura, de Latacel.
– Mucho gusto, Laura, me llamo Carmen. ¿En qué puedo ayudarla?
– Le llamo para…
– Perdón, pero ¿qué edad tiene usted?
– Tengo 30 años, doña Carmen, y…
– ¡Yo también! Vamos a tutearnos entonces, ¿no?
– Bueno, si quieres…
– Sí, claro, dime. Te escucho.
– Estamos realizando una oferta para nuevos clientes: son cien minutos de llamadas gratis.
– Perdón, ¿puedes repetir? ¿Cuántos minutos son?
– ¡Nuestra oferta son cien minutos de llamadas gratis!
– Ah, no es mucho…
– También tienes derecho a un móvil gratis.
– ¿Solo uno?
– Bueno, tenemos otra oferta, que son cincuenta minutos gratis y dos móviles.
– Bueno… Voy a pensarlo.
– Para servirte.
– Gracias, adiós, Laura.
– Hasta pronto, Carmen.

2. a. primero de usted y después de tú. – **b.** 100 minutos de llamadas gratis y un móvil – **c.** es poco – **d.** Carmen dice "adiós" / Laura dice "Hasta pronto".

3. a. diga – **b.** es usted la esposa – **c.** soy yo… estoy hablando – **d.** Mi nombre es – **e.** Mucho gusto… puedo ayudarla

4. a. Estoy hablando por teléfono. – **b.** Llámalo para saber cómo está. – **c.** Gracias por la oferta. – **d.** De nada, por favor, para servirle.

5. a. ¿Me estás escuchando? – **b.** Estoy viviendo en París. – **c.** No estamos haciendo nada. – **d.** Está estudiando español.

6. a. Dime, cariño, ¿dónde estás? – **b.** No cuelgues. Rafael no está pero te pongo con su esposa. – **c.** Quisiera comprobar su dirección: ¿puede repetirla? – **d.** Le digo mi nombre, pero no puedo decirle mi apellido.

6. WIE VIEL UHR IST ES?

 **1. a.** *Son las dos menos cuarto:* 13:45 – **b.** *Es la una y diez:* 01:10 – **c.** *Son las tres y veinte:* 15:20 – **d.** *Son las doce y veinte de la noche:* 00:20.

🔊 08 Dialog:
– Buenos días.
– Buenos días, doctora.
– Lo escucho: dígame qué le pasa.
– No me pasa nada, doctora.
– ¿Cómo?
– Nada, estoy estupendamente.
– Ah… Entonces, ¿qué puedo hacer por usted?
– Estoy bien, tengo un buen trabajo y una casa bonita, doctora, pero estoy cansado de la vida que llevo…
– ¿Ah? ¿Y qué vida lleva?
– No es una vida muy loca, la verdad… De lunes a viernes voy a trabajar, vuelvo a casa, veo una serie y después me acuesto.
– ¿Y los sábados no sale con los amigos?
– No, me quedo en casa y no hago nada. No tengo muchos amigos…
– Ya veo… ¿Duerme bien?
– Duermo muy bien. Me acuesto temprano, a las nueve y media, y me levanto a las siete de la mañana.
– ¡Duerme usted como mi hijo de dos años! A su edad, no es bueno dormir tanto, hombre.

– Sí, lo sé…
– A ver… Aquí tiene estas pastillas: le van a ayudar a estar de buen humor.
– Gracias, doctora.
– Las va a tomar durante quince días, ¿de acuerdo?
– Sí, doctora.
– Y este fin de semana va a salir de copas, ¿entendido?
– Va a pensar que soy muy pesado, pero es que no sé dónde hay buenos bares…
– Vale, aquí tiene también la dirección de dos bares estupendos.
– Es usted muy amable, gracias, doctora.

2. a. El hombre se acuesta a las nueve y media. – **b.** Duerme nueve horas y media al día. – **c.** Durante quince días. – **d.** Son para estar de buen humor.

3. a. V – **b.** M – **c.** M – **d.** V – **e.** M – **f.** V – **g.** V

4. a. ¿Dónde estás: en casa? – **b.** ¿Cuándo sales del trabajo? – **c.** ¿Vas a casa? – **d.** ¿Vamos a salir de copas, cariño? – **e.** Me levanto temprano para ir al trabajo.

5. a. No solemos salir durante la semana. – **b.** ¿Cuándo volvéis a casa? – **c.** Se acuestan muy temprano. – **d.** Salimos de copas todas las noches. – **e.** ¿Por qué os acostáis tan tarde?

6. a. Los domingos no suelo levantarme antes de las doce y media. – **b.** ¿Qué te pasa? ¿Estás cansado? – **c.** Son las cuatro de la mañana. ¿No tienes sueño? – **d.** ¿Por qué no nos quedamos en casa este sábado? – **e.** No tomo café después de las dos de la tarde, porque después no puedo dormir.

7. ESSEN WIR?

🔊 09 **1. a.** *Es <u>la madre</u> de mi padre.* Es mi <u>abuela</u> – **b.** *Son <u>los hijos</u> de mi <u>tío</u>.* Son mis <u>primos</u>. – **c.** *Es <u>la hija</u> de mi <u>hijo</u>.* Es mi <u>nieta</u>. – **d.** *Es <u>el hermano</u> de mi <u>madre</u>.* Es mi <u>tío</u>. – **e.** *Es <u>la hija</u> de mi <u>hermano</u>.* Es mi <u>sobrina</u>.

🔊 09 <u>Dialog</u>:
– Vale, déjame poner la mesa…
– ¿Y ahora por qué? ¿No dices que no tienes hambre?
– Sabes perfectamente que estoy loco por tu tortilla de patatas, mamá…
– ¿Y no dices que es muy pesado para ti estar sentado con los padres durante toda una cena?
– No, no… Así estamos todos juntos y podemos hablar.
– ¡Ja! Tú nunca hablas de nada con nosotros.
– Sois vosotros los que no me escucháis. Siempre estáis hablando de vuestras cosas.
– Oh, qué lástima…
– ¿Pongo cucharas o solo cuchillos y tenedores?
– ¿El salmorejo cómo se come?
– De acuerdo, pongo cucharas también.
– Y después de cenar lavas tú los platos.
– Vale…
– Y los vas a lavar durante dos semanas.
– ¡Por favor, mamá!
– Si no estás de acuerdo, puedes salir a cenar una hamburguesa con los amigos. Y otra cosa.
– ¿¿Otra cosa??
– Sí, te voy a decir cómo hago la tortilla de patatas…
– ¿De verdad?
– Sí, así vas a poder hacerla tu solito. Pero silencio. Es la receta de la abuela y esto se queda en la familia, ¿de acuerdo?

2. a. El hijo va a poner la mesa para poder comer tortilla. – **b.** La madre dice que el hijo nunca habla con sus padres. – **c.** El hijo va a poner cucharas, cuchillos y tenedores. – **d.** El hijo va a lavar los platos durante dos semanas.

3. así vas a poder – la abuela – esto se queda

4. a. Nunca ceno solo. / No ceno nunca solo. – **b.** Yo tampoco tengo hambre. / Yo no tengo hambre tampoco.

5. a. Lo sentimos, no podemos ayudaros. **b.** Pasad, pasad. ¿Queréis tomar un café? – **c.** Mis padres siempre se sientan para comer. – **d.** ¿Cómo? Perdona, pero no entiendo lo que dices. – **e.** Si tienes hambre, te puedo invitar a comer.

6. a. Pon los cubiertos y los platos. – **b.** ¿Quieres salir conmigo, sí o no? – **c.** No hay nada para ti. – **d.** ¿Cómo cenamos esta noche: ¿de pie o sentados? – **e.** ¡Ahora o nunca!

8. GEFÄLLT IHNEN DIE WOHNUNG?

🔊 10 **1. a.** 589 – **b.** 2376 – **c.** 13 451 – **d.** 181 233

🔊 10 Dialog:
– ¿Entonces, le gusta el piso?
– Por decirle la verdad, no mucho…
– ¿Ah? ¿Por qué razón?
– Tiene cosas buenas: el salón es grande y los sillones son bonitos, pero no me gusta la cocina: ¡es pequeñísima!
– Es solo para hacer la comida, y luego pueden pasar al comedor.
– Sí, pero volvemos tarde del trabajo y no tenemos hijos. Entonces preferimos comer rápido en la cocina y luego ver la tele.
– Entiendo.
– Otra cosa: los electrodomésticos son antiguos.
– Voy a poner un horno nuevo, pero la lavadora y el frigorífico están bien, ¿no?
– La lavadora sí, pero el frigorífico no está muy limpio, ¿sabe?, y el piso tampoco.
– Es que hace un año y medio que no vive nadie aquí. Si lo alquilan lo dejo limpio, por supuesto.
– Y además el dormitorio no tiene ventanas. A mi compañero le horrorizan los dormitorios sin ventanas. Dice que parecen un ataúd.
– Bueno, tiene razón, pero por eso el alquiler es muy barato, apenas cuatrocientos euros.
– A ver, si me lo deja en trescientos, lo alquilo.
– ¿Trescientos? ¿Está usted loca?
– 350 (trescientos cincuenta).
– 375 (trescientos setenta y cinco).
– Bueno, de acuerdo, pero lo deja limpio, ¿vale?
– ¡Limpísimo!

2. a. La habitación que prefiere es el salón. – **b.** Piensa que los sillones son bonitos. – **c.** Piensa que los electrodomésticos son antiguos. – **d.** Le horroriza el dormitorio porque no tiene ventanas. – **e.** No le gusta la cocina porque es pequeñísima. – **f.** Entre la lavadora y el frigorífico, le gusta más la lavadora.

3. a. M – **b.** V – **c.** M – **d.** V – **e.** M – **f.** M

4. a. ¡Aceptad animales! – **b.** ¡Limpie el horno! – **c.** ¡Visiten el piso! – **d.** ¡Aplasta la cucaracha!

5. a. Los sillones son feísimos. – **b.** La cocina está sucísima. – **c.** La cama es grandísima. – **d.** No estoy segurísimo.

6. a. A vosotros no os gustan los problemas. – **b.** A ellos les horrorizan las cucarachas. – **c.** A usted le encanta este lugar. – **d.** A ti te gusta esta habitación.

7. a. ¡Qué sucio está este piso! – **b.** ¡Qué cucaracha más enorme! – **c.** Estoy seguro de que prefieres los gatos. – **d.** El alquiler es barato, pero no me gustan las sillas del comedor.

9. ALLES GUTE ZUM GEBURTSTAG!

🔊 11 **1. a.** *Me caen regular.* Ich mag sie mittelmäßig. – **b.** *Nos cae bien.* Wir mögen ihn gerne. – **c.** *¿Cómo te cae?* Was denkst du von ihm? – **d.** *Les caéis fatal.* Sie hassen euch. – **e.** *No le caigo bien.* Er mag mich nicht.

🔊 11 Dialog:
– Feliz cumpleaños, Teresa.
– Hola, Carmen, ¿qué haces aquí?
– Bueno, si molesto dímelo.
– No, no, disculpa, quiero decir que a ti gustan más los libros que las fiestas, ¿no?
– Sí, pero en la vida no hay nada más importante que el cumpleaños de una buena amiga, ¿verdad?
– Claro, claro…
– Aquí tengo una cosita para ti.
– Oh, ¡qué amable! ¿Qué es?
– Pienso que te va a gustar.
– Ah, un libro de recetas…
– Sí, de postres. Como estás tan delgada…
– Ya sabes que me horroriza el azúcar pero

281

le voy a prestar tu libro a mi abuela. Estoy segura de que le va a encantar. Gracias por ella.
– No hay de qué…
– Y hablando de cumpleaños, ¿cuándo es el tuyo?
– La semana que viene, el día 14.
– Ah, qué bien. Entonces ya sé lo que te voy a regalar.
– Ah, ¿y se puede saber qué es?
– Un libro de recetas también: se llama "mil recetas para adelgazar". Te veo demasiado gorda, ¿sabes?
– Gracias, pero yo prefiero comer lo que me apetece que pasar hambre.
– Y ese chico tan bajito y tan feo que está contigo, ¿quién es?
– Es un amigo.
– ¡Qué nariz más grande tiene, Dios mío!
– Es listo y simpático, por eso me cae bien. Los que me caen fatal son los chicos pijos, altos, guapos y tontos. Ah, ¿y cómo está tu novio?
– Estupendamente, está trabajando en Nueva York.
– Me alegro… Bueno, feliz cumpleaños otra vez.
– Gracias, siempre es un gusto verte.

2. a. Carmen piensa que Teresa está demasiado delgada. – **b.** Teresa le va a prestar el libro de recetas a su abuela. – **c.** Teresa va a regalar a Carmen un libro que se llama "Mil recetas para adelgazar". – **d.** Teresa piensa que el amigo de Carmen es bajito y feo. – **e.** A Carmen le caen fatal los chicos pijos, altos, guapos y tontos.

3. a. A Teresa le horroriza el azúcar. – **b.** A Carmen le caen bien los chicos listos. – **c.** Teresa prefiere pasar hambre que estar gorda. – **d.** El amigo de Carmen tiene la nariz grande. – **e.** El novio de Teresa estudia en Nueva York.

4. a. Es mi perro. Es el mío. – **b.** ¿Son tus libros? ¿Son los tuyos? – **c.** Son sus gafas. Son las suyas. – **d.** Es tu problema. Es el tuyo. – **e.** Son mis labios. Son los míos.

5. a. Conozco muchas recetas. – **b.** Son muy listos. – **c.** Tiene muchos libros. – **d.** Tiene mucho carácter. – **e.** Tengo mucha hambre.

6. a. No me parezco a mi madre. – **b.** No me apetece salir. – **c.** Tienes demasiadas amigas. – **d.** No conozco bastantes idiomas.

10. WAS WIRST DU STUDIEREN?

🔴 12 **1. a.** *El curso que viene, me voy a matricular en Historia.* – **b.** *Si suspendo una asignatura, mi padre me mata.* – **c.** *Para aprobar, hay que ir a clase.*

🔴 12 Dialog:
– ¿Qué nota piden este año para Medicina?
– Un nueve y medio.
– Mi padre me va a matar…
– ¿Por qué? ¿Qué nota tienes?
– Apenas un siete.
– Bueno, no está tan mal. Con eso puedes matricularte en Historia del arte o en Filosofía.
– Ya quisiera yo… Pero a mi padre le horrorizan las letras. Dice que para conseguir un buen trabajo hay que tener una carrera de ciencias.
– Pues dile que no es verdad: yo conozco a médicos que trabajan mucho y no se ganan tan bien la vida.
– ¡Él mismo! Es médico y siempre dice que su hermano, que es profesor de Lengua, vive mejor que nosotros.
– ¿Qué vas a hacer entonces?
– Pues no sé… Tal vez matricularme en Fisioterapia. No es Medicina pero se parece un poco. Eso puede aceptarlo mi padre.
– Ya, pero tu nota es demasiado baja para fisioterapia también: tienes que tener por lo menos ocho y medio.
– ¡Pues entonces me voy de casa!
– Tengo una idea mejor.
– ¿Cuál?
– Pues te presentas de nuevo a Selectividad el año que viene, para conseguir una nota más alta.
– No es mala idea… ¡Y así durante un año me dedico a la música, que es lo que me gusta!
– Amigo mío, me parece que el problema es

que no tienes muchas ganas de estudiar…
2. a. La nota de Selectividad del chico es siete. – **b.** Con esa nota, puede matricularse en Filosofía. – **c.** La mejor idea es presentar de nuevo/a Selectividad.
3. a. V – **b.** M – **c.** V – **d.** V – **e.** M
4. a. Tenemos que trabajar. / Hay que trabajar. – **b.** Tienes que elegir. / Hay que elegir. – **c.** Tengo que abrobar/Hay que aprobar. – **d.** Tenéis que entender. Hay que entender.
5. a. Nunca suspendo ninguna asignatura. **b.** Nadie te quiere. – **c.** No odio a ninguno de ellos. – **d.** Quiero algo de ti.
6. a. Mi nota sigue siendo baja. – **b.** ¿Sigues teniendo ganas de ser médico? – **c.** Te sigo queriendo. – **d.** Seguimos teniendo hambre.
7. a. Hay que tener por lo menos un nueve para matricularse en Medicina. – **b.** Si me dices que no, ¡me mato! – **c.** Me cuesta mucho trabajo aprobar esta asignatura.

11. ICH SUCHE EINEN NEBENJOB

🔊 13 **1. a.** *13 euros veinte*: 13,20 – **b.** *29 con diez*: 29,10 – **c.** *147 ochenta*: 147,80 **d.** *15 con cincuenta*: 15,50

🔊 13 Dialog:
– *Acaban de llegar los recibos del agua y de la luz.*
– *¿Cuánto hay que pagar?*
– *El agua son 130 euros por dos meses.*
– *¡En este piso se gasta demasiada agua! Sois vosotras, las chicas: ¡os quedáis horas en el cuarto de baño!*
– *¡Claro, porque somos más limpias que los chicos! Pero tú te quedas hasta las tres de la madrugada viendo películas y… ¡adivina cuánto es el recibo de la luz!*
– *No sé, ¿60 euros?*
– *Exactamente 95 con 40, ¡y solo por un mes!*
– *Hace falta ahorrar, es verdad, no podemos seguir así. Y también hay que conseguir trabajillos.*
– *¿Se te ocurre alguno?*
– *Tú puedes ser canguro, ¿no? Creo que la vecina necesita a alguien para sus hijos.*
– *¡Ni loca! Los conozco: son muy maleducados y no me llevo bien con ellos.*
– *Pues yo le voy a preguntar: a mí no me importa ser canguro y además parece que paga muy bien, 12 euros por hora.*
– *Yo prefiero dar clases a alumnos de bachillerato.*
– *Claro, ¡tú siempre tan pija!*
2. a. Acaban de llegar los recibos del agua y de la luz. – **b.** ¿Cuánto hay que pagar? – **c.** El agua son 130 euros por dos meses.
3. a. En el piso, el chico gasta demasiada luz. – **b.** El recibo de la luz es 95,40 euros. – **c.** Los hijos de la vecina son maleducados. – **d.** La chica prefiere dar clases.
4. a. Se me ocurre un trabajillo. – **b.** A la chica no se le ocurre nada. – **c.** ¿A usted se le ocurre algo? – **d.** A nosotros se nos ocurren muchas ideas.
5. a. Hace falta un trabajillo./Man braucht einen Nebenjob. – **b.** Es necesario comer bien./Man muss gut essen. – **c.** Necesito ahorrar./Ich muss sparen. – **d.** Me hace falta un piso más barato./Ich brauche eine günstigere Wohnung.
6. a. Acabo de enterarme de lo que te pasa. – **b.** Si no puedes pagar el recibo este mes, no pasa nada. – **c.** Cuando llega fin de mes estoy sin un duro, y eso que tengo una beca. – **d.** No consigo ahorrar, y eso que comparto los gastos con una compañera.

12. ICH BIN PRAKTIKANT

🔊 14 **1. a.** ¡Por fin he conseguido un empleo fijo! ¡Qué chulo! – **b.** *Soy becario, trabajo mucho y no me pagan.* Vaya rollo… – **c.** *Sigo sin encontrar trabajo.* Vaya rollo… – **d.** *Después de FP he encontrado trabajo rápidamente.* ¡Qué chulo!

🔊 14 Dialog:
– *Hola, Alejandro, ¿qué tal te va?*
– *Regular.*
– *¿Te has enfadado otra vez con tu novia, es eso?*
– *No, qué va, nos llevamos muy bien desde*

hace unos meses.
– ¿De qué te quejas entonces?
– Estoy en el paro desde hace un año y medio y no consigo encontrar trabajo.
– Ah… ¿Y no has trabajado en todo ese tiempo?
– He hecho algunas prácticas de vez en cuando, pero pagan muy poco, ya sabes.
– ¿Cuánto?
– Pues he estado tres semanas en un periódico y me han pagado doscientos euros.
– No es mucho, desde luego…
– Luego he sido becario mes y medio en una página web y he cobrado quinientos.
– Tampoco es bastante para vivir, no.
– Y por fin he trabajado en una panadería.
– Qué chulo. ¿Y por qué no te has quedado? Es un oficio muy bonito, ¿no te gusta?
– Me gusta demasiado… pero ahí me han despedido antes de acabar el tiempo de prácticas.
– ¿Qué has hecho?
– Me he comido todos los pasteles de chocolate…
– ¡Pero qué tonto eres!
2. a. Qué tal te va. – **b.** Regular. – **c.** Te has enfadado – **d.** que va, nos llevamos.
3. a. Alejandro está en el paro desde hace un año y medio. – **b.** Ha sido becario en un periódico por doscientos euros. – **c.** Las últimas prácticas han acabado antes de tiempo.
4. a. Isabel me ha contado su vida. – **b.** ¿Qué has hecho? – **c.** He venido a ver qué ha pasado. – **d.** No hemos visto nada.
5. a. No he salido desde hace tres días. – **b.** No he salido desde la semana pasada. – **c.** No lo he visto desde su cumpleaños. – **d.** No lo he visto desde hace un año.
6. a. ¿Cuánto has cobrado durante tus prácticas? – **b.** No estamos contentos con nuestras condiciones laborales. – **c.** O sea que después de FP has encontrado un trabajo rápidamente.

13. ICH KOMME WEGEN DER ANZEIGE

🔊 15 **1. 1)** *No se da cuenta* – **2)** *No se han dado cuenta* – **3)** *No me he dado cuenta* – **4)** *No te das cuenta*
a. 4 – **b.** 3 – **c.** 1 – **d.** 2

🔊 15 Dialog:
– ¿Qué tal te ha ido?
– Fenomenal, estoy convencido de que el trabajo es para mí.
– ¡Me alegro mucho! ¿Cómo lo has conseguido?
– Pues no sé, creo que les he caído bien.
– ¿Qué te has puesto de ropa?
– Como siempre: vaqueros y deportivas. Lo importante es ser agradable, ¿sabes?
– Ya… Para una entrevista de trabajo, ¿no es mejor llevar zapatos de vestir?
– ¡Qué va, mujer! Eres muy antigua.
– Bueno, ¿y qué te han preguntado?
– Que si ya he trabajado cara al público.
– ¿Y qué les has contestado?
– Pues que he trabajado de camarero, pero que lo mío es la moda.
– ¿Habéis hablado del sueldo?
– Sí, les he dicho que quiero cobrar por lo menos 2000 euros al mes.
– ¿No les ha parecido mucho para alguien sin experiencia?
– No, qué va. Han dicho: "Es usted muy simpático, ¿quiere fumar?"
– No has aceptado, ¿verdad?
– ¡Pues claro que sí! ¿Por qué?
– ¿Habéis fumado durante la entrevista?
– Yo sí, ellos no. Te lo repito: ¡todo me ha ido muy bien!
2. a. te ha ido – **b.** estoy convencido de que – **c.** alegro … lo has conseguido – **d.** les he caído bien
3. a. Para la entrevista de trabajo, el chico se ha puesto deportivas. – **b.** El chico quiere cobrar 2000 euros o más. – **c.** Durante la entrevista, ha fumado el chico.
4. a. No he dicho nada. – **b.** Nos hemos puesto unos vaqueros. – **c.** Les ha dado igual. – **d.** Te lo he repetido.
5. a. Lo hago fácilmente. – **b.** Puedes ha-

blar libremente. – **c.** Se comporta amablemente. – **d.** Lo escribe perfectamente.
6. a. Mi contrato no es fijo sino eventual. **b.** Se lo he dicho: lo mío es ser dependienta y el sueldo me da igual. – **c.** ¿A qué hora tiene cita para la entrevista de trabajo? – **d.** Lo del tatuaje no me importa: ¿se siente usted capacitada para atender a los clientes?

14. GRÜNDEN WIR EIN UNTERNEHMEN?

🔊 16 **1. a.** *Es el lugar donde trabaja mucha gente.* la oficina. – **b.** *Es el hecho de no soportar algo.* estar harto. – **c.** *Es el hecho de estar contento con algo.* estar a gusto. – **d.** *Es el dinero que tienes que poner en un negocio al principio.* la inversión.

🔊 16 Dialog:
– *No tienes buena cara, ¿te pasa algo?*
– *Estoy quemado.*
– *Sí, ya sé que no aguantas a tu jefe…*
– *¡Qué va, no es eso! ¿No te lo he dicho? He dejado la oficina hace seis meses ya.*
– *¿Y ahora a qué te dedicas?*
– *Soy empresario.*
– *¿Tú, empresario?*
– *Sí, he montado un negocio de venta en línea.*
– *¿Pero cómo has hecho? ¡No tienes un duro!*
– *No se necesita mucha inversión, y somos varios en el negocio.*
– *¿Cuántos?*
– *Cuatro, cada uno ha puesto 2500 euros, y con esos 10.000 hemos pagado un estudio de mercado, el diseño de la página web, ¡y ya está!*
– *¡Qué chulo! Pero, ¿qué vendéis?*
– *Salmorejo ecológico.*
– *¿Y a quién se le ocurre comprar salmorejo en línea, si lo puede hacer él mismo en casa?*
– *A los extranjeros. Tenemos muchos clientes en Estados Unidos: les encanta y allí no lo encuentran.*
– *¡Pues enhorabuena!*
– *Ya, pero no puedo más: lo de ser empresario es una locura. ¡Y no te puedes dar de baja!*

2. a. No tienes buena cara, ¿te pasa algo? – **b.** Estoy quemado. – **c.** Sí, ya se que no aguantas a tu jefe.
3. a. F – **b.** F – **c.** V – **d.** V – **e.** F – **f.** V
4. a. Quiero que me digas le verdad. – **b.** Quiero que seas bueno. – **c.** Quiero que vendas más barato. – **d.** Quiero que compres aceite ecológico. – **e.** Quiero que le robéis la idea.
5. a. Es un buen momento para hacer negocios. – **b.** Ha sido una muy mala inversión. – **c.** Es el primer negocio que monto. **d.** Es la tercera vez que te lo digo. – **e.** No tengo ningún cliente en España. – **f.** El precio de algunos aceites es una locura.
6. a. No hace falta que me ayudes: solo te pido que me entiendas. – **b.** Aquí hay un buen aceite de oliva y allí están los clientes: ¿montamos un negocio? – **c.** La Red abre oportunidades, pero con la crisis lo veo difícil.

15. WO IST BITTE…?

🔊 17 **1. a.** *Gire a la derecha.* de usted – **b.** *Ve hasta la segunda bocacalle.* de tú – **c.** *Tome la primera a la izquierda.* de usted – **d.** *Dame una ayudita.* de tú

🔊 17 Dialog:
– *Disculpe, señor, ¿me puede decir cómo se va al Museo del Prado? Es que no soy de aquí…*
– *Sí, claro. ¿Ve usted aquella fuente allí a lo lejos?*
– *Sí, más o menos…*
– *Pues tiene que ir hasta allí; luego gire a la derecha y siga todo recto durante un cuarto de hora.*
– *Uf, no está al lado… ¿No conoce otro museo un poco más cerca?*
– *Bueno, está el Reina Sofía… ¿Pero le da igual uno u otro?*
– *Un poco, la verdad. Yo soy pintora, ¿sabe? Me pongo enfrente de un museo y hago retratos a la gente que sale.*
– *Ah, qué bonito. ¿Y vende muchos?*
– *Bueno, con lo que gano me da para comer, no está mal.*

– ¿Me puede hacer el mío?
– ¡Por supuesto!
– ¿Cuánto me va a cobrar?
– A ver…, ¿cuarenta euros?
– Uf, es demasiado, lo siento.
– Espere. Se lo hago gratis, pero con una condición.
– ¿Cuál?
– Pues ya que son las dos de la tarde, que me invite a comer.
– ¡De acuerdo! Hay un restaurante bueno y barato en la segunda bocacalle a la izquierda, ¿vamos?
– ¡Trato hecho!
2. ir hasta allí – gire a la derecha – siga todo recto
3. a. La chica quiere ir a un museo, le da igual el que sea. – **b.** El Reina Sofía le queda más cerca que el Prado. – **c.** Para comer, la chica hace retratos y los vende. – **d.** Al final, el hombre la invita a comer.
4. a. ¿Quién es ese chico de quien tanto me hablas? – **b.** Estos cuadros están bien aquí. – **c.** ¿Ve usted aquella calle, allí? – **d.** Quiero esos zapatos negros, los que están ahí. – **e.** ¿Qué es aquello, allí a lo lejos?
5. a. Tal vez sea un gran artista. – **b.** A lo mejor le compráis un retrato. – **c.** Puede ser que vaya a visitarte. – **d.** A lo mejor te dan algo. – **e.** Quizás comamos allí.
6. a. No me suena: ¿por dónde queda? – **b.** Es un pintor muy famoso, pero no me acuerdo de su nombre. – **c.** Hay un restaurante barato cerca de aquí: tome la primera bocacalle a la izquierda, es ahí.

16. ICH FIEL DURCH DIE FAHRPRÜFUNG

🔴 18 **1. a.** *Es la parte en carretera para el examen del carné de conducir.* práctico – **b.** *Si te saltas un semáforo, tienes que pagar una.* multa – **c.** *Es cuando hay demasiados coches en la carretera y no se circula bien.* atasco

🔴 18 Dialog:
– ¡Estoy harta! Me han vuelto a poner una multa…
– ¿Y qué has hecho esta vez?
– ¡Nada! Dice que me he saltado un semáforo, ¡pero no es verdad!
– Ya, a mí también me ha pasado alguna vez…
– ¿Sabes qué? Creo que voy a dejar el coche…
– ¿Para siempre?
– Bueno, por lo menos en ciudad.
– No trae cuenta, desde luego: es más práctico y más barato tomar un taxi.
– Ya, pero con los atascos no siempre es más rápido…
– Tienes razón, lo mejor es el metro.
– Yo al metro le tengo miedo: no lo tomo aunque me paguen.
– Bueno, no creo que sea tan peligroso como dicen: yo nunca he tenido ningún problema.
– Eso lo dices porque eres un hombre.
– Tal vez, no sé…
– ¡A partir del lunes, voy a ir a todas partes en bicicleta!
– Hombre, no es mala idea… ¡Venga, yo también! Además necesito adelgazar.
2. a. Estoy harta … han vuelto … poner – **b.** has hecho – **c.** Nada … me he … semáforo … no es verdad!
3. a. La chica… va a vender su coche. / no cree que el taxi sea mucho más rápido. / piensa que el metro es peligroso para las mujeres. / va a ir en bicicleta a todas partes – **b.** El chico… piensa que no trae cuenta tomar taxis. / cree que el mejor medio de transporte es el metro. / nunca ha tenido problemas en el metro.
4. a. ¡No conduzcas rápido! – **b.** ¡No vendas tu coche! – **c.** ¡No te sientes! – **d.** ¡No vayáis al trabajo en coche!
5. a. ¿Te parece bien que tomemos un taxi? – **b.** No creo que estés tan harto del coche como yo. – **c.** No me gusta que te pongas nervioso. – **d.** Aunque me des dinero, no pienso tomar el metro.
6. a. He vuelto a saltarme un semáforo. – **b.** No me gusta la bicicleta tanto como a ti. **c.** Aunque conduzcas despacio, la carretera es peligrosa.

17. ICH MÖCHTE GELD ABHEBEN

🔊 19 **1. a.** ¡Ayúdeme! de usted – **b.** ¡Devuélveme la tarjeta! de tú – **c.** ¡Invítame a un helado! de tú – **d.** Espere un momento. de usted

🔊 19 Dialog:
– ¿Me trae la cuenta, por favor?
– Enseguida, señora.
– Gracias, ¿puedo pagar con tarjeta?
– Por supuesto, ¿le dejo que introduzca su pin?
– Oh, no lo acepta…
– Tal vez haya un problema con su cuenta…
– Espere, lo vuelvo a introducir… No, tampoco esta vez.
– Ejem…
– Es 6421, estoy casi segura… o 2164, no me acuerdo… ¿Le puedo pagar con un talón?
– Lo siento, señora, pero no aceptamos cheques.
– Es que no tengo efectivo… A ver, ¿hay algún banco por aquí?
– A cinco minutos, sí, cruzando la calle.
– Perfecto, espéreme mientras voy a retirar dinero, ¿de acuerdo?
– Bien, pero nos deja su DNI, si no le molesta.
– Ah, qué más quisiera, pero me van a pedir el documento para hacer un reintegro… ¿Vuelvo mañana y le pago?
– Lo siento, señora, pero no se puede ir sin pagar…
– Ah… Bueno, déjeme que vuelva a introduzca el código… Oh, ¡esta vez sí! Es que con la edad se vuelve una muy torpe.
– No pasa nada, señora, cualquiera se puede equivocar, ¿no?

2. a. ¿Me trae la cuenta por favor? – **b.** Enseguida, señora. – **c.** Gracias, ¿puedo pagar con tarjeta? – **d.** Por supuesto, ¿le dejo que introduzca su pin?

3. a. Cuando le traen la cuenta, la mujer dice que no se acuerda de su pin. – **b.** Quiere pagar con un talón. – **c.** No puede dejar su DNI porque lo necesita para ir al banco. – **d.** Finalmente, se acuerda del pin.

4. a. ¡Qué chica más amable! – **b.** ¡Qué enfermo me he puesto! – **c.** ¡Qué despistados son los abuelos! – **d.** ¡Qué buen helado me he comido!

5. a. Con la edad se han vuelto despistados. – **b.** Comes demasiado: vas a ponerte gordo. – **c.** No creo que se haya vuelto simpático. – **d.** Cuando veo una tortilla, me vuelvo loco.

6. a. Me he olvidado la tarjeta en casa: ¿puedo pagar en efectivo? – **b.** ¿Nos vemos esta tarde para tomar un helado con mi nieto? – **c.** Si no me equivoco, esta sucursal tiene un cajero. – **d.** Devuélvame la tarjeta enseguida.

18. MEIN HANDY IST KAPUTT

🔊 20 **1. a.** j.cordoba@gmail.com. 3 – **b.** jc.cordoba@gmail.com. 1 – **c.** jc-cordoba@gmail.com. 4 – **d.** jc_cordoba@gmail.com. 2

🔊 20 Dialog:
– Buenas, quiero mandar este paquete.
– ¿Certificado?
– Sí, por favor.
– Son seis con cuarenta. ¿Algo más?
– Sí, también quisiera mandar estas dos postales, una para España y otra para Francia. ¿Cuánto cuesta?
– ¿Por correo normal o urgente?
– ¿Cuánto tarda el correo normal?
– Dos días para España y entre cuatro y cinco para Francia.
– Está bien, tampoco tengo mucha prisa.
– El sello para España son 45 céntimos, y uno con quince para Francia.
– Perfecto. ¿Cuánto debo?
– En total, con los sellos de las postales, son 8 euros.
– Muy bien.
– ¿Te puedo hacer una pregunta?
– Sí, claro.
– ¿Se te ha estropeado el móvil?
– No, ¿por qué?…
– Es que las chicas de tu edad no escriben postales ni cartas. Mandan mensajes y fotos con el móvil.

287

– Ya, pero una de las postales es para mi abuela, que no tiene móvil. Y la otra para un amigo que detesta las tecnologías.
– Tiene razón: en el móvil una foto se te puede borrar, pero una postal es para siempre.
2. a. 6,40 euros. – **b.** 1,15 euros. – **c.** 45 céntimos.
3. a. V – **b.** M – **c.** M – **d.** V – **e.** M – **f.** V
4. a. ¡Llévala al hospital! – **b.** ¡Quítadle el móvil! – **c.** ¡Hazlo por mí! – **d.** ¡Dinos tu correo!
5. a. Se me ha caído el pelo. – **b.** Se te ha perdido el móvil. – **c.** Se nos ha estropeado la tele. – **d.** Se les han borrado las fotos.

19. ICH MÖCHTE ANZEIGE ERSTATTEN

🔊 21 **1. 1)** *Si quiero ponerla voy a comisaría.* – **2)** *Dentro de ella llevo la compra.* – **3)** *Ahí llevo el dinero y el DNI.* – **4)** *Ahí suelo llevar las llaves.*
a. 2 – **b.** 4 – **c.** 1 – **d.** 3

🔊 21 Dialog:
– *Buenas, vengo a traer una cartera.*
– *¿Una cartera?*
– *Sí, me la encontré en la calle, y como no es mía la dejo en comisaría.*
– *Muy bien, ¡gracias por su ayuda!*
– *Es normal, a mí me la robaron una vez y sé que es un problema cuando se pierde.*
– *Así es, pero hay tanto sinvergüenza… No toda la gente es como usted.*
– *Gracias.*
– *A ver qué hay dentro. Dinero, bastante dinero, ¡trescientos euros!*
– *Sí, pero desgraciadamente no hay ningún documento de identidad, ni una tarjeta de crédito, nada.*
– *No, solo la foto de una mujer. Me suena su cara…*
– *Sí, es la dueña de la cartera. Era joven, alta, rubia, tenía ojos azules e iba vestida de amarillo.*
– *¿Y usted cómo lo sabe?*
– *Yo la vi. Salió de aquí, de comisaría. Se subió a un taxi con mucha prisa y la cartera se le cayó al suelo.*
– *¡Ah, claro! ¡Es una mujer que ha estado aquí haciéndose el DNI!*
– *Entonces va a ser fácil devolverle la cartera, ¿verdad?*
– *Facilísimo.*
– *Me alegro. Ejem, ¿puedo pedirle una cosa?*
– *Dígame.*
– *Le dejo mi teléfono y le dice que yo encontré la cartera, ¿vale?*
– *Entendido, y de nuevo gracias por ayudar a la policía, ¿eh?*

2. ir hasta allí – gire a la derecha – siga todo recto
3. a. M. – **b.** V. – **c.** M. – **d.** M. – **e.** V. – **f.** V
4. a. Yo iba por la calle, cuando de pronto unos chicos chocaron conmigo. – **b.** Un hombre la encontró y la llevó a comisaría. **c.** Cuando nosotros éramos jóvenes, salíamos todas las noches.
5. a. Póngase gafas de sol. – **b.** Discúlpese. **c.** Pregúntele cómo está.
6. a. Había unos trescientos euros en la cartera. – **b.** Al rato encontré las llaves: estaban en el bolsillo del chándal. – **c.** Me caí al suelo al salir del mercado.

20. DOKTOR, MIR TUT ALLES WEH

🔊 22 **1. a.** *Es el padre de mi mujer.* Es mi suegro. **b.** *Es la mujer de mi hijo.* Es mi nuera. **c.** *Es el marido de mi hija.* Es mi yerno. **d.** *Es la madre de mi marido.* Es mi suegra. **e.** *Es la mujer de mi hermano.* Es mi cuñada.

🔊 22 Dialog:
– *Entonces, ¿qué tal esas vacaciones?*
– *Horribles. El año próximo me quedo en Madrid solito.*
– *¿Pero qué te pasó? ¿No tuviste buen tiempo?*
– *Sí, sí. Tuvimos un tiempo estupendo, hasta demasiado sol.*
– *¿De qué te quejas? Eso es lo que buscas cuando vas al mar a pasar el verano, ¿no?*
– *Ya, pero ahí empezaron los problemas. Mi cuñado no quiso ponerse crema para el sol y tuvo quemaduras en todo el cuerpo.*
– *Uf, eso puede ser bastante delicado.*
– *Sí, tuvimos que llevarlo a urgencias. Y a*

mi hijo también: bebió demasiada agua y se puso enfermo, con mucha fiebre.
– Menudas vacaciones, sí…
– No es todo. Mi mujer se rompió una pierna y yo tuve un fuerte catarro.
– ¿Y tu suegra?
– Para ella, en cambio, fueron unas vacaciones fenomenales. Se pasó el día entero en la playa, haciendo amigas y diciendo que somos todos unos inútiles.
2. a. qué tal – **b.** me quedo – **c.** qué te pasó – **d.** tuviste
3. a. V – **b.** M – **c.** V – **d.** V – **e.** M – **f.** M
4. a. Ayer fui al médico y me recetó unas pastillas. – **b.** Ayer bebí demasiada agua y me puse enfermo. – **c.** Este verano mi suegra fue a la playa se puso muy morena.
5. a. Me duelen los ojos. – **b.** Les duele la espalda. – **c.** Os duelen los oídos.
6. a. Siéntese, señora, la atiendo enseguida. – **b.** No es menester ir a urgencias por un resfriado. – **c.** Mi suegra tiene la culpa: ¡nunca tiene cuidado!

21. WER IST DER LETZTE?

🔊 23 **1. A.** *Hago algo sin perder tiempo.* – **B.** *Digo quién es el último.* – **C.** *Pregunto quién es el último.* – **D.** *Me pongo detrás de alguien para esperar.*
a. D – **b.** C – **c.** B – **d.** A

🔊 23 Dialog:
– Antonio, guapo, ponme medio kilo de gambas.
– Lo siento, señora, pero me toca a mí.
– ¡Lo dudo mucho! Estaba yo antes.
– No, yo le he dado la vez a esta señora, o sea que usted va detrás de ella.
– Ay, por favor, es que tengo muchísima prisa…
– Pues yo también.
– Oooh, me encuentro mal… Es el corazón, cuando me pongo nerviosa me suelen dar ataques…
– Bueno, pase…
– Muy amable, se lo agradezco… Solo quiero unas gambas. ¿A cuánto están?
– A 21, caras pero fresquísimas.
– ¡Uf! ¿Y los calamares qué precio tienen?
– A 18. Lo más barato que tengo son las doradas. Están a 10.
– Ya, pero me apetecía un arroz con marisco…
– La dorada a la sal está riquísima, y no es menester limpiarla: la metes en el horno cubierta de sal gorda y ya está.
– No, mira, ponme un cuarto de gambas y un cuarto de calamares.
– Vale, pero te aconsejo que te los hagas a la plancha: es mejor para el corazón…
2. a. ponme medio kilo – **b.** me toca a mí. – **c.** Estaba yo antes.
3. a. V – **b.** M – **c.** M – **d.** M – **e.** V – **f.** V
4. a. Cuando llegó a casa, le dio un ataque. – **b.** Cuando entraron, pidieron la vez. – **c.** Cuando viste el precio de las gambas, te pusiste nervioso.
5. a. ¿Cuánto tiempo llevas limpiando pescado? – **b.** Lleva dos horas comiendo. **c.** Cuando llegaste, llevaba una hora esperándote.
6. a. Te agradezco tu carta. / Te doy las gracias por tu carta. – **b.** Le da las gracias a la señora.

22. ICH GEHE ZUM SUPERMARKT

🔊 24 **1. a.** *mermelada* – **b.** *cerveza* – **c.** *leche* – **d.** *patata* – **e.** *zumo* – **f.** *vino* – **g.** *pasta* – **h.** *carne*
Bebida: b – c – e – f
Comida: a – d – g – h

🔊 24 Dialog:
– ¿Pero qué has hecho? Vaya desastre de compra.
– ¿Falta algo?
– ¡Falta todo! No has traído casi nada de lo que te pedí.
– ¿En serio? A ver, aquí están las latas de cerveza, el vino…
– Claro, las bebidas que te gustan a ti. Pero ¿dónde están la leche y el agua? Te dije que se habían acabado.
– Ah, es verdad, se me han olvidado, lo siento. Pero te he traído zumo de naranja.
– El que me gusta viene en botella de cris-

tal, y este es de cartón…
– Es igual, mujer.
– Pues no, no es igual: el de cartón está asqueroso.
– Bueno, pues me lo tomo yo, vale.
– Tampoco has comprado yogures.
– Ya… pero ¡mira qué helados tan ricos he encontrado!
– ¡Helados! Quieres que me ponga gorda, ¿verdad? Y esto, ¿qué es?
– Ah sí, se me ha ocurrido traer estos precocinados, que estaban baratísimos. Es muy práctico, ¿no?
– Están asquerosos y son malísimos para la salud. Es la última vez que vas a hacer la compra tú solito, ¿entendido?
2. a. has hecho … Vaya – **b.** Falta algo – **c.** has traído casi … pedí
3. a. De bebidas, el hombre ha traído cerveza, vino y zumo de naranja. – **b.** La mujer le había pedido leche y agua. – **c.** La mujer piensa que el zumo de cartón está asqueroso. – **d.** Al hombre también se le ha olvidado comprar yogures. – **e.** En cambio ha encontrado helados. – **f.** Y también se le ha ocurrido traer unos precocinados. – **g.** La mujer considera que están asquerosos y que son malísimos para la salud.
4. a. Ayer fuimos al súper y volvimos con un montón de bebidas. – **b.** La última vez hicieron una compra horrible: compraron solo precocinados. – **c.** Anoche comí demasiado y me puse enfermo. – **d.** ¡Qué malo fuiste! Te pedí yogures y solo trajiste lo que te gusta a ti.
5. a. Estoy cansado: tráeme una cerveza. – **b.** ¿Qué quieres que te traiga de París? – **c.** Se le había olvidado el móvil: se lo llevó a la oficina.
6. a. Ya no queda nada en la nevera: ¡hacen falta latas de cerveza! – **b.** Ve a la frutería y trae naranjas. – **c.** Me vuelve loco (loca) el pescado, pero me horroriza la carne.

23. FROHES NEUES JAHR!

🔊 25 **1. a.** *El 12 de octubre de 1492.* 12/10/1492 – **b.** *El 3 de mayo de 1808.* 03/05/1808 – **c.** *El 18 de julio de 1936.* 18/07/1936 – **d.** *El 19 de junio de 2014.* 19/06/2014.

🔊 25 Dialog:
– Dime, Luis, ¿tenéis algún compromiso para Nochevieja?
– No, pensábamos quedarnos en casa. Estamos muertos de cansancio.
– ¿Por qué no venís y lo celebramos juntos?
– Gracias, de verdad, pero Carmen dice que quiere acostarse temprano.
– ¿Ni siquiera vais a tomar las uvas?
– Bueno, eso tal vez. Pero después de las doce, a la cama.
– Cenamos algo rápido, no muy tarde, y después de medianoche volvéis a casa, ¿de acuerdo?
– No sé…, es que nos hemos puesto muy gordos con las fiestas.
– Venga, un corderito al horno no le sienta mal a nadie.
– A Carmen le da asco el cordero.
– Bueno, ¿pues qué te parece un pavo relleno?
– A Carmen no le va a gustar tampoco.
– ¿Qué pasa? ¿Se ha hecho vegana?
– No es eso. Es alérgica a las aves.
– No es un problema, a ella le damos un poquito de ternera picada y un tomate aliñado con aceite de oliva, ¿te parece?
– Bueno, se lo digo y te vuelvo a llamar, ¿vale?
– Ah, se me olvidó decirte que para el postre vienen los compañeros de la oficina…
– Entonces no, lo siento. Siempre hay discusiones con ellos.
– Son muy de derechas, es verdad…
– Sí, ¡y ya sabes que Carmen es muy de izquierdas!
2. a. algún compromiso … Nochevieja – **b.** pensábamos … muertos de cansancio. – **c.** no venís … celebramos
3. a. M – **b.** V – **c.** M – **d.** M – **e.** V – **f.** V

4. a. Dice que está demasiado gordo. – **b.** ¡Luis nos ha invitado, dice que vayamos a cenar con él! **c.** Luis dice que su mujer es vegana. – **d.** Le dice a su amigo que no compre carne para ella.

5. a. Mi cuñado se ha vuelto de izquierdas. **b.** ¿No comes pavo? ¿Te has vuelto alérgica a las aves? – **c.** Pon el champán en el frigorífico para que se ponga frío. – **d.** Mi vecina se hizo librera porque le gustaban los libros.

6. a. ¿No te acuerdas de la última vez que cenamos juntos? / ¿No recuerdas la última...? – **b.** Me apetece un caldito con zanahorias y puerros. – **c.** No me gusta el filete de ternera y me sienta mal el cordero. **d.** ¡Menos mal que hubo turrón y uvas para el postre!

24. GUTEN APPETIT!

🔊 26 **1. a.** *ternera* – **b.** *merluza* – **c.** *cordero* **d.** *salmonete* – **e.** *lubina* – **f.** *lenguado* – **g.** *pollo* – **h.** *buey*
Carne: a – c – g – h
Pescado: b – d – e – f

🔊 26 Dialog:
– Hola, buenos días, ¿tienes mesa para cuatro?
– Si no habéis reservado, hay un poquito de espera.
– ¿Cuánto tiempo, más o menos?
– Unos quince minutos, si queréis estar en terraza, claro. Si os da igual estar dentro, tengo esta mesa.
– Dentro está bien, no pasa nada, además tenemos bastante prisa.
– Muy bien, pues decidme qué bebidas queréis y las traigo ya, mientras vais leyendo la carta.
– Cerveza para todos, agua con gas para el niño, y ya pedimos las tapas de una vez.
– Además de lo que hay en la carta, hoy os puedo ofrecer salmonetes fritos.
– Oh, qué ricos. ¿Los tienes en ración?
– Sí, en ración, en media ración y en tapa.
– ¿Son grandes las raciones?
– Digamos que media ración está bien para dos y una ración es para tres.
– Perfecto, el niño no come pescado. A él tráele una pechuga de pollo a la plancha.
– Entonces, para vosotros una ración de salmonetes, y ¿qué tapas queréis?
– Una de calamares, una de gambas y una de sardinas.
– ¿Os pongo una ensaladita para todos en el centro?
– Sí, muy bien.
– Os traigo todo esto enseguida, ¡que aproveche!

2. a. Tienes mesa para cuatro – **b.** habéis reservado – **c.** Cuánto tiempo

3. a. M – **b.** V – **c.** M – **d.** M – **e.** V – **f.** V – **g.** M

4. a. ¿Reservarás una mesa para estar seguros o iremos así? – **b.** ¿Tomaréis vino o preferiréis cerveza? – **c.** Vale, no seré delicado: me sentaré dentro si no hay sitio fuera. – **d.** ¿Me hará usted una pechuga a la plancha?

5. a. Se va haciendo viejo. – **b.** ¿Vamos poniendo la mesa? – **c.** Voy asando las sardinas, ¿vale? – **d.** El tiempo va cambiando.

6. a. Tomaré chuletas de cordero bien hechas y una tarta de fresas. – **b.** Pedí agua sin gas del tiempo y usted me trajo agua con gas fría. – **c.** ¿Puede cambiar la guarnición del chuletón de buey?

25. DAS STEHT MIR ÜBERHAUPT NICHT

🔊 27 **1. a.** *Es una falda muy corta.* una minifalda. – **b.** *Es lo contrario de estrecho.* ancho – **c.** *Es la estación que empieza el 21 de marzo.* la primavera. – **d.** *Es un buen artículo rebajado y barato.* una ganga.

🔊 27 Dialog:
– Buenos días, caballero, ¿le atienden?
– Hola, buenas. Mire, quisiera devolver esta americana que me acaba de regalar mi mujer.
– ¿No le gusta o no le queda bien?
– Ni una cosa ni otra. Es amarilla y no suelo llevar colores claros.
– Esta temporada lo que está de moda son

los colores primaverales, ¿sabe?
– *Puede ser, pero a mí no me convencen. Encima me queda fatal.*
– *¿Qué talla gasta usted?*
– *Uso una 44. De hombros está bien, pero tengo los brazos muy cortos y las mangas me quedan larguísimas.*
– *Eso no es problema. Hacemos arreglos gratis.*
– *Ya, pero como me he puesto muy gordo últimamente, me queda también estrecha de cintura.*
– *Ya veo…*
– *¿Me puede devolver el dinero?*
– *Lo siento, nunca devolvemos el dinero de una compra. Es nuestra política.*
– *Por lo menos me cambiarán esta prenda por otra, ¿sí?*
– *Por supuesto, con tal de que traiga el tique de la compra.*
– *Es que se me ha perdido…*
– *Bueno, haremos un esfuerzo… ¿Quiere probarse otra americana?*
– *No, ¿me enseña algo para mi mujer?*
– *¿Qué tipo de ropa suele llevar?*
– *Da igual, deme lo que sea. Sé que no le gustará y pasará a cambiarlo…*
2. a. caballero … atienden – **b.** devolver esta americana – **c.** le queda bien
3. a. M – **b.** V – **c.** V – **d.** M – **e.** V – **f.** V – **g.** M
4. a. Me pondré el vestido con tal de que te pongas la americana. – **b.** Le quedará perfecta con tal de que le hagamos unos arreglos. – **c.** Te podrás poner este pantalón con tal de que pierdas unos kilos.
5. a. Aunque se lo regale, no lo querrá. – **b.** Aunque gasten mucho en lotería, nunca tendrán suerte. – **c.** Aunque este artículo esté rebajado, valdrá demasiado.
6. a. Este color te sienta fatal y ni siquiera es tu talla. – **b.** Esta temporada, las faldas largas no estarán de moda. – **c.** Las prendas de otoño-invierno no me favorecen.

26. WOZU NÜTZT ES?

🔴 28 **1. a.** *Es el nombre de un animal y también el de un dispositivo electrónico.* El ratón. – **b.** *Hay que utilizarlo cuando se descarga la batería.* El cargador. – **c.** *Sirve para escribir, en un ordenador o en un móvil.* El teclado. – **d.** *Es el hecho de buscar algo en Internet.* Una búsqueda.

🔴 28 Dialog:
– *Bienvenido a nuestra asistencia en línea. ¿En qué puedo ayudarle?*
– *Buenos días, joven, he comprado un ordenador últimamente y no estoy satisfecho.*
– *Dígame qué dispositivo ha adquirido.*
– *Es azul y me costó 233 euros con 10.*
– *¿No me puede decir nada más?*
– *Espere, aquí tengo un papel. Se lo leo: pantalla de 10,1 pulgadas, 2 gigas de RAM y disco de 32 gigas.*
– *Bien, veo el modelo. ¿Cuál es su problema?*
– *La pantalla se queda totalmente negra.*
– *¿Siempre ha estado así?*
– *No, durante unas horas pude hacer búsquedas en Internet, pero de pronto se quedó así, negra.*
– *¿Tiene usted un antivirus?*
– *Sí, me lo pusieron en la tienda.*
– *¿Se le ha caído al suelo el aparato?*
– *No, no lo he movido de la mesa ni un minuto.*
– *Antes de utilizarlo, ¿puso usted la batería al 100%?*
– *No. En fin, no sé, ¿la batería?*
– *Disculpe, ¿está enchufado su aparato?*
– *Pues… no. ¿Para eso sirve el cargador?*
– *Sí, caballero, cuando la batería está descargada, ¡hay que enchufarlo!*
– *Entonces es un poco como una tele…*
– *Más o menos. Déjelo un buen rato enchufado y verá cómo ya no hay problemas.*
– *Me encanta la informática, ¡qué fácil es!*
2. a. En qué puedo ayudarle – **b.** he comprado … no estoy satisfecho – **c.** ha adquirido
3. a. M – **b.** V – **c.** M – **d.** M – **e.** V – **f.** V – **g.** M

4. a. En cuanto me mandes tu archivo, lo leeré. – **b.** Cuando llamemos a la asistencia en línea, se lo diremos. – **c.** El día en que se haya bajado mil películas, no sabrá dónde almacenarlas.
5. a. ¿Vas a venir a mi fiesta de cumpleaños? – **b.** ¿Va a haber mucha gente? – **c.** Dicen que no van a poder venir.
6. a. Mi portátil me sirve sobre todo para hacer búsquedas en Internet. – **b.** No me intereso por la política: no entiendo de eso. – **c.** El ordenador se ha quedado colgado, el ratón ya no responde y la pantalla se ha quedado negra: ¡échame una mano!

27. ICH MÖCHTE EIN TICKET NACH…

🔊 29 **1. a.** *Es el lugar donde te sientas en un tren.* El asiento. – **b.** *Es imprescindible para subir al avión.* La tarjeta de embarque. – **c.** *No es necesario facturarlo.* El equipaje de mano. – **d.** *Es el lugar de donde sale el autobús.* La dársena.

🔊 29 Dialog:
– *Buenas tardes, quisiera un billete de Madrid a Barcelona, con salida el 25 de julio.*
– *¿Lo quiere de ida y vuelta?*
– *Solo la ida. Todavía no sé en qué fecha volveré, ni si lo haré en tren.*
– *¿Desea turista o preferente?*
– *¿Cuánto cuestan cada uno?*
– *El billete de ida cuesta 101,10 en turista y 125,80 en preferente.*
– *Uf, es bastante más barato en turista, y tampoco es muy largo el viaje, ¿no?*
– *Un poco más de 3 horas, sale a las 17:30 y llega a las 20:40 a Barcelona.*
– *Turista, entonces. Y pasillo, por favor. Me mareo cuando miro por la ventanilla.*
– *Para elegir asiento es un poco más caro: la tarifa es de 107,50.*
– *Bueno, no es tanto. Ah, se me olvidaba: ¿se aceptan animales?*
– *Un caballo no, pero animales pequeños de menos de 10 kilos, sí.*
– *Mi perro, es pequeñito y muy bueno.*
– *Lo que pasa es que si viaja en turista tiene que pagar un billete para el perro, que le cuesta… espere: 26,70. Entonces serían 134,20.*
– *¿Y en preferente?*
– *Eso le iba a decir: si tiene un billete preferente, el animal le sale gratis. Serían pues, eligiendo asiento… 134,80.*
– *Trae cuenta, sí: ¡preferente entonces!*

2. a. quisiera un billete … salida – **b.** de ida y vuelta – **c.** volveré … lo haré en tren
3. a. Cuesta 101,10 euros. – **b.** Llega a las 20h40. – **c.** Porque se marea cuando mira por la ventanilla. – **d.** Cuesta 26,70 euros. – **e.** Sale gratis.
4. a. ¿Me harías un favor? – **b.** ¿Me podríais echar una mano? – **c.** ¿Saldrías a pasear conmigo? – **d.** ¿Vendríais a visitarme a España?
5. a. Siempre viajo en turista, por el precio. **b.** Gira a la izquierda: es más corto por ahí. **c.** ¿Para cuándo quiere la vuelta? – **d.** Para viajar más cómodo, es mejor preferente.
6. a. Espero poder visitar todos los países con los que sueño. – **b.** Qué más da: si perdemos este tren, cogeremos el siguiente. – **c.** Quiero jubilarme cuanto antes para disfrutar de la vida. – **d.** Mientras pueda, viajaré.

28. ICH MÖCHTE EIN ZIMMER RESERVIEREN

🔊 30 **1. a.** *Es lo contrario de abierto.* Cerrado – **b.** *Es lo contrario de calor.* Frío – **c.** *Es lo contrario de arriba.* Abajo – **d.** *Es lo contrario de interior.* Exterior

🔊 30 Dialog:
– *Quisiera hablar con recepción, por favor.*
– *Sí, dígame, ¿en qué puedo ayudarle?*
– *Hace muchísimo calor en la habitación. Creo que se ha averiado el aire acondicionado.*
– *Les mando a una persona enseguida.*
– *La verdad es que preferiríamos cambiar de habitación.*
– *¿Han tenido algún otro problema?*
– *Alguna cosita, sí. Por ejemplo, se ha fundido la bombilla del cuarto de baño, y el lavabo está un poco atascado.*

– *Tomo nota. ¿Algo más?*
– *No nos quejamos de la habitación, no. Tiene bonitas vistas y se ve el mar desde la ventana, pero es muy ruidosa por la noche. Cuesta trabajo dormir.*
– *¿Les doy una habitación interior entonces?*
– *Lo que nos vendría bien sería otra habitación exterior, pero en la última planta. Así tendríamos a la vez las vistas y el silencio.*
– *En la última no me queda nada. En la octava sí, tengo una habitación exterior con dos camas individuales. Es una tarifa un poco más alta, pero se la dejo al precio de la habitación actual.*
– *Muy amable. Pondremos unas muy buenas valoraciones de su hotel en internet.*
– *Muchas gracias. Estamos aquí para servirles.*
2. a. Quisiera … recepción – **b.** dígame … ayudarle – **c.** muchísimo calor … se ha averiado
3. a. En recepción ofrecen al cliente mandar a un técnico. – **b.** El problema del cuarto de baño es que el lavabo no funciona bien. – **c.** El cliente se queja del ruido. – **d.** Va a cambiar por una habitación exterior por el mismo precio.
4. a. Anoche olía a basura. – **b.** Pasado mañana habrá un descuento del 10%. – **c.** Anteayer se ahogó alguien en la piscina. – **d.** Los huéspedes llegarán dentro de una hora.
5. a. Este hotel tendrá malas valoraciones pero está muy bien. – **b.** ¿Por qué vendrán tantos turistas a España? – **c.** No hay luz: se habrá fundido la bombilla.
6. a. Pues en mi opinión la cobertura es mejor abajo que arriba, en la última planta. **b.** Según yo, se ha averiado la calefacción. **c.** Las sábanas estaban gastadas, el espejo roto, los grifos goteaban, y ni siquiera nos hicieron un descuento.

29. WELCHE FILME LAUFEN?

🔊 31 **1. a.** *Es la persona que firma una película.* El director. – **b.** *Es la primera representación de una obra.* El estreno. – **c.** *Es una película muy mala.* Un rollo. – **d.** *Es lo que se come, a veces, durante una película.* Palomitas.

🔊 31 Dialog:
– *Buenas tardes, quisiera dos entradas para la ópera Carmen, el sábado próximo.*
– *Ah, es el día del estreno, caballero, y ya casi no quedan.*
– *¿No hay de primera fila en el patio de butacas?*
– *Esas desaparecieron el primer día…*
– *Bueno, aunque no sea de las mejores, ¿queda alguna?*
– *Solo tengo unas pocas, pero lejos del escenario.*
– *Ah… era para darle una sorpresa a una amiga el día de su cumpleaños.*
– *Desde las que me quedan no se ve muy bien el escenario, pero se oye perfectamente la música.*
– *Es que es muy aficionada a la ópera. Tengo miedo de que no le guste esa entrada. ¿Usted la compraría?*
– *Si me gustara mucho la ópera, yo dejaría pasar el día del estreno.*
– *Ya, entiendo, pero ya no será su cumpleaños.*
– *Podría hacer otra cosa. Mucha gente lo hace.*
– *Dígame…*
– *Yo, si fuera usted, me presentaría una hora antes para ver si alguien tiene alguna entrada de más y la vende. A veces ocurre.*
– *¿Y si no hay?*
– *Pues invita a su amiga al restaurante y le regala una entrada para el sábado siguiente. Seguro que la acepta…*
– *No es mala idea… ¡Muchas gracias por aconsejarme!*
2. a. dos entradas … el sábado próximo – **b.** del estreno … casi no quedan – **c.** primera fila … patio de butacas
3. a. M – **b.** V – **c.** M – **d.** V – **e.** V – **f.** M

4. a. Si tuviera tiempo, iría al cine contigo. **b.** Si fueras un buen amigo, vendrías conmigo a la ópera. – **c.** Si hubiera alguna buena peli, podríamos salir. – **d.** Si dejarais de salir, ahorraríais mucho.

5. a. Nos recomendó que fuéramos a esa exposición. – **b.** Dijo que no iría al estreno aunque le pagaran. – **c.** Sabía lo que ibas a decir antes de que hablaras.

6. a. No me da vergüenza decir que el arte de van guardia me come el coco. – **b.** Voy a ver una peli de risa contigo a condición de que te afeites la barba. – **c.** Esta película es un rollo, pero me da igual siempre y cuando me regales la entrada.

30. ES LEBE DER URLAUB!

🔊 32 **1. 1)** Sigue recto. – **2)** Gira a la derecha. – **3)** Da media vuelta. – **4)** Toma a la izquierda.

a. 3 – **b.** 2 – **c.** 4 – **d.** 1

🔊 32 Dialog:

– Menudo veranito está haciendo…
– Sí, si me hubieran dicho que en la Costa del Sol iba a hacer este tiempo, no me lo habría creído.
– ¡Llevamos aquí una semana y no ha parado de llover!
– Encima parece que en el norte hace un tiempo espléndido.
– ¿Y tú cómo lo sabes?
– Me acaba de mandar un mensaje una amiga que está haciendo el Camino de Santiago.
– ¿Cómo lo hace, a pie, en bici?
– No te lo vas a creer: ¡a caballo!
– Anda, qué chulo…
– Lo peor es que me ofreció ir con ella, y le dije que no, que prefería veranear a la orilla del mar debajo de una sombrilla.
– Qué envidia me da tu amiga. Cómo me gustaría ahora estar haciendo senderismo, en la naturaleza, entre árboles y animales.
– Aquí los únicos animales son los bichos que nos pican por la noche si no apagamos la luz.
– ¿Y si el año próximo hiciéramos como ella?
– A caballo yo no sabría, y la bici tampoco es lo mío.
– Pues a pie: es el mejor de los deportes. ¡Trato hecho!
– Oye, ¿y si de momento pusiéramos un poco la calefacción?

2. a. veranito – **b.** hubieran dicho … habría creído – **c.** ha parado de llover

3. a. M – **b.** M – **c.** V – **d.** V – **e.** V – **f.** M

4. a. Si hubiéramos visto un camino más corto, lo habríamos tomado. – **b.** Si hubierais seguido recto, habríais llegado antes. **c.** Si hubiera hecho buen tiempo, habría salido contigo. – **d.** Si hubieras veraneado en el norte, habrías disfrutado más de la naturaleza.

5. a. Hace como si estuviera muerto. – **b.** Haces como si me hicieras caso. – **c.** Hacéis como si os gustara el mar.

6. a. Hagáis lo que hagáis, no cabréis en el coche. – **b.** Me gustaría vivir en un sitio donde pudiera ver vacas y pájaros. – **c.** Llueve a mares en el norte: ¡echo de menos nuestras vacaciones en el sur, en bañador a la orilla del mar!

Redaktionelle Umsetzung und Formatierung:
Céladon éditions www.celadoneditions.com

Grafische Gestaltung, Deckblatt und Innenseiten:
Sarah Boris

Tontechniker:
Léonard Mule @ Studio du Poisson Barbu

Deutsche Übersetzung und Aufbereitung:
Ricarda Hollmann @ Hollmann Graphic Design

Spanisches Korrektorat: Ylenia Martínez Freile

© 2022, Assimil.
Gesetzliche Pflichthinterlegung: September 2022
Ausgabe Nr.: 4146
ISBN: 978-2-7005-0898-7
www.assimil.com

Gedruckt in Rumänien von Tipografia Real